LEÇONS

DE

COSMOGRAPHIE

SPÉCIMEN

LEÇONS
DE
COSMOGRAPHIE

Conformes aux programmes du 27 Juillet 1905.

CLASSES DE MATHÉMATIQUES A ET B
PRÉPARATION AUX ÉCOLES

PAR

L. FORT
Ancien élève de l'École normale supérieure,
Professeur agrégé de mathématiques
à l'École Navale.

M. MUXART
Ancien élève de l'École normale supérieure,
Professeur agrégé de mathématiques
au Lycée d'Amiens.

PARIS
HENRY PAULIN ET Cie, ÉDITEURS
21, RUE HAUTEFEUILLE, 21 (6e)

1910

Prix du volume cartonné à l'anglaise. . 3 fr.

LEÇONS
DE
COSMOGRAPHIE

Conformes aux programmes du 27 Juillet 1905.

CLASSES DE MATHÉMATIQUES A ET B
PRÉPARATION AUX ÉCOLES

PAR

L. FORT
Ancien élève de l'École normale supérieure,
Professeur agrégé de mathématiques
à l'École Navale.

A. MUXART
Ancien élève de l'École normale supérieure,
Professeur agrégé de mathématiques
au Lycée d'Amiens.

PARIS
HENRY PAULIN ET Cie, ÉDITEURS
21, RUE HAUTEFEUILLE, 21 (6e)

1910

PLANCHE I. — CARTE CÉLESTE

(Projection stéréographique sur le plan de l'équateur).

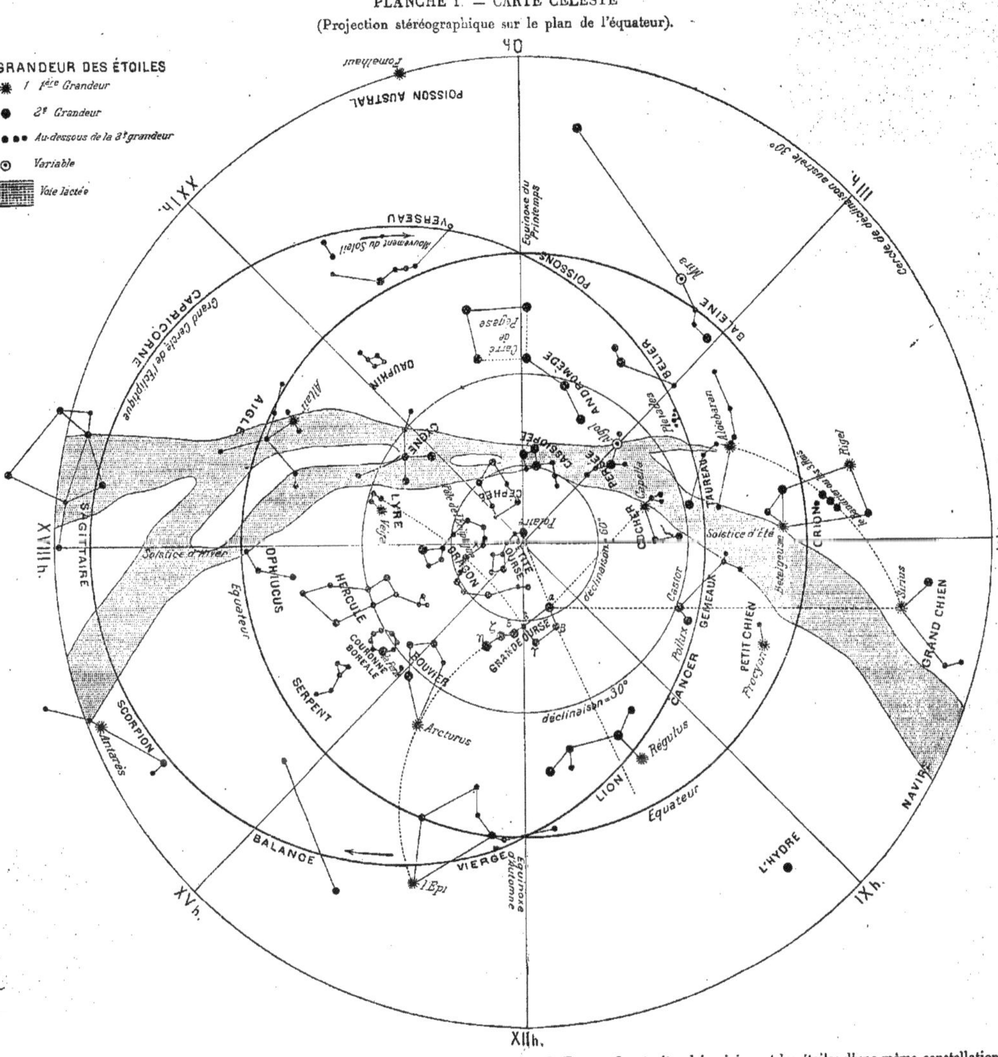

On a représenté jusqu'à 120° du Pôle les principales étoiles visibles sur un horizon de France. Les traits pleins joignent les étoiles d'une même constellation les traits pointillés représentent des lignes permettant de reconnaître facilement certaines constellations ou étoiles :

βα de la Grande Ourse passe par la *Polaire* et au delà vers *Cassiopée* et le *Carré de Pégase*.
αβ de la Grande Ourse passe près de *Régulus*.
δα de la Grande Ourse passe près de *Capella*.
γδ de la Grande Ourse passe près de *Véga*.
La courbe formée par la queue de la G. O. se prolonge vers *Arcturus* et *l'Épi*.
La droite Sirius α de la G. O. passe près de *Castor* et *Pollux*.
Sirius et *Aldébaran* sont à peu près symétriquement placés sur le *Baudrier d'Orion*.

PLANCHE II

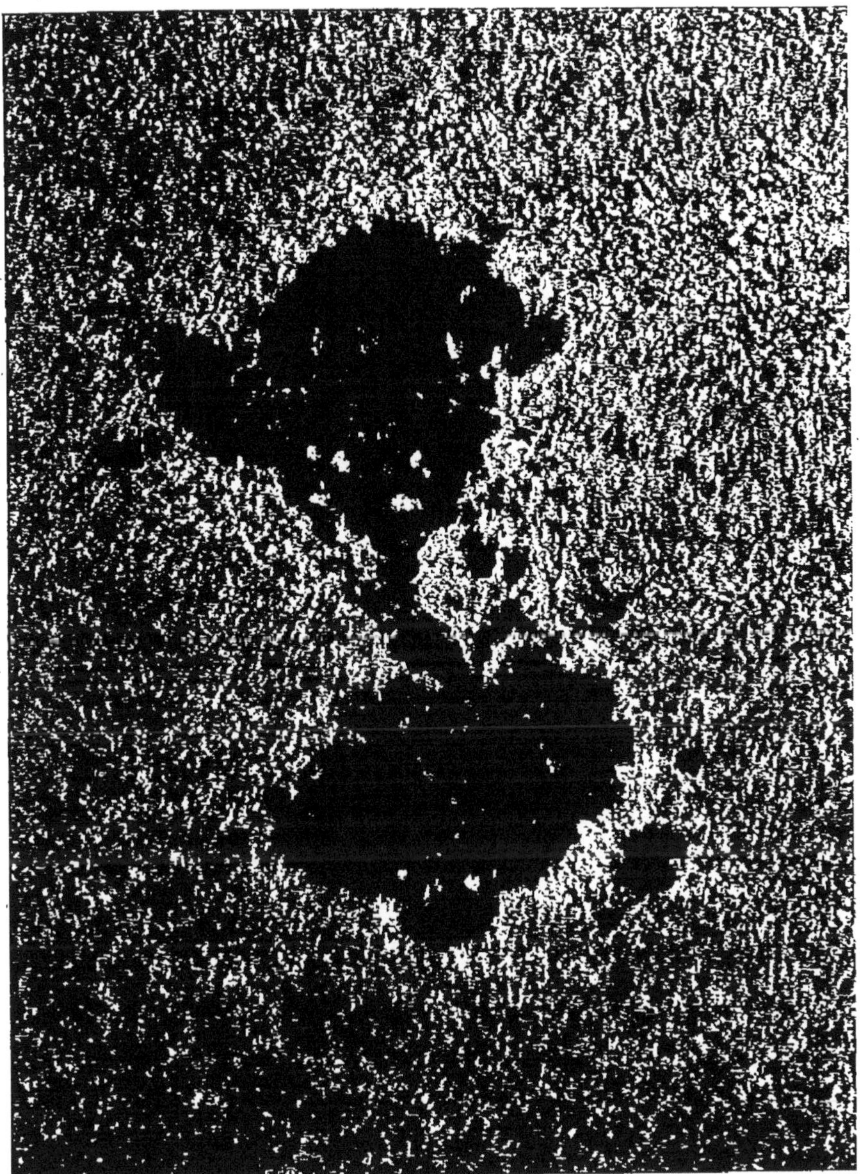

Taches jumelles (18 mai 1894. — *Atlas de l'Observatoire de Meudon*, librairie Gauthier-Villars). — On aperçoit les facules marginales et plus loin la structure granulaire du soleil.

PLANCHE III

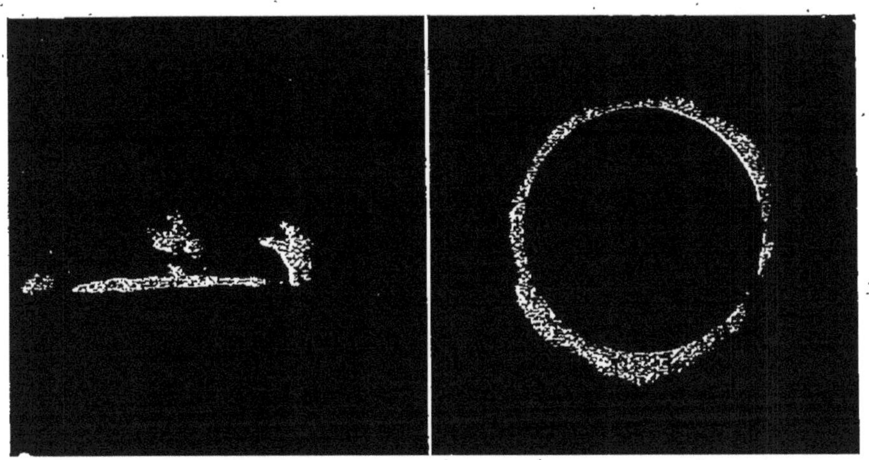

1 2

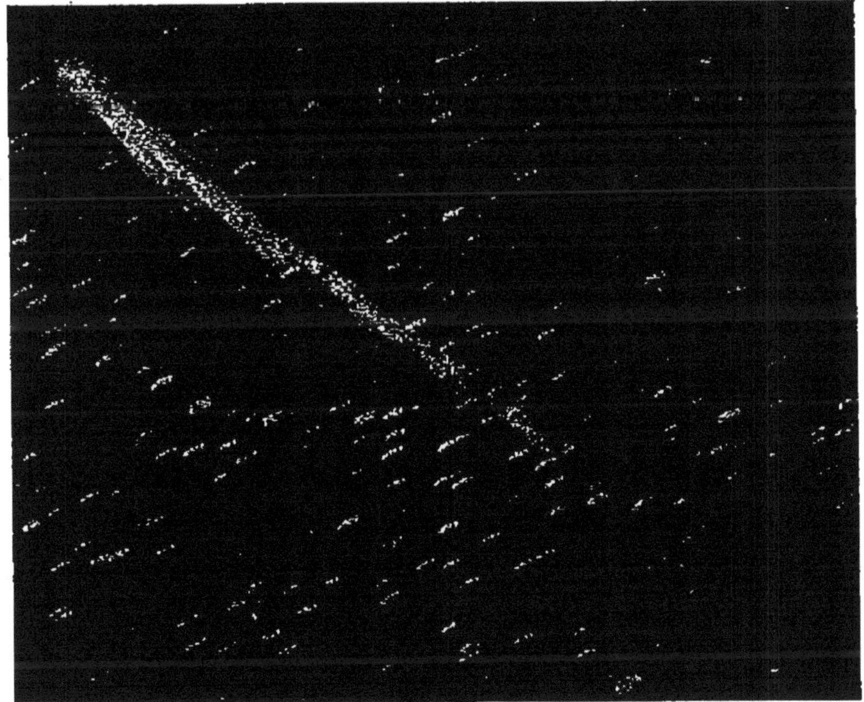

1. Photographie de protubérances solaires.
2. Éclipse totale (la couronne déborde au delà du disque obscur de la lune), 16 avril 1893.
3. Comète Brooks (1893).

(Extrait de l'Atlas de photographie céleste du Dr Scheiner, Engelmann, édit., Leipsig).

PLANCHE IV

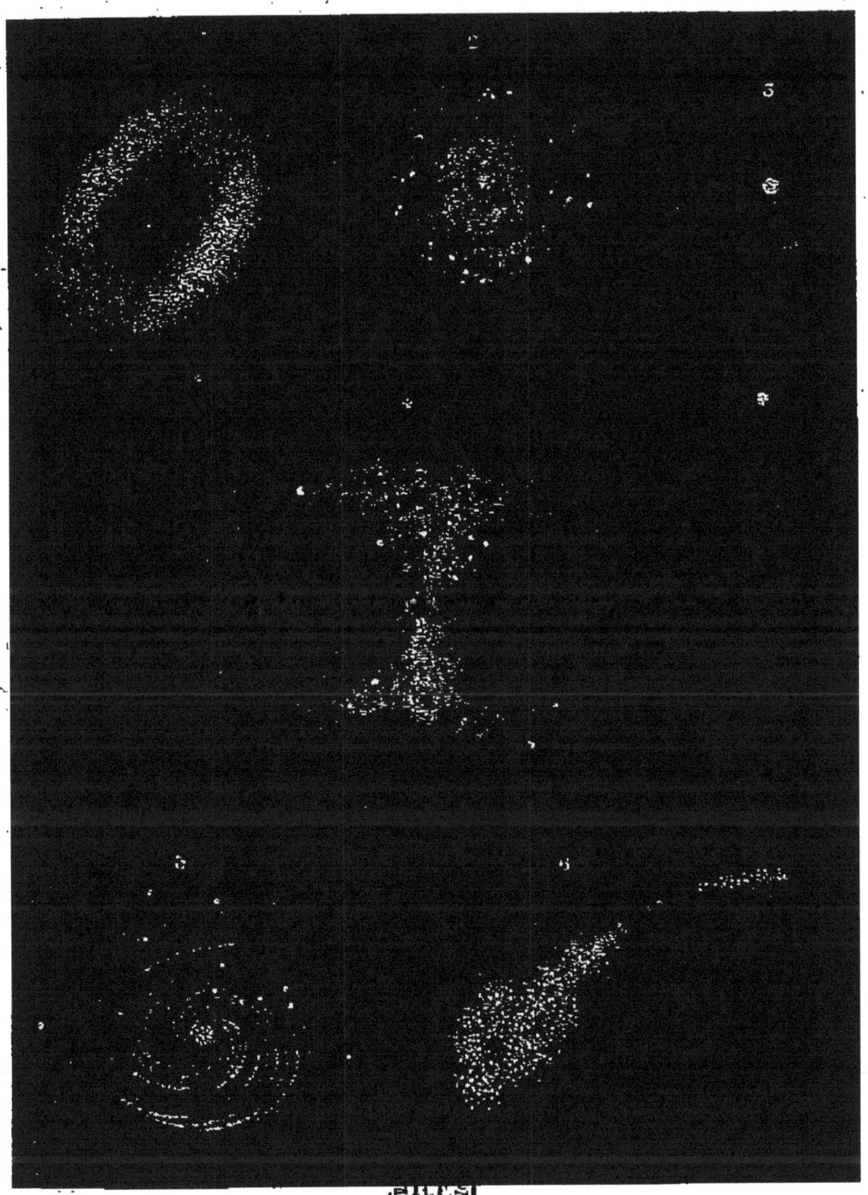

1. Nébuleuse annulaire de la Lyre. — 2. Nébuleuse planétaire. — 3. Étoile nébuleuse. — 4. Nébuleuse elliptique (l'Haltère). — 5. Nébuleuse spirale des chiens de chasse. — 6. Nébuleuse irrégulière dans le Taureau.

(D'après l'ouvrage du P. Secchi : le Soleil, librairie Gauthier Villars.)

PLANCHE V

Montagnes lunaires : les deux cratères visibles près de la partie obscure sont Posidonius et Aristote.

(*Atlas lunaire Lœvy-Puiseux*, librairie Gauthier-Villars.)

PRÉFACE

Les programmes de mathématiques ayant été modifiés, beaucoup pour l'algèbre et la mécanique, mais pas sensiblement pour la Cosmographie, nous avons voulu utiliser pour l'enseignement de celle-ci les connaissances théoriques beaucoup plus complètes des élèves. Dans cet esprit il était possible de rédiger un cours qui, sans cesser d'être élémentaire dans toutes ses parties, conduisît le lecteur un peu plus sûrement et peut-être un peu plus loin dans l'étude du système du monde. Tout en traitant les chapitres essentiels au point de vue strict des examens, nous avons çà et là, en un texte plus fin, ajouté quelques paragraphes dont l'omission ne nuit pas à l'étude de l'ensemble : les programmes ne les exigent pas, mais, à notre avis, il serait regrettable de les ignorer.

L'ordre du cours est assez changé : nous avons systématiquement indiqué les faits, tels que la science les admet, pour en déduire les apparences. Un tel enchaînement est plus logique aujourd'hui, nous le croyons aussi plus rapide et plus clair.

Les constantes numériques sont empruntées aux recueils les plus récents ; dans la mesure qui nous était laissée, les calculs ont été conduits de façon à fournir les résultats donnés en première approximation par les méthodes rigoureuses. Quand cela était impossible nous avons franchement étudié des faits très simplifiés, sans chercher à habiller d'une fausse rigueur les faits réels plus complexes.

Nous serions heureux si ce livre, fait pour les élèves des lycées et collèges, pouvait intéresser aussi quelques personnes, possédant à peu près la même culture mathématique, et à qui aurait manqué le temps ou l'occasion de lire un vrai traité d'astronomie.

Avril 1909.

INTRODUCTION

1. Objet de la Cosmographie. — Le nom général d'*astres* est attribué à la *Terre, au Soleil, à la Lune* et à la multitude des points brillants, visibles dans le Ciel, soit à l'œil nu pendant une nuit claire, soit au moyen de puissants instruments d'optique.

La *Cosmographie* a pour objet l'étude des connaissances acquises sur les distances mutuelles des astres (y compris la Terre), leurs mouvements, leurs dimensions et leurs constitutions.

2. Plan général du Système solaire. — La Terre, abstraction faite des montagnes élevées et des grandes dépressions océaniques, diffère peu d'une sphère de rayon $R = 6\,371$ kilomètres. Cette longueur est une petite fraction de la distance $a = 23\,400\,R$ qui sépare les centres T et S de la Terre et du Soleil. Ce dernier est 1 310 000 fois plus gros que la Terre. La droite TS tourne autour du point S dans un sens appelé *direct*, de telle sorte que T décrive, d'un mouvement sensiblement uniforme, une trajectoire presque circulaire dont le plan, nommé *écliptique*, sera, provisoirement du moins, considéré comme invariable. La durée d'une *révolution* complète de ST est *un an*. Indépendamment du mouvement de *translation* indiqué, la Terre est animée d'un mouvement de *rotation* uniforme autour d'un de ses diamètres nommé *axe terrestre* ou *ligne des pôles*. La durée de la rotation est *un jour* et l'axe faisant avec la normale au plan de l'écliptique un angle actuellement égal en moyenne à 23° 27', pourra dans les premières leçons de ce cours être considéré comme ayant une direction invariable.

D'autres astres, nommés *planètes*, dont quatre seulement sont aisément visibles à l'œil nu sont, comme la Terre sphériques, et animés d'un double mouvement (la Terre est une planète).

Chaque planète tourne donc autour d'un de ses diamètres dont la direction, variable d'une planète à l'autre, est pratiquement invariable pour chacune d'elles et son centre décrit autour de S dans le sens direct une trajectoire sensiblement circulaire. Les plans de toutes ces trajectoires sont peu inclinés sur le plan de l'écliptique.

Dans leur mouvement autour du Soleil les plus grosses planètes sont accompagnées d'astres, plus petits qu'elles, nommés *satellites*, qui se comportent vis-à-vis des planètes comme celles-ci vis-à-vis du Soleil. La Lune est le satellite de la Terre autour de laquelle elle tourne en un mois environ. Les satellites des autres planètes sont tous invisibles à l'œil nu.

Le Soleil, les Planètes, les Comètes et les Étoiles filantes constituent le système solaire, dont l'ordonnance générale est simple, puisque les détails sont pour ainsi dire des réductions de l'ensemble. Tous ces astres circulent dans l'espace, les uns autour du centre principal qui est le Soleil, les autres autour de centres secondaires mobiles autour du centre principal.

3. L'Univers sidéral. — Malgré son immensité le système solaire, si important pour nous, n'est qu'une très petite portion de l'Univers connu. **Le Soleil, étoile de moyenne grosseur,** paraîtrait d'un éclat inférieur aux étoiles les plus brillantes, s'il était aussi éloigné qu'elles de la Terre. La distance du Soleil à l'Étoile la plus voisine est de 41 trillions de kilomètres, soit environ 275 000 fois la distance a, ou encore 4 années de lumière (1). Il y a des étoiles pour lesquelles la lumière met des

(1) L'année de lumière ou chemin décrit par la lumière pendant un an vaut environ 9 trillions de kilomètres.

siècles à franchir la distance qui les sépare du Soleil. Toutes sont en mouvement ; chacune d'elles, y compris le Soleil, est un vaste globe enveloppé de gaz portés à très haute température et de densité suffisante pour former presque toujours une masse sphéroïdale nettement délimitée du reste de l'espace.

Cette constitution des étoiles ne se retrouve pas dans les *nébuleuses*, vastes amas de matière infiniment moins denses que nos gaz les plus légers et dont la présence nous est révélée sous forme de taches blanchâtres aux contours mal délimités, parfois parsemées de points brillants.

Mentionnons spécialement la *Voie lactée*, dont la position particulière par rapport au système solaire sera expliquée plus loin, et ajoutons que la plupart des autres nébuleuses, dont très peu sont visibles à l'œil nu, sont incomparablement plus éloignées du Soleil que les autres étoiles. Les distances mutuelles de ces nébuleuses sont aussi du même ordre que celles qui les séparent du Soleil. Aucune évaluation précise ne pourrait encore en être faite.

4. Divisions du cours. — Le bref exposé qui précède permettra de mieux comprendre la suite du cours. Après quelques chapitres purement descriptifs, qui seront un résumé des connaissances actuelles sur les astres principaux, nous aurons à étudier tout particulièrement les mouvements des astres et à montrer comment s'expliquent les faits astronomiques, depuis les plus simples (alternance des jours et des nuits, succession des saisons, aspects de la Lune, éclipses, marées) jusqu'à beaucoup d'autres ignorés de l'observateur superficiel et dont l'énumération serait ici prématurée.

Enfin, dans une dernière partie du cours, après une analyse aussi précise que le permettent les connaissances mathématiques du lecteur, nous essaierons de ramener l'explication de tous les faits étudiés, au principe directeur de la gravitation universelle.

CHAPITRE I

ÉTOILES. — CONSTITUTION PHYSIQUE DU SOLEIL. — NÉBULEUSES.

§ I. — Distance angulaire. — Sphère céleste. — Constellations. Classification des étoiles.

5. Distance angulaire. — **On appelle** *distance angulaire* **de deux points A et B pour un observateur placé en un point T l'angle de sommet T, dont les côtés sont TA et TB** (fig. 1).

Cette définition s'applique à la distance angulaire de deux étoiles, car une étoile, observée à l'œil nu ou avec une puissante lunette, apparaît toujours comme un point lumineux.

Pour faciliter la comparaison des distances angulaires mutuelles des étoiles, on imagine une sphère de rayon arbitraire, qui a pour centre T et sur laquelle les directions TA, TB, TC ont pour traces les points a, b, c, appelés *perspectives* des étoiles A, B, C.

Les arcs de grand cercle $\overset{\frown}{ab}$, $\overset{\frown}{ac}$, $\overset{\frown}{bc}$ représentent les distances angulaires mutuelles des étoiles A, B, C.

La mesure d'une distance angulaire se fait, en principe, de la façon suivante : Une lunette L est mobile autour du centre d'un cercle C, divisé en degrés et demi-degrés par exemple ; après avoir disposé le plan du cercle de manière qu'il contienne les directions TA et TB, on *vise* successivement les points A et B, c'est-à-dire qu'on fait coïncider le point de croisement des fils du réticule, avec l'image du point visé. L'angle compris entre les deux divisions du cercle vis-à-vis desquelles s'est placée la lunette, est la distance angulaire cherchée (fig. 2).

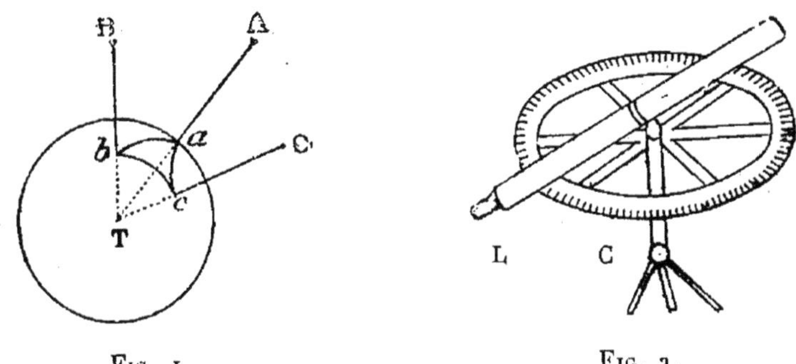

Fig. 1. Fig. 2.

Une pareille mesure peut se faire, pour chaque couple d'étoiles, en des endroits différents, et pour un même lieu, à des heures différentes d'une même nuit ou même à des dates éloignées l'une de l'autre. Mais les distances angulaires ainsi mesurées ne sont modifiées ni par la rotation de la Terre autour de son axe, ni par sa translation annuelle autour du Soleil. Car la translation de la Terre déplace l'observateur par rapport aux étoiles d'une quantité au plus égale au diamètre de l'orbite terrestre et la rotation le déplace d'une quantité au plus égale au diamètre terrestre. Le premier déplacement et *a fortiori* le second sont négligeables vis-à-vis de l'énorme distance des étoiles à la Terre. Dès lors, si l'on ne fait pas des observations très précises, poursuivies pendant plusieurs années, on arrive à ce résultat essentiel, vérifié par l'expérience :

Les distances angulaires mutuelles des étoiles sont toujours les mêmes, quels que soient : 1° la date et l'heure de l'observation ; 2° l'endroit de la Terre où l'on fait la mesure.

6. Sphère céleste. — De là résulte cette conséquence importante :

Sur une sphère concentrique à la Terre, les perspectives des étoiles forment des figures de forme invariable.

Cette sphère géocentrique, de rayon arbitraire, sur laquelle on suppose marquées les perspectives des étoiles, est appelée *sphère céleste.*

L'invariabilité des figures formées sur la sphère céleste par les étoiles fut utilisée par Hipparque (1) pour construire un *globe céleste*, c'est-à-dire une sphère matérielle sur laquelle étaient marquées les positions des principales étoiles, dont les distances angulaires mutuelles avaient été mesurées. Actuellement ce mode de représentation du ciel est remplacé par la construction de *cartes célestes,* sur lesquelles sont marquées les positions de plusieurs milliers d'étoiles, déterminées soit par l'observation avec les lunettes, soit par l'enregistrement photographique.

7. Caractères distinctifs des étoiles. — La distinction entre les étoiles et les autres astres se fait d'après les caractères suivants :

1° Les étoiles ont des distances angulaires mutuelles constantes ; 2° les étoiles n'ont pas de *diamètre apparent sensible,* c'est-à-dire que, quelle que soit la puissance de l'instrument d'observation employé, une étoile apparaît comme un point géométrique, sans dimensions mesurables ; 3° les étoiles ont une lumière *scintillante,* c'est-à-dire qui change rapidement d'intensité et de couleur. Cette scintillation est due à l'atmosphère terrestre qui dévie inégalement les rayons lumineux des diverses radiations émises par l'étoile.

La scintillation varie considérablement d'un lieu à un autre ou même en un lieu déterminé avec les circonstances atmosphériques. Elle est plus

(1) Hipparque de Rhodes (né en 150 avant J.-C.), détermina avec précision la marche du soleil sur la sphère céleste, expliqua les saisons, découvrit la Précession des Équinoxes. Son catalogue, qui nous est parvenu, comprend un millier d'étoiles.

faible lorsque l'air est très calme, et spécialement dans les pays de montagnes.

Dans une lunette très grossissante, l'image d'une étoile est un point central brillant entouré de cercles lumineux concentriques qui, par suite de la scintillation, paraissent constamment s'éteindre et se reformer. Le point central, qui est plus spécialement l'image géométrique de l'étoile, est d'autant plus net que l'objectif est plus grand.

8. Classification des étoiles. — Les étoiles sont classées par ordres de grandeurs et distribuées en constellations.

Grandeurs. — La classification par grandeurs est basée uniquement sur l'éclat des étoiles ; **le nombre qui exprime la grandeur d'une étoile varie en sens inverse de l'éclat.** Autrement dit : les étoiles de première grandeur sont les plus brillantes du ciel, celles de deuxième grandeur brillent moins et ainsi de suite.

On fixe la grandeur d'une étoile par des mesures photométriques qui donnent son éclat e, par rapport à l'étoile Aldébaran (α du Taureau). On calcule ensuite la grandeur g par la formule de Pogson :

$$g = 1 - 2,5 \log e,$$

par suite *la grandeur d'une étoile croît en progression arithmétique, lorsque son éclat décroît en progression géométrique.* De cette façon, une étoile moins brillante qu'Aldébaran aura une grandeur supérieure à 1, mais une étoile plus brillante aura une grandeur inférieure à 1 ou même négative.

Cette classification n'est pas absolue, car, ainsi qu'on le verra plus loin, l'éclat de beaucoup d'étoiles n'est pas constant.

Les étoiles visibles à l'œil nu pour une vue ordinaire sont réparties dans les six premières grandeurs, où l'on en compte environ 6 000. Il y a 21 étoiles de première grandeur, dont les plus importantes sont : Sirius, Procyon, Rigel, Bételgeuse, Aldébaran, Altaïr, Véga, Arcturus, visibles en France, α de la croix du Sud, Achernar, visibles dans l'hémisphère sud. On compte ensuite 65 étoiles de deuxième grandeur, environ 200 de troisième grandeur, et 3 000 de sixième. Les étoiles invisibles à l'œil nu ou étoiles télescopiques forment ensuite 10 grandeurs de la septième à la seizième. Au delà et jusqu'à la vingtième grandeur, la photographie seule peut révéler une étoile.

Constellations. — Ce sont des groupes d'étoiles imaginés par les anciens astronomes qui supposaient la surface de la sphère céleste recouverte par des figures d'hommes ou d'animaux, et donnaient au groupe d'étoiles renfermées dans chaque figure le nom correspondant. Dans chaque constellation, les étoiles se désignaient d'après leur place dans la figure correspondante (l'œil du Taureau, le cœur du Scorpion, l'épaule droite d'Orion). Tout en ayant conservé les noms anciens, on désigne actuellement les étoiles de chaque constellation par les lettres de l'alphabet grec ; puis, après l'épuisement de ces lettres, par celles de l'alphabet romain, puis par des numéros d'ordre.

Méthode des alignements. — La grande Ourse, si facile à reconnaître, et la petite Ourse qui en est comme une réduction sont toujours visibles pour nous par une nuit claire.

En prenant ces constellations pour bases, on leur rattache les étoiles les plus brillantes par des alignements dont les plus usuels sont indiqués sur la planche en tête du volume. On reconnaîtra aussi très facilement, quand elle sera au-dessus de l'horizon, la constellation d'Orion dans le voisinage de laquelle est Sirius, l'étoile la plus brillante du ciel,

9. Photographie du ciel. — Pour dresser une carte du ciel on peut avantageusement remplacer les observations directes par des photographies. Après plusieurs congrès internationaux tenus à Paris, les astronomes décidèrent, en 1896, de dresser une carte photographique complète. Le ciel fut réparti en 18 zones à peu près équivalentes dont chacune fut assignée à un observatoire différent. L'œuvre commune est à peu près achevée aujourd'hui. Elle forme deux séries distinctes :

La première comprend la carte de toutes les étoiles jusqu'à la onzième grandeur, soit environ 2 millions d'étoiles, et le catalogue donnant leurs coordonnées(1): les photographies correspondantes exigeaient 3 minutes de pose ; la deuxième série comprend seulement la carte de toutes les étoiles jusqu'à la quatorzième grandeur ; elles sont obtenues après environ une heure de pose.

On comprend que l'on puisse par des mesures précises effectuées sur une reproduction photographique, mesurer les coordonnées d'une étoile et par conséquent apprécier les déplacements des étoiles les unes par rapport aux autres, si l'on compare 2 clichés obtenus à des époques suffisamment éloignées. On pourra, par la même méthode, reconnaître l'existence d'un astre nouveau.

§ II. — Notions sur la constitution du Soleil.

10. Taches du Soleil. Rotation. — Lorsqu'on observe le Soleil avec les précautions nécessaires, on remarque que son disque n'a pas un éclat uniforme dans toutes ses parties. Il est parsemé d'une multitude de grains lumineux, parmi lesquels domine la forme ovale, nommés *granulations*. Le disque solaire présente, en outre, çà et là, des parties d'une plus grande étendue, formant légèrement saillie quand elles sont sur le bord, relativement brillantes, appelées *facules*, d'autres relativement obscures, appelées *taches*. Celles-ci se montrent généralement après les facules, à la même place. A contours irréguliers, les taches sont formées très souvent de deux régions : 1° au centre une partie sombre, appelée *noyau ou ombre* ; 2° autour du noyau une zone annulaire moins obscure, nommée *pénombre* (Voir planche II).

Ces taches, dont les durées d'existence varient entre quelques jours et deux mois, se déplacent sur le disque solaire en marchant du bord oriental (situé à la gauche d'un observateur re-

(1) La définition et la détermination de ces coordonnées font l'objet des paragraphes 46 et suivants.

gardant le Soleil), vers le bord occidental. En suivant de jour en jour la marche des taches persistantes, on reconnaît que :

1° Les trajectoires des taches sur le disque solaire sont des demi-ellipses très aplaties dont toutes les convexités sont tournées du même côté (fig. 3) ;

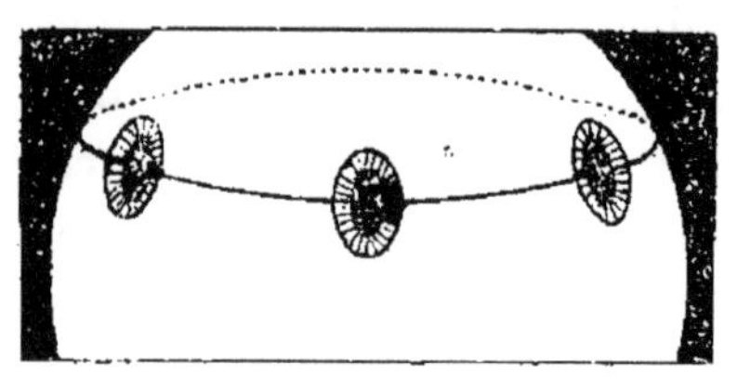

Fig. 3. — Rotation d'une tache solaire.

2° La durée comprise entre l'apparition orientale et la disparition occidentale est d'environ 14 jours et, pour chaque tache, est la même que la durée d'invisibilité pendant laquelle cette tache est sur l'autre face du Soleil ;

3° La durée de rotation est d'autant plus grande que les taches sont plus éloignées du centre.

Ces résultats s'expliquent facilement, si l'on admet que le Soleil a la forme d'une sphère tournant autour d'un de ses diamètres, situé de telle sorte qu'un point de la surface solaire décrive un cercle projeté orthogonalement suivant une ellipse sur un plan perpendiculaire au rayon visuel.

L'observation des trajectoires permet d'établir que la durée d'une révolution complète du Soleil est d'un peu plus de 25 jours ; l'équateur solaire, c'est-à-dire le grand cercle de cet astre, situé dans le plan perpendiculaire à l'axe de rotation, faisant un angle de 7° environ avec le plan de l'écliptique.

11. Distribution. Dimensions. Variabilité des taches solaires. — Les taches ne se produisent que dans deux zones parallèles, symétriques par rapport à l'équateur solaire, et limitées dans chaque hémisphère par les petits cercles situés dans des plans parallèles à l'équateur, entre 10° et 35° de distance.

Leurs dimensions sont extrêmement variables ; quelques-unes se présentent comme de simples points noirs, appelés *pores* ;

d'autres présentent une surface beaucoup plus grande que celle de la Terre.

L'aspect d'une tache solaire n'est pas le même pour ses différentes positions sur la trajectoire qu'elle décrit du bord oriental vers le bord occidental. Au moment de l'apparition de la tache, la pénombre est bien marquée du côté qui regarde le bord oriental, mais est peu accentuée ou nulle du côté du centre. A mesure que la tache se rapproche du centre, la pénombre s'accuse de plus en plus du côté du centre et finit par acquérir en moyenne une égale largeur autour du noyau noir. Ensuite, lorsque la tache s'éloigne du centre pour se rapprocher du bord occidental, les mêmes aspects se reproduisent, mais en sens inverse; c'est-à-dire que la pénombre s'efface du côté du centre (fig. 3).

Ces divers aspects d'une tache solaire sont comparables aux différentes perspectives qu'offrirait un trou conique creusé dans une sphère tournant autour d'un de ses diamètres, si ce trou était sombre dans le fond et lumineux sur ses bords.

Périodicité des taches solaires. Concordance avec la météorologie terrestre. — Considérées dans leur ensemble, les taches solaires augmentent pendant 3 ans, restent 1 an ou 2 stationnaires et diminuent pendant 6 ou 7 ans et ainsi de suite, mettant en évidence une périodicité de 11 ans 1 mois environ (loi de Schwabe).

Or cette même période est retrouvée par celui qui étudie le magnétisme terrestre ou fait la statistique des aurores boréales. Il n'est pas aujourd'hui trop téméraire de chercher la cause de ces phénomènes terrestres dans le Soleil par suite de l'existence de champs magnétiques puissants créés par les taches.

12. Photosphère. — Cette étude de l'aspect des taches solaires et de leur variabilité a conduit à penser que la surface solaire ou *photosphère* est une mer de nuages incandescents formés de gouttelettes liquides ou solides, dues aux corps les plus réfractaires du Soleil. Cette enveloppe d'abord soulevée par endroits (apparition des facules) est déchirée par de vastes éruptions (apparition des taches). Chaque éruption donne lieu à une expansion de produits gazeux, moins lumineux que la surface, qui retombés dans l'orifice d'émission en constituent le noyau plus sombre. (planche II).

13. Chromosphère. Protubérances. — En explorant le bord du disque solaire avec un spectroscope dont la fente est dirigée tangentiellement à ce contour, on a reconnu que : la photosphère est enfermée dans une enveloppe concentrique, nommée *chromosphère*. Cette enveloppe, relativement mince, ne contient guère que des gaz et est par suite d'un éclat inférieur à celui de la photosphère.

De la chromosphère s'échappent irrégulièrement et à des époques très variables d'immenses jets gazeux, connus sous le nom de *protubérances*, qui ont parfois des dimensions prodigieuses, atteignant la moitié du rayon solaire (50 fois le rayon terrestre, plus de 300 000 kilomètres). Certaines varient en quelques minutes du simple au double. Grâce à une ingénieuse méthode imaginée par Janssen, l'observation des protubérances qui n'était d'abord possible que pendant les éclipses totales de soleil peut actuellement se faire tous les jours où il en existe. On a reconnu ainsi que les protubérances sont constituées par les mêmes matières que la chromosphère, dont elles ne semblent être que des projections accidentelles et momentanées.

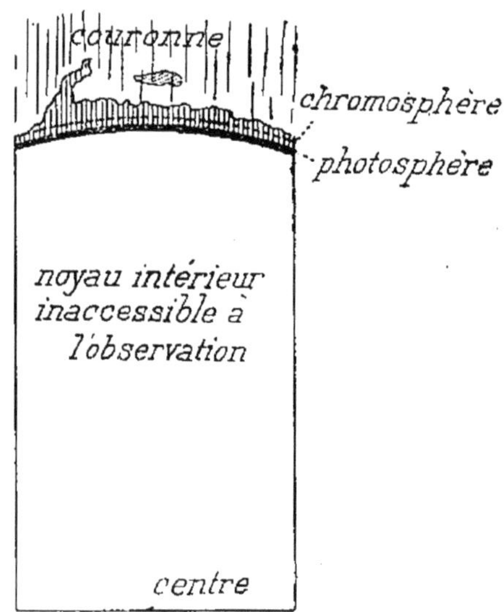

Fig. 4. — Coupe théorique du soleil.

Couronne. — Enfin, au delà de la chromosphère s'étend une atmosphère très vaste, peu lumineuse, visible seulement lorsque, dans une éclipse, l'éclat du soleil a disparu. Elle est comme un vaste halo irrégulier, parfois prolongé çà et là par des faisceaux de rayons rectilignes divergents (planche III).

14. Analyse spectrale du Soleil. — Disons sans entrer dans des détails expérimentaux qu'on sait étudier séparément les spectres des différentes régions énumérées :

1° *Le spectre de la photosphère est un spectre continu traversé de nombreuses raies obscures* que l'on peut faire coïncider avec les raies brillantes des spectres des divers métaux communs existant sur la Terre. On en conclut que la photosphère contient les vapeurs des métaux suivants : fer, nickel, cuivre, sodium, magnésium, baryum, calcium. On n'y a pas encore reconnu la présence de l'or, de l'argent, du mercure, de l'étain, du plomb, de l'arsenic.

Parmi ces raies, certaines, appelées *raies telluriques*, sont dues à l'atmosphère terrestre. On les distingue des autres par leur élargissement quand l'astre est voisin de l'horizon ;

2° *Le spectre de la chromosphère est à raies brillantes* et son étude la montre composée de deux couches de natures différentes : 1° une couche inférieure, de très faible hauteur, très difficilement observable et qui fournit les raies brillantes des métaux dont les raies obscures ont révélé l'existence dans la photosphère ; 2° une couche beaucoup plus étendue entourant la première où l'on trouve surtout les raies brillantes de l'hydrogène et de l'hélium.

On constate dans le spectre des protubérances la permanence très nette des raies de l'hydrogène.

3° Dans la couronne se trouve entre autres *une raie verte* remarquable ne coïncidant avec aucune des raies connues pour les éléments terrestres et qu'on attribue à un métal appelé *coronium* et encore inconnu sur la terre.

Disons à ce propos que l'hélium a été signalé par ses raies dans le spectre des protubérances avant d'avoir été retrouvé dans une météorite.

15. Résumé. — Le Soleil comprend donc :

Un noyau central très peu connu ;

Une enveloppe brillante au sein de laquelle se trouvent en abondance des vapeurs métalliques et celles de corps plus réfractaires ;

Une atmosphère moins brillante contenant surtout de l'hydrogène ;

Une couronne beaucoup plus vaste et mal délimitée entourant tout le reste.

Le Soleil est formé par de l'hydrogène, de l'hélium, du silicium, du carbone, presque tous les métaux terrestres, et seulement très peu de corps inconnus des chimistes actuels.

§ III. — Analogies du Soleil avec les étoiles. — Mouvements propres des étoiles. — Nébuleuses. — Voie lactée.

16. Analyse spectrale des étoiles. — L'étude spectroscopique des étoiles a permis de répartir celles-ci en quatre catégories principales :

1° **Étoiles blanches ou bleues.** — Les spectres de ces étoiles sont continus et présentent peu de raies métalliques. De la présence de quatre raies obscures très fortement marquées, on conclut que le noyau de ces étoiles est enveloppé d'une atmosphère absorbante, presque exclusivement formée d'hydrogène à très haute température. D'après le P. Secchi, ces étoiles auraient une constitution à peu près identique à celle du Soleil, avec cette diffé-

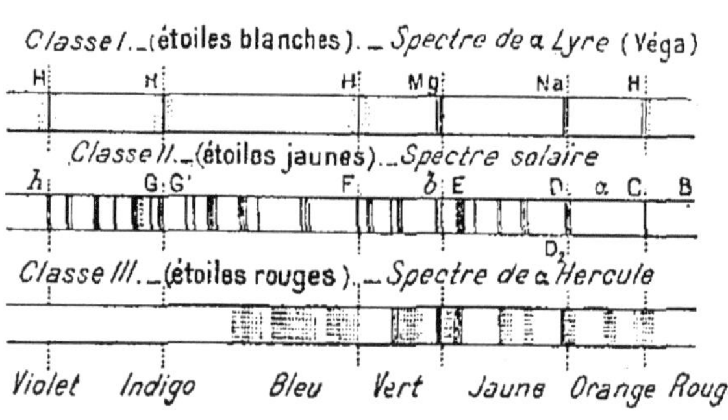

Fig. 5. — Spectres des étoiles.

rence que leur enveloppe aurait une température et une pression supérieures à celles de l'enveloppe solaire.

Cette catégorie comprend près de la moitié des étoiles et notamment Sirius, Véga, Altaïr, Procyòn.

2° **Étoiles jaunes.** — Les spectres de ces étoiles sont traversés de raies métalliques fines et nombreuses et celles de l'hydrogène sont moins marquées que dans la première catégorie.

Cette catégorie comprend des étoiles, comme Aldébaran, α de de la grande Ourse, Arcturus, la Polaire, qui seraient constituées comme le Soleil. Cette classe est presque aussi nombreuse que la précédente.

3° **Étoiles rouges ou orangées.** — Les spectres sont traversés par des raies métalliques, accompagnées de nombreuses bandes obscures, indiquant ainsi des atmosphères très absorbantes. Ces étoiles contiennent certains oxydes comme ceux de titane et de manganèse et sont à une température plus basse que le Soleil.

A cette catégorie, peu nombreuse, appartiennent : Bételgeuse, Antarès.

4° *Quelques étoiles très petites, de couleur rouge rubis*, ayant des spectres voisins de ceux de la troisième classe, et contenant très probablement du carbone.

17. Analogie du soleil avec les étoiles. — Les résultats obtenus par l'étude spectroscopique des étoiles et du soleil ont conduit les astronomes à considérer le soleil comme une étoile. Car les étoiles, incandescentes comme le soleil, contiennent à très peu près les mêmes éléments chimiques que lui. Certaines d'entre elles, dites *multiples*, sont, comme le soleil, accompagnées de planètes, différant de celles du système solaire parce qu'elles sont incandescentes et relativement plus grosses. Enfin si le soleil se trouvait à une distance de la Terre égale à la distance moyenne des étoiles de première grandeur, soit à un million de fois sa distance réelle, son diamètre apparent, qui est de $32'$ ou $1\,920''$ deviendrait égal à $\frac{1\,920}{10^6} = 0'',002$ et par conséquent cet astre nous apparaîtrait, comme une étoile, même dans les plus puissantes lunettes.

18. Déplacements des étoiles sur la sphère céleste. — Les perspectives des étoiles sur la sphère céleste ne sont pas, comme il a été dit, rigoureusement fixes. Elles subissent des déplacements périodiques apparents, et de très faibles déplacements réels. Ces derniers, à cause de l'énorme distance des étoiles à la Terre, ne peuvent être reconnus que par des mesures très précises, poursuivies pendant plusieurs années. On a mis en évidence ces déplacements en comparant la position d'une étoile à celles d'étoiles très peu brillantes, qui sont en général beaucoup plus éloignées de la Terre, et dont les positions relatives, au bout de quelques années, sont insensiblement ou moins modifiées que celle de l'étoile plus brillante qui leur est comparée. Connaissant la distance de l'étoile à la Terre, on en déduit la projection de sa vitesse sur un plan perpendiculaire au rayon visuel.

19. Vitesses radiales des étoiles. — Cette méthode astronomique, qui permet d'étudier les déplacements des étoiles sur la sphère céleste ne fait connaître que la projection de leur mouvement sur le plan perpendiculaire au rayon visuel. Il semble que tout mouvement dirigé suivant ce rayon visuel ne pourrait être constaté; mais par l'application du principe de Doppler-Fizeau l'analyse spectrale a permis d'estimer la composante de la vitesse d'une étoile suivant le rayon visuel. Cette composante nommée vitesse *radiale*, se détermine par la mesure des petits déplacements des raies du spectre de chaque étoile par rapport à des raies fixes, nommées raies *telluriques*. On peut donc connaître la direction et la grandeur du déplacement réel par l'application des deux méthodes. Le Soleil, comme les autres étoiles, se meut dans l'espace (voir paragraphe 80) avec une vitesse qui est égale à 7 kilomètres par seconde ; Sirius, 21 kilomètres ; Arcturus, très rapide, 540 kilomètres.

20. Étoiles doubles et multiples. — Observées avec de puissantes lunettes, certaines étoiles donnent, au lieu d'une seule, deux images de coloration et d'intensité souvent différentes. Cette juxtaposition peut provenir d'un effet de perspective, c'est-à-dire correspondre à deux étoiles très distantes l'une de l'autre, situées sur des rayons visuels presque confondus. Mais elle peut aussi, et c'est le cas le plus fréquent, indiquer que les deux étoiles sont réellement très rapprochées l'une de l'autre et dans une dépendance mutuelle. Citons parmi les étoiles doubles, Sirius, Castor, Procyòn, la soixante et unième du Cygne, α du Centaure. C'est par l'observation minutieuse et longtemps poursuivie des déplacements sur la sphère céleste qu'on a pu reconnaître ainsi l'existence des couples d'étoiles, formés par deux étoiles tournant autour d'un centre commun, et dont l'une tourne généralement autour de l'autre, plus grosse, de la même façon que la Terre tourne autour du Soleil. Il existe encore des systèmes formés de plus de 2 étoiles en dépendance mutuelle. On les appelle étoiles triples, quadruples... Pollux est un système sextuple dont les composantes très inégales sont respectivement de grandeurs 2, 9, 9, 12, 13, 13.

21. Étoiles doubles spectroscopiques. — En mesurant la vitesse radiale de l'une des deux composantes d'une étoile double, on constate des variations *périodiques* de cette vitesse, qui oscille de part et d'autre d'une valeur moyenne. Ce fait sera expliqué plus loin (paragraphe 132) de la façon suivante : Chacune des deux étoiles décrit une trajectoire elliptique autour du centre commun de gravité animé d'une vitesse radiale précisément égale à la vitesse moyenne déterminée plus haut. Suivant que l'étoile sur sa trajectoire relative autour de ce centre de gravité s'éloigne ou se rapproche de la Terre, la composante radiale de sa vitesse propre s'ajoute à la vitesse moyenne ou doit en être retranchée.

Lorsqu'on constate aussi des variations périodiques de la vitesse radiale d'une étoile *vue simple,* on est naturellement conduit à les attribuer à la présence d'une autre étoile voisine de celle-là, mais trop peu lumineuse pour être visible ou même complètement obscure. C'est ainsi que l'étoile Sirius fut considérée comme double longtemps avant la découverte de son *compagnon*, d'éclat très faible (dixième grandeur), que rend d'ailleurs moins visible le voisinage d'un astre aussi brillant que Sirius.

Toutefois cette vérification n'est pas toujours faite et on peut citer des étoiles comme la Polaire, dont la vitesse radiale subit des variations périodiques sans qu'on ait encore pu apercevoir le compagnon (ou satellite) voisin. Son existence n'en est pas moins hautement probable. On a même pu dans certains cas analogues déterminer la masse, l'orbite et la période de rotation.

22. Étoiles variables et périodiques. — Il existe des étoiles dont l'éclat a augmenté ou diminué depuis la construction des anciennes cartes célestes. Ces variations d'éclat se traduisent par des changements de coloration et des modifications dans le spectre. Elles sont parfois très lentes, ne se manifestant qu'au bout de centaines d'années, mais elles peuvent aussi être rapides et *périodiques*. Citons l'étoile o de la Baleine, appelée aussi « Mira Cœti » (l'admirable de la Baleine) dont l'éclat varie en 11 mois entre la deuxième et la neuvième grandeur. A partir du maximum, où elle est de deuxième grandeur, cette étoile diminue d'éclat pendant 3 mois, devient invisible pendant 5 mois, puis augmente d'éclat pendant 3 mois.

Parmi les étoiles périodiques à courte période, la plus remarquable est Algol qui passe de la deuxième à la quatrième grandeur en moins de 3 jours (2 jours 20 heures).

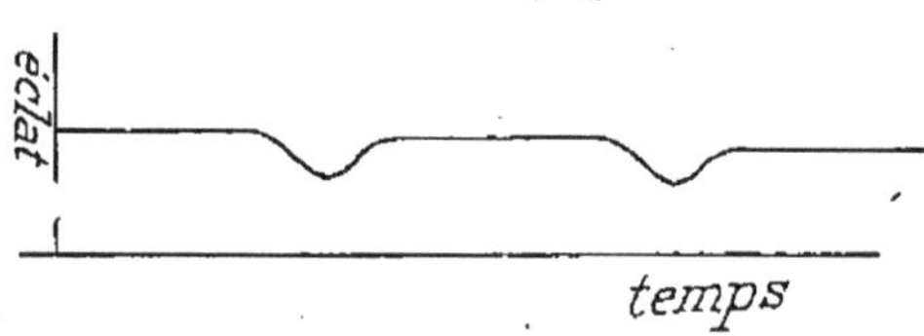

Fig. 6. — Courbe de lumière d'une étoile variable (type Algol).

Le Soleil lui-même semble avoir une variabilité périodique manifestée par les maxima et les minima de ses taches et de ses protubérances. On a déjà dit que la période est d'environ 11 ans.

Pour un grand nombre d'étoiles variables, et particulièrement pour Algol de Persée, les variations d'éclat s'expliquent avec une grande vraisemblance, si on les attribue à l'occultation partielle de l'astre par un satellite obscur qui, à chaque révolution, vient s'interposer entre l'étoile et la Terre, décrivant une orbite circulaire dans un plan avec lequel le rayon visuel fait un angle très aigu (fig. 7). L'éclat, à chaque instant est proportionnel à la surface éclairée tournée vers la Terre et non éclipsée.

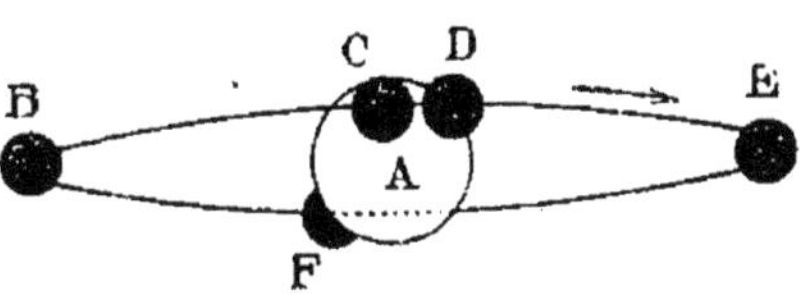

Fig. 7. — Système de l'étoile Algol.

Les résultats déduits de la variation d'éclat concordent très bien avec ceux que fournit l'observation de la vitesse radiale.

23. Étoiles temporaires. — On appelle ainsi des étoiles subitement apparues dans le ciel et qui, après une période de grand éclat, s'affaiblissent considérablement ou même deviennent complètement invisibles. Ce sont peut-être des étoiles variables à très longue période qui se manifestent ainsi au moment de leur maximum d'éclat. Citons l'étoile de novembre 1572 (étoile de Tycho-Brahé)(1), qui apparut dans Cassiopée, dépassa la première grandeur, puis, ayant rapidement diminué, disparut en mars 1574.

En 1901, une étoile nouvelle, dans Persée, dépassa aussi la première grandeur ; elle est aujourd'hui au-dessous de la quinzième.

24. Voie lactée. — On nomme ainsi une bande lumineuse d'un faible éclat, qui fait le tour de la sphère céleste, s'écartant peu d'un grand cercle. De largeur variable, la voie lactée passe

(1) Tycho-Brahé (1546-1601), fit en Danemark de très nombreuses observations d'étoiles et de planètes ; il introduisit dans l'astronomie une plus grande précision et dressa les premières tables de réfraction. Il est l'auteur d'un système du monde abandonné aujourd'hui.

entre Sirius et Procyon, puis entre Orion et le Cocher, traverse Cassiopée, le Cygne et près de cette dernière constellation se sépare en deux branches qui se rejoignent dans la partie du ciel invisible pour nous, près du Centaure. Lorsqu'on l'examine avec un puissant télescope, on reconnaît qu'elle est presque partout composée d'un nombre immense d'étoiles très petites et très rapprochées les unes des autres. Sa richesse en étoiles n'est pas la même dans toutes les régions, on y remarque des trous noirs (sacs à charbon) presque dépourvus d'étoiles et au contraire d'autres régions absolument couvertes d'étoiles.

25. Nébuleuses. — Sous ce nom on désigne des masses blanchâtres, semblables à de légers nuages dans lesquels on distingue parfois des points relativement brillants, analogues aux étoiles (Voir planche IV).

Les formes de ces taches sont très diverses, mais peuvent cependant se ramener aux trois types suivants :

1° **Nébuleuses planétaires.** — Elles ont la forme d'un disque circulaire à contour plus ou moins net, dont l'éclat est presque partout le même. Exemple : la nébuleuse du Sagittaire;

2° **Nébuleuses elliptiques.** — Elles ont des dimensions relativement faibles et la forme d'un œuf allongé.

Selon le P. Secchi, elles seraient constituées par des masses gazeuses animées de mouvements giratoires ; dans celles que nous voyons de face, on distingue comme des traînées de matière assez régulièrement distribuées en spirales. Exemple : nébuleuse des Chiens de chasse ;

3° **Nébuleuses irrégulières.** — Elles n'ont pas de forme géométrique définissable, et présentent souvent dans plusieurs directions des traînées allongées de matière lumineuse.

A cette catégorie appartiennent les nébuleuses de plus grandes dimensions, notamment la nébuleuse d'Orion et celle de la Lyre.

Spectres. — L'analyse spectrale des nébuleuses est possible malgré leur faible éclat, presque toute leur lumière se concentrant sur deux ou trois raies brillantes. Elles sont formées de matières gazeuses (notamment d'hydrogène). Quelques-unes comme la nébuleuse d'Orion contiennent de l'hélium.

26. Amas stellaires. — Ce nom sert actuellement à désigner des assemblages d'étoiles très rapprochées les unes des autres. Certains étaient autrefois considérés comme des nébuleuses, mais ont pu être résolus en étoiles par l'emploi d'instruments très puissants.

Les amas stellaires les plus importants sont ceux des *Pléïades*, d'*Hercule*, du Verseau, des Gémeaux, dans l'hémisphère Nord ; du Toucan, dans l'hémisphère Sud.

Le nombre d'étoiles d'un amas stellaire est presque toujours considérable et varie entre une centaine (croix du Sud) et plusieurs milliers. La plupart des nébuleuses et groupes stellaires sont difficilement visibles ou même invisibles à l'œil nu.

27. Distribution des Étoiles et des Nébuleuses par rapport à la Voie lactée. — De patientes recherches d'Herschell (1) et de ses successeurs sur la statistique stellaire ont mis en évidence les résultats suivants :

Les étoiles sont très agglomérées dans certaines régions du ciel et très rares dans d'autres. Elles sont particulièrement très nombreuses dans la voie lactée et son voisinage. Les étoiles de première grandeur sont réparties dans une zone étroite dont le plan médian coupe la voie lactée sous un angle très aigu. Au contraire : le nombre des nébuleuses augmente quand on s'éloigne de la voie lactée.

Ces différents faits sont assez bien coordonnés par l'hypothèse suivante à laquelle peuvent d'ailleurs être faites beaucoup d'objections :

Les étoiles sont en moyenne d'autant plus rapprochées du Soleil que

(1) William Herschell (1738-1822), construisit en Angleterre un télescope célèbre, étudia les étoiles variables, les nébuleuses, dressa le premier catalogue d'étoiles doubles, découvrit la planète Uranus.

leur grandeur est moindre (exception faite pour les premières grandeurs où les étoiles sont trop peu nombreuses pour qu'un calcul de moyennes soit assez précis). Elles sont distribuées dans une région de l'espace affectant une forme lenticulaire à l'intérieur et près du plan médian de

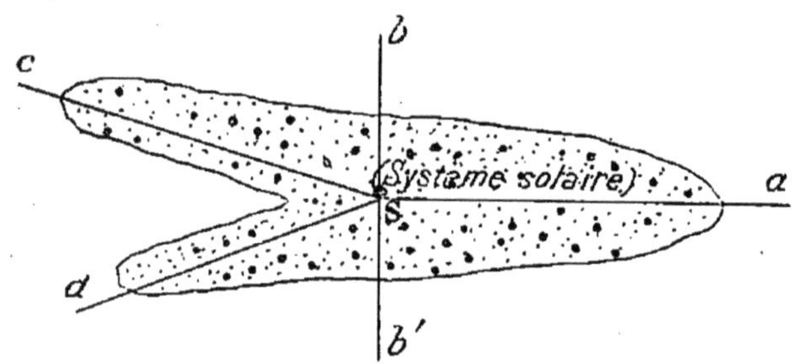

Fig. 8. — Coupe théorique de la voie lactée, d'après Herschell.

laquelle se trouve le Soleil S. C'est par un effet de perspective qu'on aperçoit beaucoup plus d'étoiles suivant S*a* que suivant S*b* ou S*b*'. La voie lactée se projette à peu de distance de part et d'autre de l'intersection du plan médian par la sphère céleste. Une région, comme échancrée suivant Sc, S*d* rend compte du dédoublement.

Quant aux nébuleuses, la plupart ne peuvent être rattachées à la voie lactée, formant peut-être infiniment loin de nous des systèmes analogues.

Exercice sur le Chapitre I.

1 Le système de l'étoile double U de Céphée comprend un astre sphérique, obscur, de rayon 3 qui décrit une orbite circulaire de rayon 10 autour de l'étoile brillante de rayon 5. L'œil étant à l'infini dans le plan de l'orbite construire approximativement la courbe de lumière.

Rép.: On construit une courbe dont la forme est à peu près celle de la figure 6.

CHAPITRE II

MOUVEMENT DIURNE. — ROTATION DE LA TERRE

§ I. — Définitions de repères terrestres. — Notion du mouvement diurne.

Objet du chapitre. — Après avoir indiqué que la Terre est un corps sphérique qui tourne autour de l'un de ses diamètres, nous devons étudier en détail cette rotation pour préciser ses lois, ses conséquences et ses preuves. Cette étude, très importante pour la suite du cours, nécessite que l'on sache fixer, par rapport à des repères terrestres, la position du rayon visuel dirigé vers une étoile quelconque. A cet effet, on mesure deux angles, nommés *coordonnées* de l'étoile, dont la définition est basée sur des propriétés très simples de la sphère.

Nous rappellerons d'abord, pour les préciser, les définitions de quelques termes usuels.

28. Verticale. Zénith. Nadir. — La *verticale* d'un lieu terrestre est la direction donnée par un fil à plomb en repos par rapport à la Terre.

Elle est normale à la surface d'un liquide en équilibre. Les deux sens opposés d'une verticale se distinguent l'un de l'autre en disant que : la verticale ascendante est dirigée vers le *zénith*, la verticale descendante vers le *nadir*.

Horizon sensible. Horizon rationnel. — Tout plan perpendiculaire à la verticale d'un lieu est nommé plan horizontal, *plan d'horizon*. Pour un observateur, dont l'œil serait placé en un point C, voisin de la surface de la Terre, l'*horizon sensible* est limité par la courbe de contact du cône de sommet C, circonscrit à la Terre (fig. 9). Cette courbe qui, à la mer, est un petit cercle de la sphère terrestre, est, à terre, plus ou moins sinueuse suivant les accidents de terrain qui limitent la vue. Mais le cône C étant, au moins en plaine, toujours très ouvert, on convient de négliger les sinuosités de la courbe de contact de ce cône et de la Terre, en prenant pour plan d'horizon, en chaque lieu, le plan perpendiculaire à la verticale, mené par l'œil de l'observateur placé en ce lieu. Ce plan, nommé *horizon rationnel ou horizon astronomique* est tangent à la surface de la Terre; il divise l'espace en deux régions, dont l'une contient le centre de la Terre et tous les points *invisibles* du lieu considéré, l'autre contenant tous les points *visibles* en cet endroit.

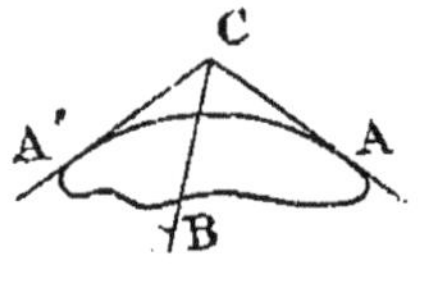

Fig. 9.

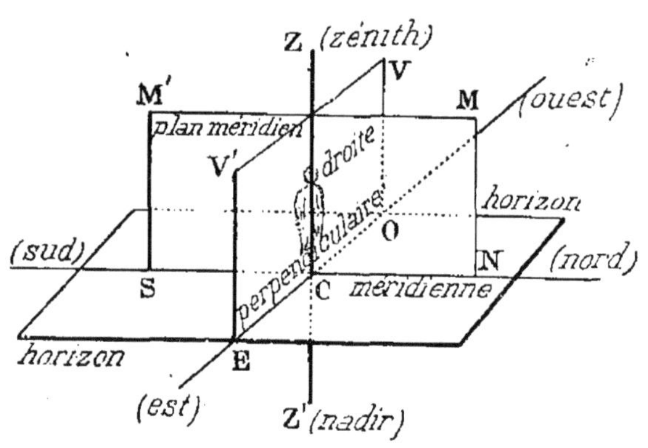

Fig. 10.

Méridienne. Points cardinaux. — Tout plan mené par la verticale d'un lieu terrestre est appelé un *vertical*.

En particulier, un vertical spécial MM', dont la définition précise et la détermination seront indiquées plus loin, est appelé *méridien* du lieu (fig. 10). Provisoirement, la position du méridien sera fixée par la verticale $z'z$ et une ligne de visée vers une mire M_1.

Le vertical perpendiculaire au méridien d'un lieu est appelé *premier vertical* du lieu.

L'horizon coupe le méridien et le premier vertical suivant deux droites rectangulaires, nommées, la première, la *méridienne* et l'autre la *perpendiculaire*.

On distingue les deux directions opposées de la méridienne en disant que l'une d'elles est dirigée vers le *nord*, l'autre vers le *sud*.

De même, l'une des directions de la perpendiculaire est dite dirigée vers l'*ouest* et l'autre vers l'*est*. Par rapport à un observateur placé sur la verticale et regardant vers le nord, l'ouest est *à gauche* et l'est *à droite*.

Le trièdre C(SOZ) sera le trièdre de coordonnées par rapport auquel on déterminera, dans le paragraphe suivant, la position du rayon visuel d'une étoile.

29. Notion du mouvement diurne. — Admettant que la Terre est un corps sphérique qui tourne autour d'un de ses diamètres, nous allons chercher comment cette rotation modifie, *par rapport à des repères terrestres*, la position du rayon visuel d'une étoile.

Avant tout, il importe de préciser le sens de cette locution : la Terre tourne autour d'un de ses diamètres.

D'après les définitions et propriétés étudiées en mécanique, la notion de mouvement est une notion essentiellement relative et lorsqu'on dit qu'un système de points (A) est en mouvement par rapport à un autre système (B), on veut simplement dire que : les distances des divers points du système (A) à ceux du système (B) changent lorsque le temps varie. Alors on peut tout aussi bien dire que : (B) est en mouvement par rapport à (A). Ce mouvement de (A) par rapport à (B) est une *rotation* lorsqu'une droite PP′ invariablement fixée au système (A) reste aussi invariablement fixée au système (B) c'est-à-dire garde une position indépendante du temps par rapport aux arêtes d'un trièdre attaché au système (B).

Dès lors, dire que la Terre tourne autour d'un axe PP′, mené par son centre T, c'est dire que par rapport à un trièdre dont les arêtes iraient du centre T à trois étoiles déterminées, la direction PP′ reste invariable tandis que toute autre direction menée dans la Terre par le point T, décrit un cône de révolution autour de PP′ pour axe (fig. 11).

Soit alors PP′ l'axe autour duquel s'effectue dans le sens indiqué par les flèches, la rotation de la Terre.

L'horizon au point A, qui est le plan tangent à la Terre en ce point, rencontre PP′ en I et reste *tangent* à un cône de révolution de sommet I, dont la directrice est le cercle C, décrit par le point A.

Par rapport à ce cône, un point peut occuper trois positions suivant qu'il est à l'*intérieur* dans la nappe *inférieure* qui contient le centre T de la Terre, ou à l'*intérieur* de la nappe *supérieure*, ou enfin à l'*extérieur* du cône.

Un point, tel que E_1, placé dans l'intérieur de la nappe inférieure est constamment *invisible* au point A, puisque le rayon visuel correspondant est toujours *au-dessous* de l'horizon, c'est-à-dire du même côté de l'horizon que la Terre.

Un point, tel que E_2, placé dans l'intérieur de la nappe supérieure est au contraire constamment *visible* au point A, puisque le rayon visuel correspondant est toujours *au-dessus* de l'horizon.

Enfin, un point, tel que E_3, extérieur au cône est tantôt visible, tantôt invisible au point A. Car du point E_3, on peut mener au cône I deux plans tangents qui ont pour génératrices de contact les droites IH, IK aboutissant aux points de contact des tangentes menées au cercle C par le point F, trace de IE_3 sur le plan de C. Lorsque A décrit l'arc KAH, le rayon visuel du point E_3 est *au-dessus* de l'horizon et par conséquent E_3 est visible, mais lorsque A décrit l'arc HA′K, le rayon visuel de E_3 est *au-dessous* de l'horizon et par conséquent E_3 est invisible.

De là résulte que, pour chaque lieu terrestre, les étoiles doivent être rangées en trois catégories : 1° celles qui sont constamment invisibles ; 2° celles qui sont constamment visibles ; 3° celles qui sont tantôt visibles, tantôt invisibles et par suite ont un *lever* (instant de l'apparition au-dessus de l'horizon) et un *coucher* (instant de la disparition au-dessous de l'horizon).

D'autre part, lorsque A décrit le cercle C, le rayon visuel d'une étoile quelconque reste parallèle à lui-même parce que le rayon terrestre est négligeable par rapport à la distance de la Terre aux étoiles. Ce rayon visuel fait donc avec l'axe de rotation PP′ un angle constant mais avec la verticale Az du lieu considéré, un angle variable avec le temps. Il s'ensuit que par rapport au trièdre A(SOZ) formé par la verticale, la méridienne et la perpendiculaire du lieu considéré, ce rayon visuel décrit un cône de révolution autour d'une parallèle à PP′ dont la direction est fixe par rapport à ce trièdre. Ce mouvement est celui que voit un observateur placé sur la verticale et immobile par rapport aux repères terrestres. Sur une sphère de rayon arbitraire ayant A pour centre, la perspective de l'étoile décrit un petit cercle dont le pôle est le point où l'axe du cône perce la sphère.

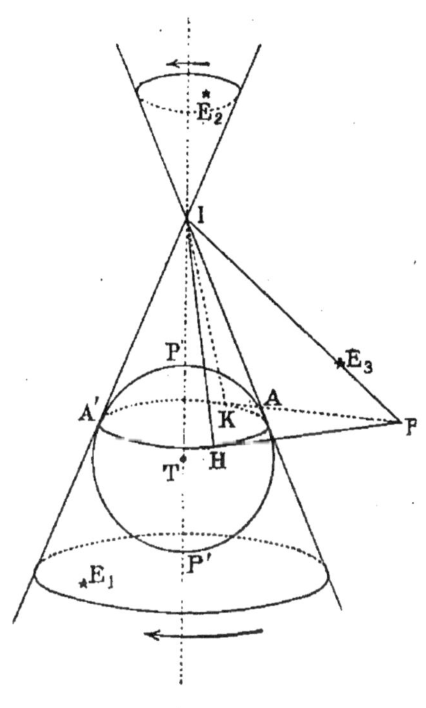

Fig. 11.

En résumé, la rotation de la Terre autour de l'un de ses diamètres entraîne les conséquences suivantes : **1° Sur une sphère de rayon arbitraire ayant pour centre un point quelconque de la Terre, et invariablement fixée à la Terre la perspective de chaque étoile décrit un cercle ; 2° tous ces cercles ont leurs plans parallèles et sont décrits dans le même temps de la gauche vers la droite d'un observateur vertical regardant vers le sud.**

Ce mouvement qui entraîne toutes les étoiles s'appelle le *mouvement diurne,* parce que sa durée est d'un *jour sidéral,* peu différent du jour civil.

L'explication précédente fait prévoir que la vérification rigoureuse des lois du mouvement diurne nécessite la mesure des angles fixant la position du rayon visuel de chaque étoile par rapport aux repères terrestres. Nous sommes ainsi conduits à indiquer la définition des coordonnées sphériques d'un point de l'espace.

§ II. — Définitions et mesure des coordonnées sphériques d'un point.

30. Définitions. — Un système de coordonnées sphériques sur une sphère donnée O est défini lorsqu'on a choisi sur cette sphère : 1° un point P, nommé pôle ; 2° un grand cercle fondamental ABC dont le plan est perpendiculaire au rayon OP et sur lequel on a fixé, une origine des arcs A, un sens de parcours, dit sens positif, et enfin une unité d'arc, par exemple, le degré.

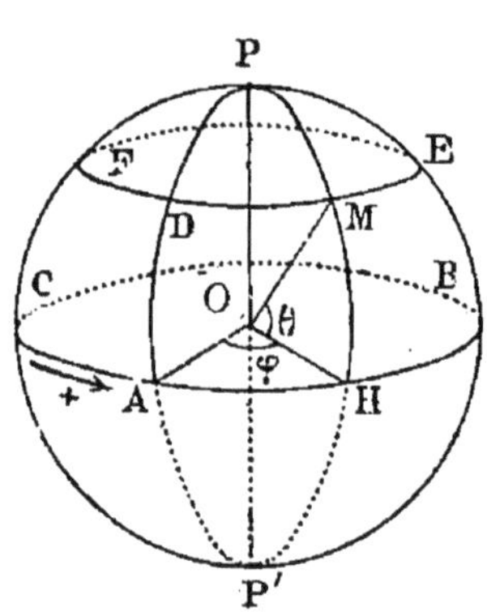

Fig. 12.

A chaque point M de la sphère on peut alors faire correspondre deux nombres, appelés coordonnées sphériques de ce point. L'un d'eux est la mesure en degrés de l'arc positif $\overset{\frown}{AH}$ d'origine A, dont l'extrémité est le point de rencontre H du cercle fondamental avec le *demi*-grand cercle PMP'. L'autre est la mesure en degrés de l'arc de grand cercle $\overset{\frown}{HM}$, inférieur à un quadrant et compté positivement ou négativement suivant que M et P sont du même côté du cercle fondamental ou de part et d'autre.

La première coordonnée est ainsi comprise entre 0 et 360°, la seconde entre — 90° et + 90°, et à chaque point M donné sur la sphère considérée correspond un couple et un seul de coordonnées.

Inversement, deux nombres donnés, l'un φ entre 0 et 360°, l'autre θ entre — 90° et + 90°, définissent un seul point de la sphère. La connaissance du premier φ permet de tracer le demi-grand cercle P'HP sur lequel doit être le point cherché ; la connaissance du second θ permet de trouver le petit cercle DEF de pôle P sur lequel doit aussi être ce point.

31. Méthode de mesure des coordonnées sphériques. — Les coordonnées sphériques usitées en astronomie sont toutes relatives à des sphères de rayon très grand par rapport aux dimensions terrestres. On les mesure avec un instrument qui, réduit à ses parties essentielles, se compose de deux cercles gradués en degrés et d'une lunette. Les plans de ces deux cercles divisés sont rectangulaires.

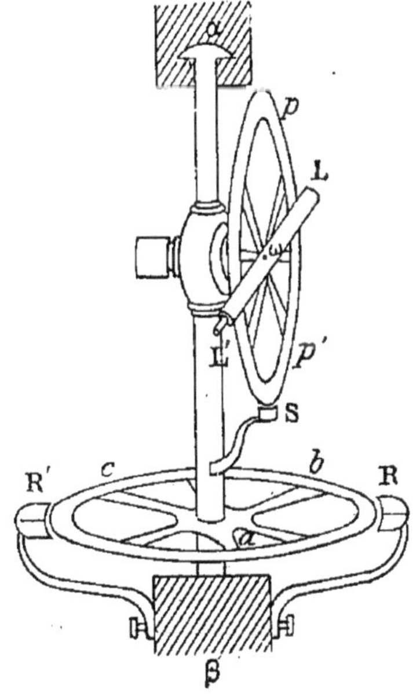

Fig. 13. — Théodolite.

L'un d'eux, *abc*, dont le plan coïncide avec celui du grand cercle fondamental des coordonnées à mesurer, peut glisser sur lui-même autour de son centre, devant des repères fixes R, R'.

Dans sa rotation il entraîne l'axe αβ, maintenu entre un épaulement en α et une crapaudine en β, et rendu parallèle au diamètre PP', au moment de la mesure. Le deuxième cercle tourne en même temps que l'axe αβ tandis qu'une lunette LL' est mobile autour du centre ω de ce cercle.

Disposition et réglage. — L'axe $\alpha\beta$ est rendu parallèle à la direction PP' et le zéro de la graduation du cercle *abc* placé en face du repère R, préalablement disposé de façon que le demi-plan $\alpha\beta$R coïncide avec le demi-plan PAP' (fig. 14). Cette condition se vérifie en constatant que l'on peut, avec la lunette LL', viser un objet éloigné, par exemple une mire, placée d'avance dans le plan PAP' qu'elle sert à déterminer. Cette visée qui a pour but de déterminer le point A dont les deux coordonnées φ et θ sont nulles, se fait en plaçant aussi le repère S en face du zéro de la graduation du cercle *pp'*. On serre alors les vis de pression qui commandent R, R' et LL' de telle sorte que, dans les opérations suivantes, on fera tourner tout l'appareil autour de l'axe $\alpha\beta$ et le cercle *pp'* autour de son centre, entraînant avec lui la lunette.

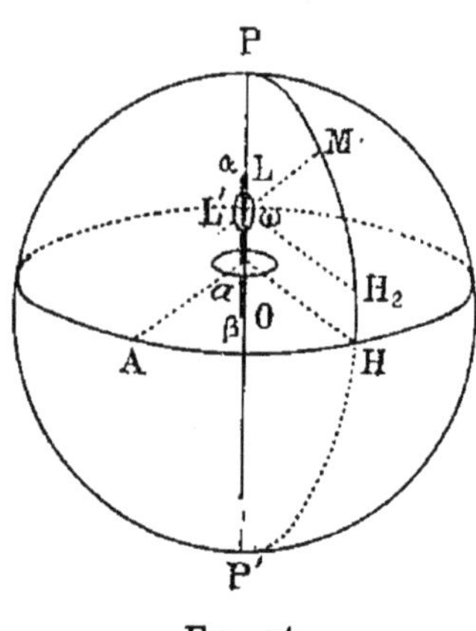

Fig. 14.

Visée d'un point très éloigné M. — On fait tourner l'appareil tout entier autour de $\alpha\beta$, puis le cercle *pp'* autour de son centre jusqu'au moment où l'image de M coïncide avec le croisement des fils du réticule de la lunette. On serre alors les vis de pression qui immobilisent l'axe $\alpha\beta$ et le cercle *pp'*. Les numéros des graduations placées en regard des repères R et S donnent alors, en tenant compte du sens des rotations, les coordonnées φ et θ du point M.

§ III. — Coordonnées horizontales. — Lois du mouvement diurne. — Détermination du plan méridien d'un lieu. — Axe du monde.

32. Sphère locale. — On appelle *sphère des coordonnées locales* pour un lieu C une sphère de rayon arbitraire, ayant son centre en un point C voisin de la surface terrestre, et sur laquelle on a choisi pour grand cercle fondamental l'*horizon* et pour pôle correspondant le *zénith*.

La direction dans laquelle on voit, du point C, un point quelconque A, se détermine au moyen des coordonnées sphériques du point *a* où la demi-droite CA perce la sphère (fig. 15).

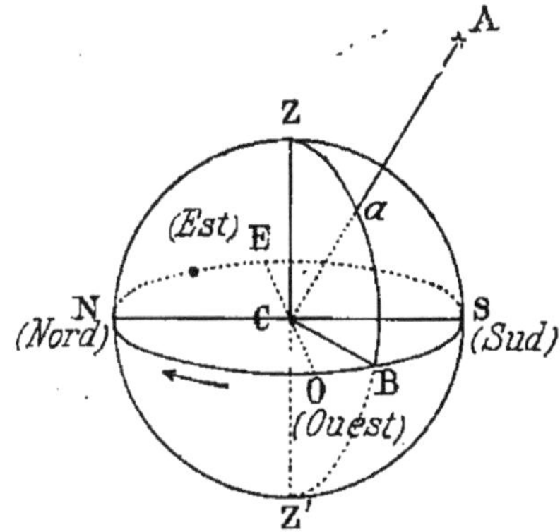

Fig. 15.

Azimut. — L'azimut d'un point A est la mesure de l'arc d'horizon SB qui a pour origine le point sud S et pour extrémité le point B où le grand cercle d'horizon coupe le *demi-grand* cercle ZaZ', appelé vertical du point A.

L'azimut, que nous désignerons par α, se compte de 0 à 360° dans le sens des aiguilles d'une montre (sens rétrograde) pour un observateur vertical ayant les pieds en C, la tête vers le zénith et regardant l'horizon.

Hauteur. — La hauteur d'un point A est la mesure de l'arc Ba qui a pour origine le point B où le vertical de ce point rencontre l'horizon et pour extrémité le point *a* où ce vertical rencontre la demi-droite CA.

La hauteur que nous désignerons par h est considérée comme positive ou négative suivant que le zénith Z et le point *a* sont du même côté de l'horizon ou de part et d'autre. Elle se compte donc de 0 à $\pm 90°$.

Distance zénithale. — La distance zénithale d'un point A est l'arc de vertical qui a pour origine le zénith Z et pour extrémité le point *a* où la demi-droite CA rencontre le vertical du point.

Cette distance, que nous désignerons par z, se compte de 0 à 180°.

La distance zénithale z et la hauteur h d'un point sont complémentaires, quel que soit le signe de h.

Autrement dit, on a toujours :

$$z + h = 90^\circ.$$

33. Mesure des coordonnées horizontales. Théodolite. — L'azimut α et la hauteur h d'un point A sont les *coordonnées horizontales* de ce point.

Elles se mesurent à l'aide du *Théodolite,* instrument formé d'un axe *vertical* $\alpha\beta$, dont la rotation entraîne celle d'un cercle horizontal *abc* et celle d'un cercle vertical pp'. L'appareil décrit dans le paragraphe précédent est un théodolite lorsque l'axe $\alpha\beta$ a été rendu vertical en agissant sur les vis calantes du pied. Le cercle horizontal, gradué de o à 360° dans le sens rétrograde est alors nommé cercle *azimutal,* parce qu'il sert à mesurer l'angle dièdre dont tourne le cercle vertical pour passer d'un azimut à un autre. La lunette LL' peut être dirigée à toutes les hauteurs possibles à partir de la position horizontale. En opérant comme il a été expliqué pour la détermination des coordonnées sphériques φ et θ, on peut mesurer, à chaque instant, l'azimut et la hauteur d'une étoile.

34. Lois du mouvement diurne. — Il est alors possible de trouver les lois du mouvement du rayon visuel d'une étoile par rapport aux repères d'un lieu quelconque.

A cet effet, aux instants t_1, t_2, t_3 ..... notés à une horloge on mesure les coordonnées $(\alpha_1 z_1)$ $(\alpha_2 z_2)$ ..... d'une *même* étoile E, puis sur un globe recouvert de papier blanc on marque les points e_1, e_2, e_3, ... qui ont ces nombres pour coordonnées sphériques par rapport à un pôle z' et à un grand cercle fondamental S'OB'. La courbe, lieu des points e_1, e_2, e_3 ..... sera la directrice d'un cône de sommet O, évidemment égal à celui que décrit le rayon visuel de l'étoile envisagée.

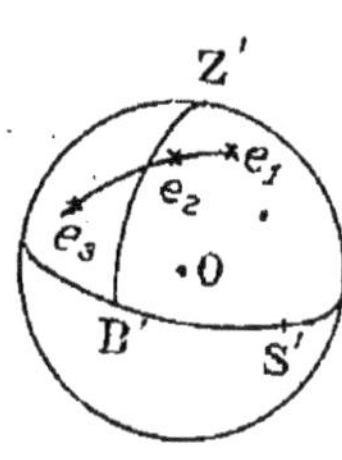

Fig. 16.

Cette représentation graphique pourra d'ailleurs être faite

pour diverses étoiles. Par cette méthode, on constate les lois suivantes :

1° Les perspectives des étoiles sur la sphère locale décrivent des cercles qui ont tous pour pôles deux points P et P′, fixes sur cette sphère (fig. 17) ;

2° L'arc a parcouru sur une trajectoire quelconque pendant le temps t est proportionnel à ce temps et le rapport $\frac{a}{t}$ a la même valeur constante pour toutes les étoiles ;

3° Le sens et la durée du mouvement sont les mêmes pour toutes les étoiles.

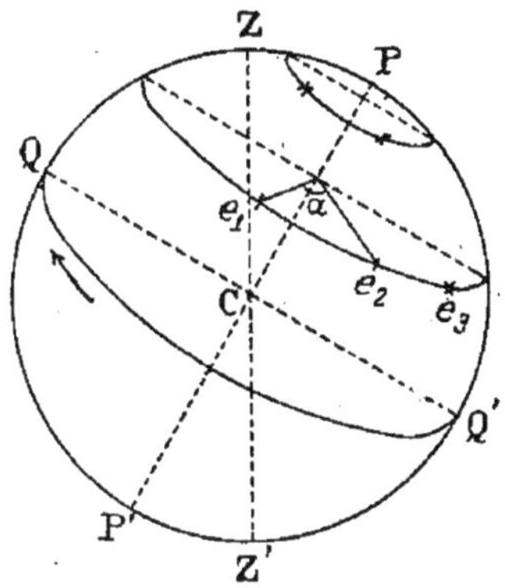

Fig. 17.

En abrégé, on dit que le mouvement diurne est : 1° *circulaire* ; 2° *uniforme* ; 3° *isochrone.*

35. Sphère céleste. — On résume d'une façon commode le mouvement diurne et ses lois en imaginant une sphère immense, appelée *sphère céleste*, qui a pour centre l'œil de l'observateur et sur laquelle sont supposées invariablement fixées les perspectives des étoiles. Le rayon terrestre n'étant qu'une très petite fraction de la distance moyenne de la Terre aux étoiles, les sphères célestes relatives aux divers lieux terrestres sont, au même instant, identiques entre elles et à la sphère céleste *géocentrique*, c'est-à-dire qui a le même centre que la Terre. Le mouvement diurne des astres s'interprète alors en disant que :

Tout se passe comme si la sphère céleste avait un mouvement de rotation uniforme autour d'un axe de direction fixe par rapport à une sphère locale quelconque, concentrique avec elle.

Cette manière de parler permet, comme on va le voir, d'expliquer le mouvement que possède le rayon visuel d'une étoile par rapport aux repères d'un lieu quelconque où certaines étoiles sont constamment visibles, d'autres tantôt visibles et tantôt invisibles. Indiquons d'abord quelques définitions nécessaires pour les explications qui suivront.

Définitions relatives à la sphère céleste. — L'*axe du monde* est la droite PP′ autour de laquelle s'effectue la rotation de la sphère céleste (fig. 18).

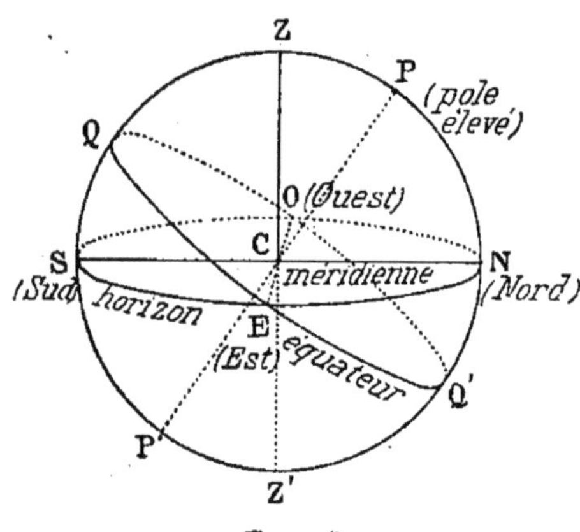

Fig. 18.

Les *pôles* de la sphère céleste sont les deux points où cette sphère rencontre l'axe du monde.

L'un d'eux, nommé pôle nord ou mieux pôle *boréal* est vu, de la Terre, dans une direction très voisine de celle où l'on aperçoit l'**étoile polaire** (α de la petite Ourse). L'autre est nommé pôle sud ou mieux pôle *austral*.

Par rapport à un observateur placé sur l'axe du monde, la tête vers le pôle boréal, la rotation de la sphère céleste s'effectue de *gauche à droite*. On convient de dire que ce sens est *rétrograde*.

L'*équateur* céleste est le grand cercle QQ′ perpendiculaire à la ligne des pôles.

Les *parallèles* célestes sont les petits cercles dont les plans sont parallèles à celui de l'équateur.

Définitions relatives à la sphère locale. — Les pôles de la sphère locale sont les points où cette sphère est percée par l'axe du monde. L'un d'eux est le pôle nord ou pôle élevé et l'autre le pôle sud ou pôle abaissé.

L'*équateur* de la sphère locale est le grand cercle perpendiculaire à la ligne des pôles.

On remarquera que l'axe du monde et le plan de l'équateur sont, pour la sphère céleste et la sphère locale, toujours en coïncidence.

On appelle méridien d'un lieu le grand cercle d'intersection de la sphère locale avec le vertical de la ligne des pôles.

Le méridien est divisé par le diamètre des pôles PP′ en deux demi-grands cercles que l'on distingue l'un de l'autre en appelant méridien supérieur celui qui contient le zénith z et méridien inférieur celui qui contient le nadir z'.

De ces définitions il résulte que : 1° **la méridienne d'un lieu, c'est-à-dire la trace du plan du méridien sur l'horizon est la projection orthogonale sur l'horizon de la ligne des pôles ; 2° la perpendiculaire d'un lieu est l'intersection EO de l'équateur avec l'horizon.**

36. Levers et couchers des étoiles. — En admettant la rotation de la sphère céleste autour de la ligne des pôles, proposons-nous d'étudier en un lieu terrestre les conditions de visibilité des étoiles et les variations de la hauteur (ou de la distance zénithale) de l'une d'elles. A cet effet, sur la sphère locale C (fig. 19) traçons les parallèles NN′, SS′ tangents à l'horizon SENO respectivement au point nord N et au point sud S. La surface de la sphère est ainsi divisée en 3 régions qui sont : 1° la zone qui a pour bases les parallèles NN′, SS′ ; 2° la calotte NPN′ qui a pour base le cercle NN′ ; 3° la calotte SP′S′ qui a pour base le cercle SS′.

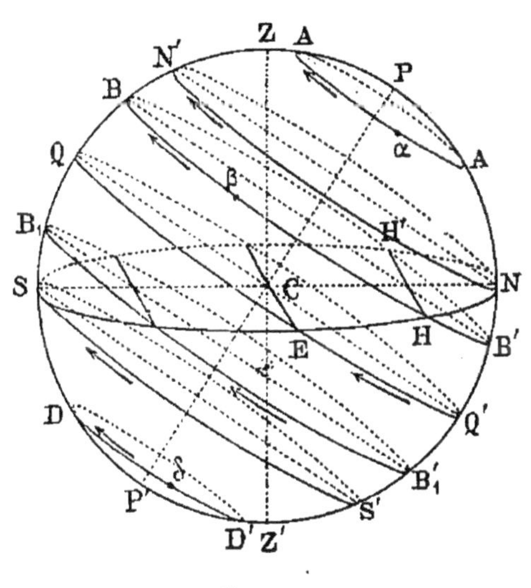

Fig. 19.

1° Une étoile, telle que δ, dont le parallèle DD′ appartient à la calotte SPS′, reste constamment au-dessous de l'horizon du lieu C et par suite est constamment invisible.

2° Une étoile, telle que β dont le parallèle BB' appartient à la zone SS'NN' est visible sur la portion HBH' de son parallèle et invisible sur la portion H'B'H. L'instant de son apparition au point H est son lever, l'instant de sa disparition au point H' est son coucher.

3° Enfin une étoile, telle que α dont le parallèle AA' appartient à la calotte NPN' est constamment visible.

On dit qu'une étoile est *circumpolaire* pour un lieu déterminé lorsque le parallèle décrit par cette étoile dans le mouvement diurne est tout entier au-dessus de l'horizon de ce lieu.

On dit qu'une étoile circumpolaire ou ayant un lever et un coucher est à sa *culmination* lorsqu'elle se trouve dans le méridien du lieu considéré. La culmination est dite supérieure lorsqu'elle se fait dans le méridien supérieur (contenant le zénith) et inférieure lorsqu'elle se fait dans le méridien inférieur.

37. Variations de la hauteur d'une étoile. — Règle. — Suivant qu'une étoile est à sa culmination supérieure ou à sa culmination inférieure, sa hauteur est maximum ou minimum.

En effet, considérons le triangle sphérique PαZ (fig. 20) qui a pour sommets fixes le zénith Z, le pôle nord P et pour sommet mobile la perspective α de l'étoile sur la sphère locale. Les côtés Pα et Zα de ce triangle sont des arcs de grand cercle. Le côté Pα est constant puisque α se déplace sur un petit cercle dont P est le pôle. Le côté Zα est seul variable mais est toujours compris entre la somme et la différence des deux autres côtés Pα et PZ ; donc

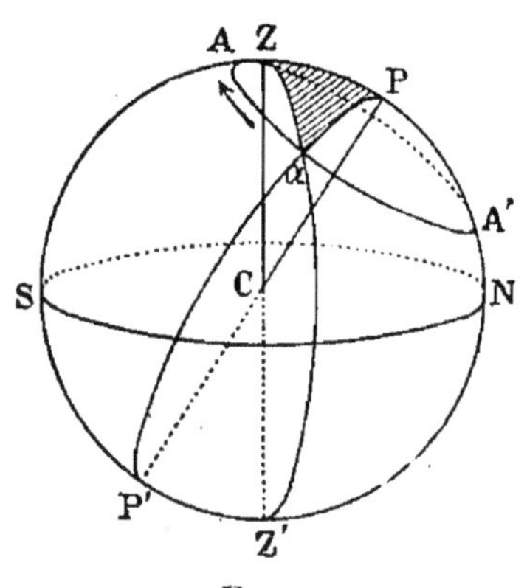

Fig. 20.

$$\text{arc } P\alpha - \text{arc } PZ \leqslant \text{arc } Z\alpha \leqslant \text{arc } P\alpha + \text{arc } PZ ;$$

mais A et A' étant les culminations supérieure et inférieure de l'étoile α, on a :

$$\text{arc } P\alpha = \text{arc } PA = \text{arc } PA',$$

d'où :

$$\text{arc } PA - \text{arc } PZ \leqslant \text{arc } Z\alpha \leqslant \text{arc } PA' + \text{arc } PZ$$

c'est-à-dire :

$$\text{arc } ZA \leqslant \text{arc } Z\alpha \leqslant \text{arc } ZA',$$

donc le maximum de $z\alpha$ est zA' et le minimum de $Z\alpha$ est AZ.

Or la hauteur h de l'étoile α est, à chaque instant, le complément de $Z\alpha$ distance zénithale z, c'est-à-dire que

$$h = 90° - z,$$

par conséquent h est maximum lorsque z est minimum et h est minimum lorsque z est maximum.

Conséquence. — Il existe deux positions d'une étoile pour lesquelles sa hauteur a une valeur donnée h comprise entre le maximum h_1 et le minimum h_2 de cette hauteur.

38. Réfraction atmosphérique. — Tout rayon lumineux passant d'un milieu dans un autre plus dense est rapproché de la normale. L'atmosphère terrestre considérée comme formée de couches sphériques homogènes de densités croissant vers le sol déviera donc un rayon SI suivant SII'I''.... (fig. 21).

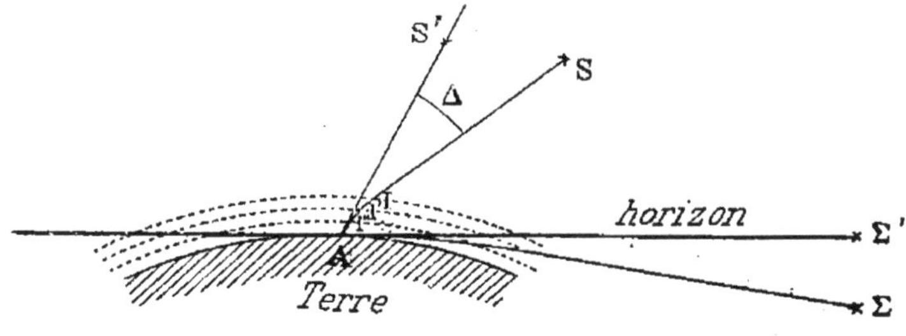

Fig. 21.

En réalité les couches considérées étant infiniment minces et infiniment nombreuses la trajectoire du rayon lumineux sera non une ligne brisée mais une courbe entre I et A. L'observateur A reporte l'étoile S sur la direction S' de la tangente de sorte que

S paraît relevé d'un très petit angle Δ, sans être déviée hors du plan vertical ZAS. Il arrivera même qu'une étoile Σ au-dessous de l'horizon soit encore visible en Σ'.

Il faut donc en réalité, si on veut vérifier les lois du mouvement diurne, corriger la position de l'étoile de la *réfraction atmosphérique*, et en tenir également compte si l'on veut déterminer l'instant du lever et du coucher *sensibles* de l'étoile, l'heure du premier étant légèrement avancée, celle du second retardée de la même quantité.

L'angle Δ diminue quand l'étoile s'élève au-dessus de l'horizon car la couche d'air traversée devient moins épaisse et le rayon va en se rapprochant de la normale. A l'horizon $\Delta = 33'48''$, environ un demi-degré : à 45°, $\Delta = 0'58''$, presque une minute et au zénith $\Delta = 0$. Au delà de 45° on peut dans la plupart des observations négliger l'angle de réfraction.

Ajoutons encore que les différentes étoiles d'une même constellation étant inégalement élevées, seront relevées de quantités inégales, ce qui change légèrement la figure de la constellation, mais non pas sensiblement pour l'œil nu. Il ne faut pas attribuer à la réfraction l'agrandissement apparent d'une constellation quand elle devient voisine de l'horizon. Cette illusion d'optique, encore mal expliquée, provient peut-être (ainsi que l'aspect surbaissé de la voûte céleste), du fait qu'instinctivement nous croyons porter nos regards plus loin, quand ils sont dirigés vers l'horizon que vers le zénith. Les mêmes étoiles en AB ou A'B' séparées par la même distance angulaire (insensiblemet modifiée par la réfraction), paraissent à des distances linéaires très différentes : A'B' > AB (fig. 22).

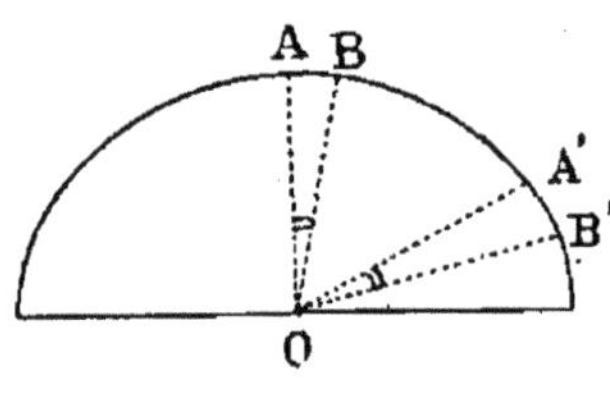

Fig. 22.

39. Orientation de la méridienne. — Le plan méridien d'un lieu, contenant la verticale de ce lieu, sera déterminé si l'on connaît sa trace sur l'horizon, c'est-à-dire la méridienne. On obtient la méridienne d'un lieu en utilisant la règle suivante, qui constitue le principe de la *méthode des hauteurs égales*

Règle. — Le plan méridien d'un lieu est le bissecteur du dièdre formé par les verticàux d'une étoile aux deux instants où la hauteur de cette étoile est la même.

En effet, soient, sur la sphère locale, a et a' les positions d'une même étoile, aux époques où sa hauteur a la même valeur h. Les verticaux correspondants sont zCa et zCa' coupant l'horizon en A et A'(fig. 23).

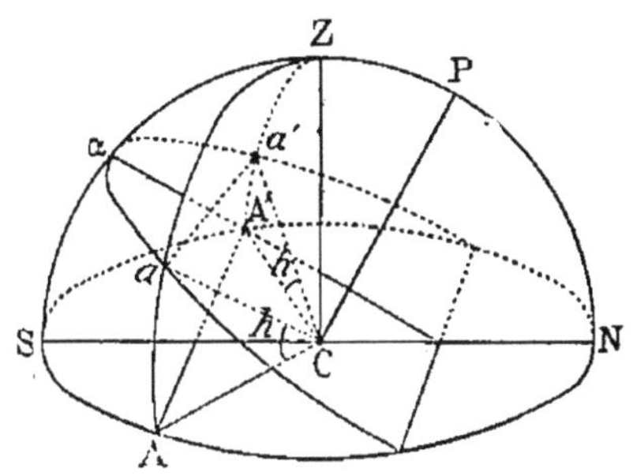

Fig. 23.

Le parallèle de l'étoile a son centre sur la ligne des pôles CP et son plan perpendiculaire à cette ligne. Il s'ensuit que le méridien du lieu qui contient CP est perpendiculaire au plan de ce parallèle et divise en deux moitiés symétriques par rapport à ce méridien le parallèle en question. Les points a et a' équidistants par hypothèse du plan de l'horizon sont sur une parallèle à ce plan et puisqu'ils sont sur le parallèle α, ils sont symétriques par rapport au méridien. Les deux verticaux ACz et $A'Cz$ sont donc symétriques par rapport au méridien qui est par suite le bissecteur de leur angle.

Application. — Pour trouver l'orientation de la méridienne d'un lieu, on installe en ce lieu un théodolite, avec lequel on pointe une même étoile aux deux instants où sa hauteur a la même valeur. Si H est l'origine provisoire des azimuts, c'est-à-dire le point de l'horizon, situé en face du zéro de la graduation du cercle horizontal, avant le premier pointé de l'étoile, on détermine ainsi deux azimuts α' et α qui sont les mesures des deux arcs $\widehat{HA}$ et $\widehat{HNA'}$, de même origine H et compris entre 0 et 360°. Leurs extrémités A et A' sont symétriques par rapport au diamètre SN qu'il s'agit de déterminer. Or, H étant par exemple entre S et A, on a :

$$\frac{HNA' + HA}{2} = \frac{2NA + 2AH}{2} = NH.$$

donc, la moyenne $\alpha_0 = \frac{\alpha + \alpha'}{2}$ des lectures faites sur le cercle azimutal, donne l'azimut (compté à partir du point connu H) du point nord de la méridienne.

40. Vérification de l'orientation de la méridienne. Lunette méridienne. — On vérifie l'orientation de la méridienne en se servant de la *lunette méridienne.* C'est une grande lunette astronomique dont l'axe optique ou ligne de visée peut prendre toutes les directions possibles dans le méridien du lieu d'observation. A cet effet, la lunette est montée sur un axe horizontal CD (fig. 24) autour duquel elle peut tourner sans que l'axe optique cesse d'être perpendiculaire à l'axe de rotation. Cet axe porte deux tourillons mobiles dans deux coussinets C et D qui reposent sur deux piliers. L'un des coussinets est mobile dans une rainure verticale et l'autre dans une rainure horizontale, de telle sorte que par des déplacements convenables de ces deux coussinets, on peut placer rigoureusement l'axe optique dans le méridien. On vérifie que cette condition est réalisée en notant avec une horloge de précision les intervalles de temps nécessaires à une circumpolaire pour aller du méridien supérieur au méridien inférieur, puis de ce dernier au méridien supérieur. Si ces deux temps sont rigoureusement égaux, la lunette est bien réglée, sinon on déplace l'un des coussinets et l'on recommence l'opération.

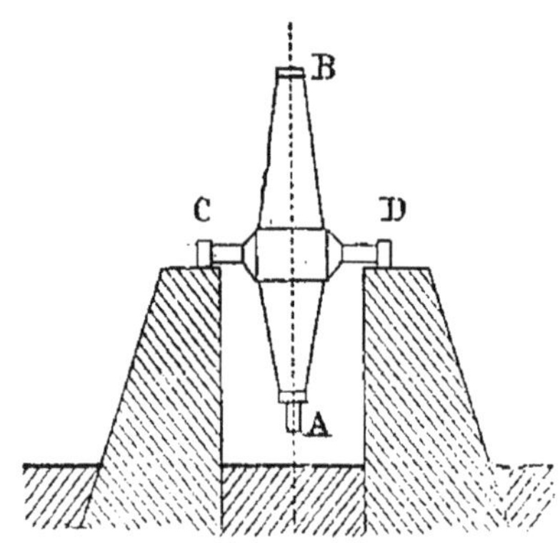

Fig. 24. — Lunette méridienne.

La lunette méridienne est aussi nommée *instrument des passages.*

41. Détermination de la ligne des pôles. — Cette ligne étant dans le méridien du lieu considéré, sera entièrement déterminée, si l'on sait trouver la hauteur du pôle élevé ou sa distance zénithale.

Règle. — **La distance zénithale du pôle élevé est la demi-somme des distances zénithales méridiennes d'une circumpolaire.**

Pour que cette règle soit exacte quelle que soit la circumpolaire envisagée, il faut compter la distance zénithale, positivement dans le sens du zénith Z vers le point nord N et négativement dans le sens opposé. D'ailleurs cette distance zénithale est inférieure à 90° en valeur absolue.

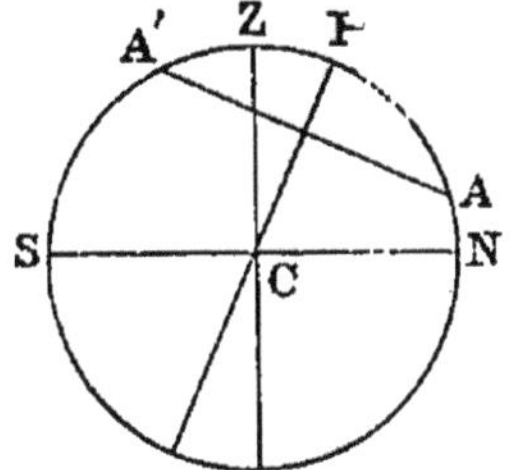

Fig. 25.

Soient alors A et A' les culminations inférieure et supérieure d'une circumpolaire. Le plan de la figure est le méridien du lieu, et en considérant d'abord les trois points ZPA, puis les trois points ZPA' on a d'après la relation de Chasles relative aux arcs dirigés :

$$\text{arc } \widehat{ZP} = \text{arc } \widehat{ZA} + \text{arc } \widehat{AP}$$
$$\text{arc } \widehat{ZP} = \text{arc } \widehat{ZA'} + \text{arc } \widehat{A'P}$$

en ajoutant membre à membre :

$$2 \text{ arc } \widehat{ZP} = \text{arc } \widehat{ZA} + \text{arc } \widehat{ZA'}$$

puisque les arcs AP et A'P étant opposés ont une somme nulle.

Remarque. — Cette détermination de la hauteur du pôle élevé est, comme on le verra bientôt, un problème équivalent à celui de la détermination de la latitude du lieu considéré.

42. Cercle mural. — La distance zénithale méridienne d'un astre se détermine au moyen du *cercle mural* (fig. 26). Réduit à ses parties essentielles, cet instrument se compose d'un grand cercle divisé AA', muni d'une lunette BB' et dont le plan est rigoureusement parallèle au méridien. La lunette fixée au cercle suivant l'un de ses diamètres, est entraînée par la rotation du cercle qui s'effectue autour d'un axe perpendiculaire au plan de ce cercle. Le cercle est gradué sur sa tranche et l'on évalue l'angle dont la lunette a tourné à l'aide d'un microscope *ab* de position invariable et formant repère.

Pour faire avec l'instrument la mesure d'une distance zénithale méridienne, on note d'abord quelle est celle des divisions du cercle qui est en face du repère lorsque l'axe optique de la lunette est vertical. On reconnaît que cet axe est vertical quand on peut faire coïncider la croisée des fils du réticule avec son image réfléchie à la surface d'un bain de mercure placé en M. On fait ensuite tourner le cercle de manière à viser l'étoile au moment de son passage et on lit la division correspondante. La différence des deux lectures donne la distance zénithale.

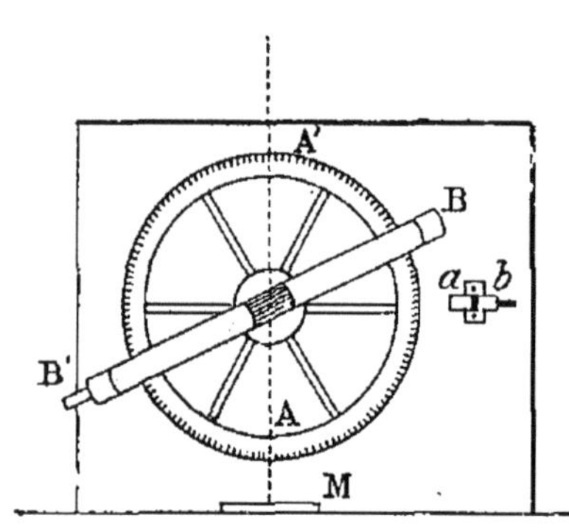

Fig. 26. — Cercle mural.

Aujourd'hui, dans les observatoires, on remplace le cercle mural, qui n'est pas retournable, par un *cercle méridien*, c'est-à-dire un cercle que l'on fixe sur l'axe de la lunette méridienne.

CHAPITRE III

COORDONNÉES HORAIRES
COORDONNÉES ÉQUATORIALES

§ I. — Coordonnées horaires.

43. Cercle horaire. — Le cercle horaire d'une étoile A est le demi-grand cercle d'intersection de la sphère locale par le plàn contenant l'étoile et l'axe du monde.

Ainsi P*a*P′ est sur la sphère locale C le cercle horaire de l'étoile A qui a pour perspective *a*.

Angle horaire. — L'angle horaire d'une étoile est la mesure de l'angle dont il faut faire tourner, dans le sens rétrograde, le méridien supérieur autour de PP′, pour le placer sur le cercle horaire de l'étoile.

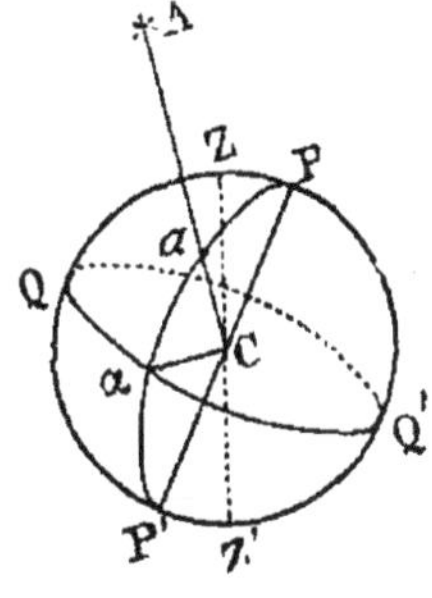

FIG. 27.

Cet angle, compris entre o et 360°, a la même mesure que l'arc d'équateur Qα compris entre le méridien supérieur et le cercle horaire. Le sens rétrograde est celui de la gauche vers la droite d'un observateur ayant les pieds en C et la tête vers le pôle nord P (fig. 27).

Déclinaison. — La déclinaison d'une étoile A est la mesure de l'arc de cercle horaire compris entre l'équateur et la perspective de cette étoile.

Autrement dit, la déclinaison D mesure l'angle que fait le rayon visuel de l'étoile avec le plan de l'équateur.

Elle se compte de o à $\pm 90^{\circ}$ positivement lorsque l'étoile est dans l'hémisphère nord et négativement dans le cas contraire.

Distance polaire. — **La distance polaire d'une étoile est la mesure toujours positive et comprise entre 0 et 180° de l'arc de cercle horaire compris entre le pôle boréal et la perspective de l'étoile.**

44. Comparaison des deux systèmes de coordonnées locales. — Les coordonnées horizontales (azimut et hauteur) sont des coordonnées *locales* ayant pour grand cercle fondamental l'horizon et pour pôle le zénith.

Les coordonnées horaires (angle horaire et déclinaison) sont des coordonnées *locales* ayant pour grand cercle fondamental l'équateur et pour pôle le pôle nord.

Les deux systèmes ont le même demi-grand cercle origine qui est le méridien supérieur.

Les lois du mouvement diurne, d'après lesquelles *a* décrit, d'un mouvement uniforme, dans le sens rétrograde, un petit cercle de pôle P entraînent les conséquences suivantes :

1° La déclinaison (ou la distance polaire) d'une étoile est constante, c'est-à-dire indépendante du lieu et de l'heure de la mesure ;

2° L'angle horaire d'une étoile varie proportionnellement au temps.

Cette dernière propriété est utilisée, comme on va le voir, pour convertir les angles horaires en temps ou inversement.

45. Jour sidéral. Origine et divisions. — **Le jour sidéral est l'intervalle de temps compris entre deux passages consécutifs (de même nom) d'une étoile au méridien d'un lieu quelconque.**

Autrement dit, le jour sidéral est la durée d'une révolution complète de la sphère céleste ou encore la durée d'une rotation, d'un tour de la Terre autour de la ligne des pôles.

Le jour sidéral, pris pour unité de temps en astronomie, se subdivise en vingt-quatre heures sidérales, comptées de 0 à 24. Chaque heure se divise en 60 minutes sidérales et enfin chaque minute en 60 secondes. D'après de Laplace, la durée du jour sidéral n'a pas varié d'une seconde depuis le temps d'Hipparque (150 av. J.-C.). Elle vaut environ 23^h56^m de nos horloges.

L'origine du jour sidéral en un lieu terrestre est l'instant du passage au méridien supérieur de ce lieu d'un point particulier de l'équateur, appelé *point vernal.*

Ce point, nommé aussi point équinoxial du printemps, se désigne par γ et se détermine comme on l'indiquera plus tard.

Calcul de l'heure sidérale. — En un lieu terrestre quelconque, l'heure sidérale est le quotient par 15 de la mesure en degrés, minutes et secondes d'arc, de l'angle horaire du point γ.

En effet, soit à calculer l'heure sidérale x lorsque l'angle horaire du point γ est : $28°7'30''$.

D'après les lois du mouvement diurne, l'angle horaire, proportionnel au temps, varie de 0 à 360° lorsque le temps croît de 0 à 24^h. Donc, on a la proportion :

$$(1) \qquad \frac{x}{24} = \frac{28°7'30''}{360} = \frac{28°7'30''}{15 \times 24}$$

ou encore :

$$x = \frac{28°7'30''}{15};$$

en effectuant les calculs, on obtient :

$$x = 1^h53^m10^s.$$

Dans la pratique, on exprime les angles horaires en temps et alors la règle précédente devient la suivante, d'une application constante : *L'heure sidérale est, à chaque instant, l'angle horaire du point* γ, *exprimé en temps.*

Pendule sidérale. — On appelle ainsi une pendule dont le cadran est parcouru par l'aiguille en 24 heures sidérales.

On la règle de façon qu'elle marque $0^h0^m0^s$ à l'instant du passage supérieur du point γ. Cela fait, elle donne, à tout instant, l'heure sidérale, c'est-à-dire l'angle horaire du point γ.

§ II. — Coordonnées équatoriales.

46. Après avoir défini précédemment deux systèmes de coordonnées *locales,* nous allons définir un système de coordonnées sphériques sur la sphère *céleste.* Suivant une remarque déjà faite, les sphères célestes des divers lieux terrestres étant, à chaque instant, identiques à une sphère céleste géocentrique, nous supposerons que les coordonnées dont nous allons parler sont prises sur celle-ci.

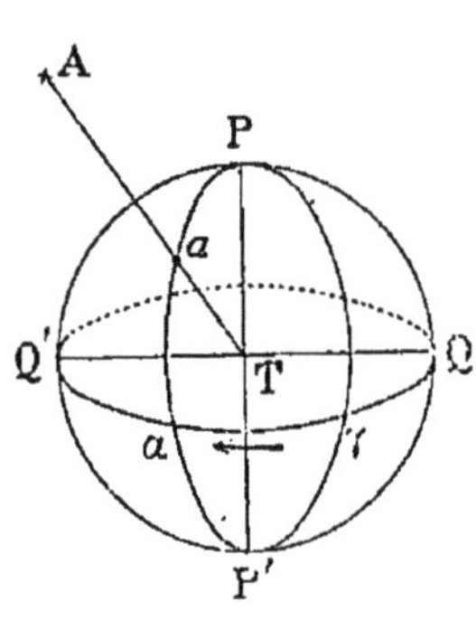

Fig. 28.

Le système en question a pour pôle le pôle boréal et pour grand cercle fondamental l'équateur céleste (fig. 28).

Ascension droite. — L'ascension droite d'une étoile est la mesure en degrés de l'arc d'équateur céleste compris entre le cercle horaire de cette étoile et celui du point γ.

Cet arc, toujours positif, se compte de 0 à 360° à partir du point γ dans le *sens direct*, c'est-à-dire de la droite vers la gauche d'un observateur placé suivant PP', les pieds en T et la tête vers le pôle nord P. On représente l'ascension droite par A.

Il importe d'observer que le cercle horaire d'une étoile est mobile sur la sphère locale mais fixe sur la sphère céleste.

Déclinaison. — La déclinaison d'une étoile est la mesure de l'arc de cercle horaire compris sur la sphère céleste entre l'équateur et la perspective de cette étoile.

La déclinaison ainsi définie est identique à celle qui a été définie au paragraphe précédent.

Les coordonnés équatoriales (ascension droite et déclinaison) d'une étoile sont deux nombres indépendants du temps et de la position de l'observateur à la surface de la Terre (1).

47. Détermination de l'ascension droite d'une étoile. — Règle. — **L'ascension droite d'une étoile est égale à l'heure sidérale à l'instant du passage supérieur de cette étoile.**

En effet, prenons pour plan de la figure le plan de l'équateur céleste qui est aussi celui de l'équateur de la sphère locale. Soit C l'équateur céleste et L l'équateur local. L'origine des angles horaires est le point S et ils sont comptés dans le sens de la flèche f. L'origine des ascensions droites est γ et leur sens celui de la flèche F. Un cercle horaire a pour projection un rayon tel que OA. Chacun d'eux tourne dans le sens de la flèche f et lorsque le rayon

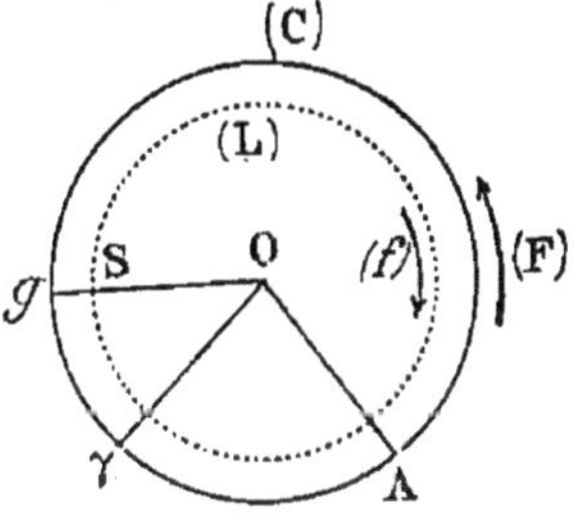

Fig. 29.

considéré coïncide avec Og l'étoile est à son passage supérieur. Or lorsque γ passe au méridien ($O\gamma$ confondu avec Og) il est par définition $0^h0^m0^s$ et pour que OA vienne sur Og il faut qu'il tourne d'un angle égal à l'ascension droite A mesurée par l'arc γA. Mais à cet instant, l'angle horaire du point γ, exprimé en temps, est précisément l'heure sidérale T ; donc

$$T = A.$$

Donc, pour mesurer l'ascension droite d'une étoile, on note l'heure sidérale de son passage au méridien supérieur et on la multiplie par 15 pour convertir ce temps en degrés, minutes et secondes.

(1) Par suite du mouvement de précession, dont il sera question plus loin, les coordonnées équatoriales varient lentement mais ses variations sont assez petites pour qu'on puisse les négliger dans une première approximation.

Conséquences. — I. **A chaque instant, l'heure sidérale d'un lieu est, à 24 heures près, égale à l'ascension droite d'une étoile quelconque augmentée de son angle horaire à cet instant.**

En effet, soit A l'ascension droite d'une étoile dont l'angle horaire est H, à l'heure sidérale T.

Par définition, H mesure le temps écoulé depuis le passage au méridien supérieur. Or, à l'instant de ce passage, l'heure sidérale était : A, donc actuellement elle est

$$T = H + A.$$

Remarque. — Dans cette formule chacun des nombres désigne un temps qui doit être compris entre 0 et 24 heures. Dès lors, si l'on calcule l'un d'eux, connaissant les deux autres, et si l'on trouve un résultat supérieur à 24 on le diminuera de 24 pour avoir la valeur exacte de l'élément calculé et si l'on trouve un résultat négatif on l'augmentera de 24.

II. **La variation de l'angle horaire d'une étoile quelconque est égale au temps sidéral compris entre les 2 instants considérés.**

En effet, soient H et H′ les angles horaires d'une même étoile aux époques T et T′. D'après ce qui précède, on a :

$$T = A + H$$
$$T' = A + H';$$

d'où en retranchant membre à membre :

$$T - T' = H - H'.$$

III. **La différence des ascensions droites de 2 étoiles est opposée à la différence de leurs angles horaires à un même instant quelconque.**

En effet, à une même heure sidérale T, on a, pour les deux étoiles, les relations

$$T = A_1 + H_1$$
$$T = A_2 + H_2;$$

d'où l'on tire :

$$A_1 - A_2 = H_2 - H_1.$$

48. Équatorial. — La dernière relation explique la façon de déterminer la différence d'ascension droite de 2 étoiles très voisines au moyen de l'*équatorial* (fig. 30). Cet instrument n'est qu'un théodolite dont l'axe au lieu d'être vertical est incliné suivant l'axe du monde. Le cercle vertical devient le *cercle de déclinaison* et le cercle, appelé précédemment azimutal, devient le *cercle horaire*.

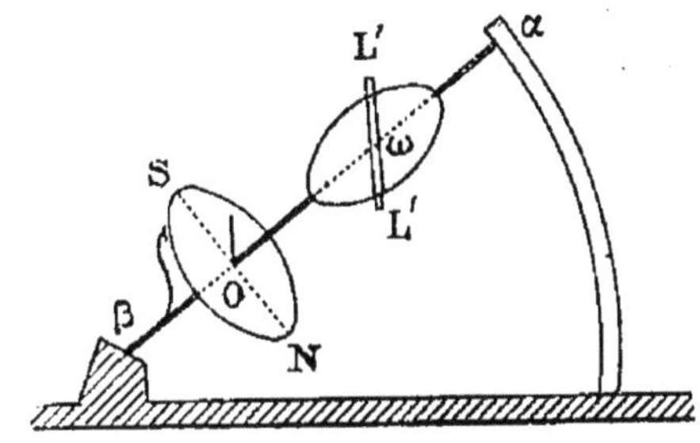

Fig. 30. — Équatorial

Il est évident qu'un instrument ainsi disposé peut servir à suivre une étoile dans son mouvement diurne. Après avoir pointé cette étoile, on immobilise la lunette puis on fait tourner dans le sens rétrograde tout l'appareil au moyen d'un mouvement d'horlogerie qui lui fait faire un tour en 24 heures sidérales.

Théoriquement, l'équatorial pourrait servir à la mesure des déclinaisons et des angles horaires, mais il est difficile de diriger exactement l'axe horaire $\alpha\beta$ suivant l'axe du monde et en outre l'appareil étant très grand, a une stabilité médiocre. De là résulte que l'on devrait faire subir aux déclinaisons et aux angles horaires des corrections difficiles et longues, qui deviennent inutiles lorsqu'on détermine seulement la *différence* des ascensions droites de deux astres très voisins.

A cet effet, après avoir immobilisé l'axe de l'équatorial, on lit sur la pendule sidérale les instants voisins T et T′ des passages de ces deux astres *dans un même plan horaire*. En multipliant T — T′ par 15 on aura évalué en degrés la différence de leurs ascensions droites.

49. Relation entre la déclinaison D, la hauteur λ du pôle et la distance zénithale méridienne z d'une étoile. — Règle. — **Suivant que le passage supérieur d'une étoile se fait par rapport au zénith du côté du Nord ou du côté du Sud, on a l'une des deux formules :**

$$D = \lambda + z \qquad D = \lambda - z,$$

z étant la distance zénithale méridienne.

En effet, prenons pour plan de la figure le méridien de la sphère locale, et figurons la trace SN de l'horizon, la trace QQ′ de l'équateur, la verticale ZZ′ et la ligne des pôles PP′.

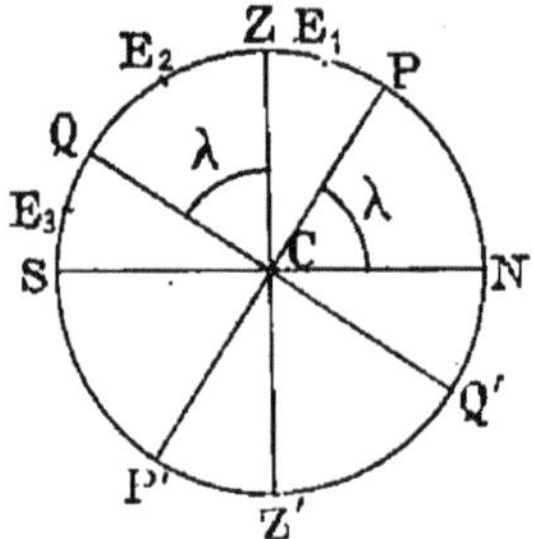

Fig. 31.

La hauteur λ du pôle au-dessus de l'horizon est la mesure de l'angle aigu PCN égal à l'angle aigu QCZ comme ayant leurs côtés perpendiculaires.

Trois cas sont à distinguer suivant que la culmination, qui ne peut se faire que sur l'arc SZP se fait sur l'arc PE_1Z ou sur l'arc ZE_2Q ou enfin sur l'arc QE_3S.

1° Position E_1. — On a d'abord :

$$\text{arc } \widehat{QE_1} = \text{arc } QZ + \text{arc } ZE_1$$

mais par définition :

$$\text{arc } QE_1 = D$$
$$\text{arc } ZE_1 = z,$$

donc :

$$D = \lambda + z.$$

2° Position E_2. — On a :

$$\text{arc } \widehat{QE_2} = \text{arc } QZ - ZE_2,$$

d'où

$$D = \lambda - z.$$

3° Position E_3. — On a :

$$\text{arc } \widehat{QE_3} = \text{arc } ZE_3 - \text{arc } ZQ;$$

mais par définition et convention de signe sur D qui est maintenant négative,

$$\text{arc } QE_3 = -D,$$

donc :

$$-D = z - \lambda$$

ou

$$D = \lambda - z.$$

Dès lors, si l'on connaît λ, on mesurera z au cercle mural et on pourra en déduire D.

Si au contraire on connaît D, la mesure de z permettra de calculer λ.

50. Visibilité des étoiles en un lieu donné. — Problème. — **Connaissant la hauteur du pôle λ au-dessus de l'horizon d'un lieu : 1° trouver entre quelles limites doit être comprise la déclinaison D d'une étoile pour que cette étoile soit visible en ce lieu ; 2° pour une valeur acceptable de la déclinaison, trouver pendant quelle fraction du jour sidéral l'étoile sera visible.**

Observons que la déclinaison d'une étoile étant constante peut être mesurée à l'époque d'une culmination de cette étoile. Sur la sphère locale du lieu considéré menons les parallèles tangents à l'horizon. Leurs traces sur le méridien sont les cordes NN′ et SS′ perpendiculaires à la ligne des pôles PP′ et parallèles à la trace de l'équateur QQ′.

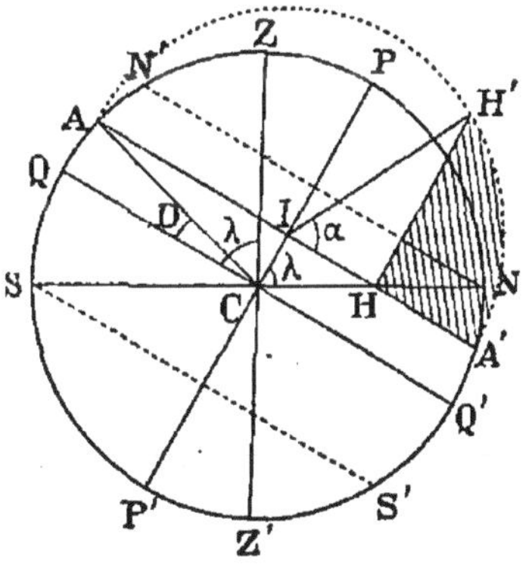

Fig. 32.

Pour qu'une étoile soit visible au lieu considéré il faut et il suffit que son parallèle appartienne à la calotte SS′P. Il faut donc et il suffit que sa déclinaison D vérifie la double inégalité

$$\lambda - 90^\circ \leqslant D < 90^\circ.$$

Par exemple à Paris : $\lambda = 48^\circ 50'$; donc : sont visibles à Paris : les étoiles dont la déclinaison est comprise entre $-(41^\circ 10')$ et 90°.

Les étoiles circumpolaires pour Paris sont celles dont le passage supérieur a lieu sur l'arc N'zP et dont par suite la déclinaison vérifie la double inégalité :

$$90^\circ - \lambda \leqslant D \leqslant 90^\circ$$

c'est-à-dire

$$41^\circ 10' < D < 90^\circ.$$

2° Soit D la déclinaison d'une étoile visible au lieu considéré. Son parallèle est le cercle qui a pour diamètre AA' et qui coupe l'horizon suivant une corde perpendiculaire au méridien en H.

L'arc de parallèle projeté suivant HA est le *demi-arc de visibilité* pendant lequel l'étoile est visible, l'arc projeté suivant HA' est le *demi-arc d'invisibilité*, pendant lequel l'étoile est invisible. On obtient ces arcs en rabattant le cercle AA' sur le plan de la figure et menant HH' perpendiculaire à AA'. D'ailleurs puisque le mouvement est uniforme, les durées mises à parcourir les arcs AH' et H'A' sont proportionnelles à ces arcs qui sont eux-mêmes proportionnels à leurs angles au centre : AIH' et $A'IH' = \alpha$.

Or le triangle rectangle IHH' donne : $IH = IH' \cos \alpha$

— IHC — $IH = IC \operatorname{tg} \lambda$

— IAC — $IC = IA \operatorname{tg} D = IH' \operatorname{tg} D$,

éliminant IC et IH on a finalement :

$$\cos \alpha = \operatorname{tg} \lambda \operatorname{tg} D,$$

formule d'où l'on peut tirer la valeur de α lorsqu'on connaît λ et D (1).

Soit par ex. :

$$\lambda = 45^\circ \qquad \sin D = \frac{1}{\sqrt{3}},$$

(1) Le raisonnement qui précède sera utilisé plus loin lorsqu'on étudiera l'inégalité des jours et des nuits (n° 91, page 111).

alors :

$$\text{tg } \lambda = 1 \qquad \text{tg D} = \frac{1}{\sqrt{2}} = \frac{\sqrt{2}}{2}$$

donc

$$\cos \alpha = \frac{\sqrt{2}}{2}$$

d'où $\alpha = 45°$. L'arc d'invisibilité de l'étoile considérée est donc $2\alpha = 90°$. Il s'ensuit que l'étoile reste visible pendant les trois quarts du jour sidéral.

CHAPITRE IV

COORDONNÉES GÉOGRAPHIQUES D'UN LIEU TERRESTRE

§ I. — Sphéricité approximative de la surface terrestre. Méridiens et parallèles terrestres.

Pour démontrer que la Terre est sensiblement sphérique, on vérifie d'abord que la surface des mers est convexe en tous ses points, puis que cette surface diffère très peu d'une sphère et enfin que le rayon de cette sphère liquide est très grand par rapport aux hauteurs des montagnes les plus élevées.

51. Convexité de la surface des mers. — La succession des aspects que présente un navire qui s'approche des côtes fournit *a priori* une preuve de la convexité de la surface des mers. S'il s'agit par exemple d'un bateau à vapeur, on aperçoit d'abord une portion de la cheminée avec la fumée qui s'en échappe ; puis, peu à peu, les parties basses deviennent graduellement visibles jusqu'au moment où le bateau, ayant atteint la ligne de séparation de la mer et du ciel, se projette tout entier sur le ciel. Ces faits s'expliquent aisément si l'on admet que la surface des mers est convexe et que

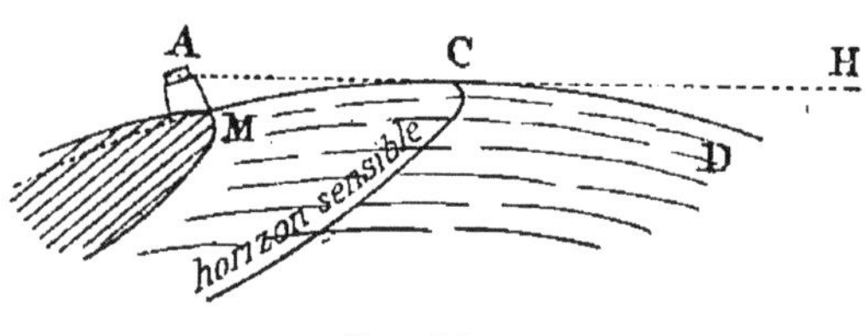

Fig. 33.

sa section dans la direction suivie par le bateau a la forme d'un arc de cercle MCD (fig. 33).

Car soit ACH la tangente menée à la surface de la mer par la position A de l'œil de l'observateur. Il est clair que le bateau sera complètement visible pendant qu'il parcourra l'arc CM et qu'au point C, il se projettera tout entier sur le ciel mais qu'au delà, il semblera s'enfoncer sous l'eau, les parties les plus hautes disparaissant les dernières.

Ces mêmes faits seraient inexplicables si l'on admettait que la surface de la mer est indéfiniment plane.

52. Dépression de l'horizon sensible. — L'emploi du théodolite permet de vérifier que la surface des mers est sensiblement sphérique. A cet effet, on installe un théodolite sur un îlot de façon à pouvoir viser un point quelconque de la ligne de démarcation entre le ciel et l'eau (horizon de la mer).

Ayant visé un point quelconque B de cette ligne (fig. 34), on fixe la lunette sur le cercle vertical, puis on fait tourner celui-ci autour de son axe et on constate que, dans toutes les positions, l'axe optique de la lunette reste pointé sur la ligne d'horizon. On en conclut que le cône de sommet A, circonscrit à la surface de la mer est un cône de révolution autour de la verticale de A.

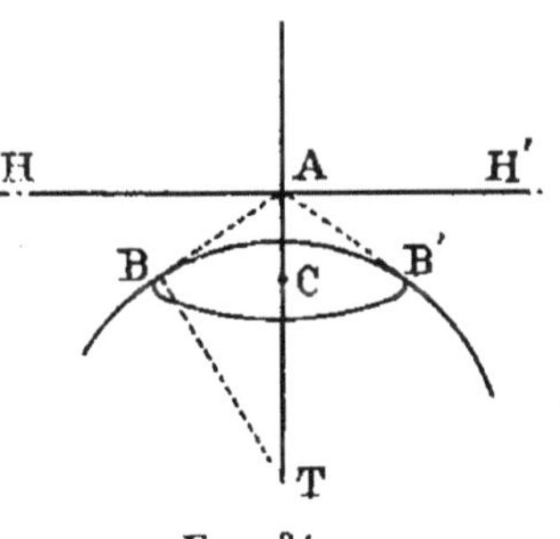

Fig. 34.

Cette vérification peut être répétée en divers points d'une même verticale ou en divers lieux terrestres. Elle prouve que la surface des mers est **sensiblement** sphérique puisque la sphère est le seul corps pouvant être inscrit dans un cône de révolution de sommet *quelconque*.

L'angle HAB $= \alpha$ que fait l'horizon rationnel HH' du point A avec le rayon visuel issu de A et tangent à la surface de la mer, est la *dépression* de l'horizon en ce point.

Connaissant la dépression α de l'horizon et l'*altitude* CA $= h$

de l'œil de l'observateur, on peut calculer une valeur approchée du rayon R de la Terre : le triangle rectangle ABT donne :

$$R = (R + h) \cos \alpha,$$

d'où

$$R = \frac{h \cos \alpha}{1 - \cos \alpha} = \frac{h \cos \alpha}{2 \sin^2 \frac{\alpha}{2}}.$$

Mais il est clair que cette méthode n'est pas susceptible d'une grande précision puisque d'une part h est très petit vis-à-vis de R et d'autre part α est aussi très petit de sorte qu'une erreur très faible commise sur α entraîne une erreur assez grande sur R.

53. Comparaison de la hauteur des montagnes avec le rayon de la sphère liquide. — La surface générale des continents s'écarte très peu de celle de la sphère formée par le niveau moyen des mers. Car le rayon de cette dernière sphère dépasse 6 000 kilomètres tandis que la hauteur de la plus haute montagne n'atteint pas 10 kilomètres. Il en résulte que si l'on représentait la Terre par une sphère de 1 mètre de diamètre, les plus hautes montagnes n'y seraient figurées que par une faible rugosité ayant à peine $\frac{1}{3}$ de millimètre d'épaisseur. On peut donc avec une approximation très suffisante, adopter la définition suivante :

La surface de la Terre est la surface idéale obtenue en supposant prolongé au-dessous des continents le niveau moyen des mers.

Dans une prochaine leçon, nous indiquerons le principe des méthodes employées pour déterminer la forme de cette surface, mais provisoirement nous admettons qu'elle est sphérique.

54. Axe de la Terre. Méridiens et parallèles. —

L'axe de la Terre est le diamètre qui coïncide avec l'axe du monde ou ligne des pôles. Ses extrémités sont les pôles terrestres ; chacun d'eux porte le même nom que celui de la sphère céleste situé du même côté du centre.

L'équateur terrestre est le grand cercle perpendiculaire à l'axe de la Terre. Son plan se confond avec celui de l'équateur céleste.

On appelle *parallèle* terrestre tout petit cercle parallèle à l'équateur.

On appelle *méridien* d'un lieu terrestre le *demi*-grand cercle contenant les pôles et le lieu considéré.

Son plan coïncide avec celui du plan méridien du lieu, défini antérieurement comme étant le plan qui contient la ligne des pôles et la verticale du lieu. Car la Terre étant supposée sphérique, la verticale d'un lieu est le rayon terrestre qui aboutit en ce lieu.

§ II. — Longitude et latitude.

On fixe la position d'un point de la surface terrestre au moyen de deux coordonnées analogues à l'ascension droite et à la déclinaison d'un astre. Ce système de coordonnées sphériques a pour grand cercle fondamental l'équateur terrestre et pour pôle correspondant le pôle nord.

55. Définitions de la longitude et de la latitude. — La longitude d'un lieu terrestre est l'angle dièdre inférieur à deux droits, que fait le méridien de ce lieu avec un méridien particulier, nommé premier méridien.

La latitude d'un lieu terrestre est l'angle formé par la verticale de ce lieu avec le plan de l'équateur.

La latitude, exprimée en degrés, minutes et secondes a la même mesure que l'arc de méridien aA compris entre l'équateur et le lieu considéré A. Elle se compte de o à $\pm 90^{\circ}$ et est positive ou négative suivant que le lieu considéré est dans l'hémisphère nord ou dans l'hémisphère sud.

La longitude, exprimée en degrés, minutes et secondes, a la même mesure que l'arc d'équateur ωa compris entre le premier méridien et celui du lieu considéré. Elle se compte de 0 à ± 180° et est *positive* ou *négative* suivant que le méridien du lieu considéré est à l'*ouest* ou à l'*est* du méridien origine.

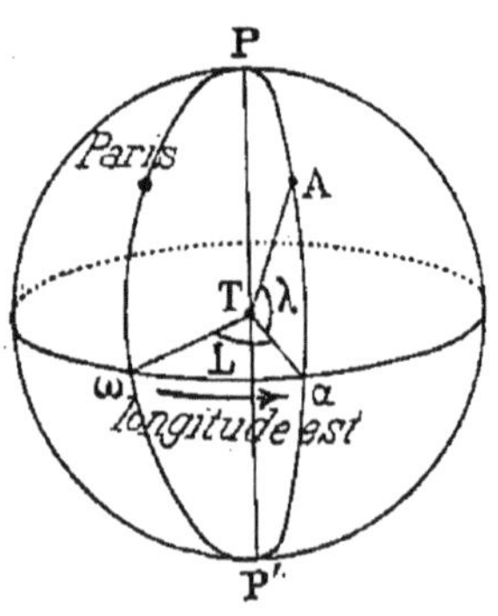

Fig. 35.

De ces définitions, il résulte évidemment que :

1° Tous les points situés sur un même parallèle terrestre ont même latitude ;

2° Tous les points situés sur un même méridien ont même longitude et des latitudes variables de 0 à ± 90°.

3° Deux points antipodes, c'est-à-dire situés aux extrémités d'un diamètre terrestre ont des latitudes opposées et des longitudes supplémentaires en valeur absolue mais de signes contraires. Le zénith de l'un des lieux correspond au nadir de l'autre.

56. Mesure de la latitude. — Règle. — **La latitude d'un lieu est égale à la hauteur du pôle au-dessus de l'horizon de ce lieu.**

En effet, prenons pour plan de la figure le méridien du lieu envisagé A. La Terre étant supposée sphérique, la verticale ZA du lieu A est le rayon terrestre TA et l'horizon du lieu est le plan qui a pour trace la tangente H'H au méridien et qui est perpendiculaire au plan de la figure. La ligne des pôles terrestres P'P est parallèle au rayon visuel mené du point A au pôle *p* de la sphère céleste, de sorte que l'angle aigu HA*p* mesure la hauteur du pôle au-dessus de l'horizon de A. Mais l'équateur terrestre a pour trace E'E perpendiculaire à PP' et l'angle ATE est par définition la latitude du lieu A. Or les deux angles aigus ATE et HA*p* ont leurs côtés respectivement perpendiculaires ; donc ils sont égaux.

D'après cette règle, la mesure de la latitude est ramenée à une mesure connue, qui sur Terre, s'effectue au moyen de la lunette méridienne ou du théodolite.

Sur mer, on détermine la latitude en mesurant, avec le *sextant*, la distance zénithale d'une étoile à l'instant de son passage au méridien. La formule antérieurement démontrée : $D = \lambda \pm z$ permet alors de calculer λ parce que la déclinaison D de l'étoile observée est inscrite dans un recueil spécial.

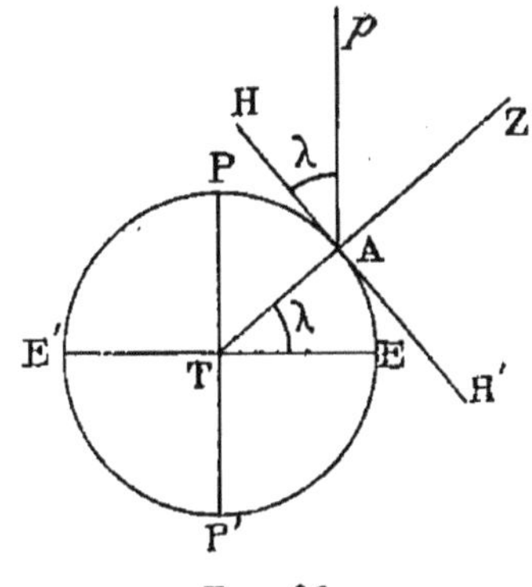

Fig. 36.

57. Mesure de la longitude. — Règle. — **La longitude d'un lieu exprimée en degrés, minutes et secondes s'obtient en multipliant par 15 le nombre d'heures, minutes et secondes *sidérales* compris entre les passages d'une même étoile au méridien de ce lieu et au méridien origine.**

En effet, d'après les lois du mouvement diurne, le cercle horaire d'une étoile S tourne d'un mouvement uniforme autour de la ligne des pôles à raison de 15° degrés d'arc pour une heure sidérale, 15′ d'arc pour une minute sidérale et 15″ d'arc pour une seconde sidérale.

Dès lors, si ce cercle horaire met $2^h 15^m 34^s$ sidérales pour aller du méridien du lieu considéré au méridien origine, c'est qu'il aura tourné d'un angle égal à :

$$L = 2^\circ \times 15 + 15 \times 15' + 34 \times 15'' = 33^\circ 53' 30''.$$

La longitude sera orientale (négative) ou occidentale (positive) selon que le passage de l'étoile au méridien du lieu viendra avant ou après son passage au méridien origine.

On voit que, en principe, la mesure d'une longitude est aussi simple que celle d'une ascension droite mais l'application de la méthode est incomparablement moins facile dans le cas des longitudes : la différence essentielle entre les deux opérations est que, dans la mesure d'une ascension droite, l'observateur ne se déplace pas et se sert de la *même* horloge sidérale pour noter les instants dont il a besoin, tandis que, dans la mesure d'une longitude, il faut observer les époques des passages d'une même étoile en deux lieux différents. Dans ce dernier cas, il est donc nécessaire d'avoir deux horloges différentes dont la comparaison, pour déterminer l'avance ou le retard de l'une par rapport à l'autre, présente des difficultés, à cause de la distance souvent très grande des deux lieux où l'on opère.

Cette comparaison peut se faire par l'une des deux méthodes suivantes :

Méthode des signaux. — Supposons que le lieu A dont on veut déterminer la longitude soit relié par un fil télégraphique au lieu par lequel passe le premier méridien. Un observateur placé à l'une des extrémités de la ligne télégraphique note, sur l'horloge sidérale, l'heure à laquelle il envoie un signal convenu, qui est reçu par un observateur placé à l'autre extrémité de la ligne, lequel note sur l'horloge sidérale, l'heure de la réception. La vitesse de propagation du signal est tellement grande qu'on peut regarder la transmission comme instantanée, et par conséquent chacun des deux observateurs connaît les heures marquées au même instant par les deux horloges sidérales placées aux deux lieux considérés.

Méthode des chronomètres. — Un chronomètre de précision est d'abord réglé sur l'horloge sidérale de l'observatoire de Paris, puis transporté au lieu A dont on veut déterminer la longitude. A l'aide de ce chronomètre on note l'heure du passage au méridien de ce lieu d'une étoile S, puis on compare l'indication obtenue à celle que donne l'horloge sidérale, et la différence des deux heures est ensuite multipliée par 15.

Remarque. — La méthode des chronomètres est continuellement usitée en mer ou dans les voyages d'explorations, la méthode des signaux télégraphiques étant alors inapplicable. Une autre méthode familière aux marins consiste à mesurer la distance angulaire de la lune au soleil ou à une étoile particulière. On détermine en outre l'heure locale et en se reportant à un recueil spécial (*la Connaissance des Temps*), on y trouve l'heure sidérale de Paris à laquelle la distance angulaire a la valeur trouvée et par conséquent on a la différence voulue des heures sidérales.

On peut aussi utiliser les hauteurs des astres au-dessus de l'horizon.

Problèmes et exercices sur les chapitres II, III, IV.

2. Le rayon ρ du cercle d'horizon sensible pour un observateur situé à l'altitude h est : $\rho = 3\,570^m \sqrt{h}$.

Démontrer la formule précédente et vérifier que pour $h = 1$; 10 ; 100 ; $1\,000$; $10\,000$ mètres on a $\rho = 3^{km},6$; $11^{km},3$; 36^{km} ; 357^{km}.

3. Quelle est la fraction de la surface terrestre vue d'un ballon qui s'élève à $8\,000^m$ (Réponse : $\frac{1}{1\,600}$ environ).

4. A quelle distance cessent de s'apercevoir 2 observateurs élevés respectivement de h et h' au-dessus du niveau de la mer ? Réponse : $\sqrt{R}\left(\sqrt{2h} + \sqrt{2h'}\right)$.

Tableau I

NOMS DES ÉTOILES	ASCENSION DROITE	DÉCLINAISON
Sirius.	6^h41^m	$-16°35'$
Véga.	18^h34^m	$38°42'$
Aldébaran.	4^h31^m	$16°19'$
L'Épi.	13^h20^m	$-10°41'$
α de la Croix.	12^h21^m	$-62°35'$

TABLEAU II

NOMS DES VILLES	LATITUDES	LONGITUDES
Christiania.	59°55′ Nord	$0^h 33^m 32^s$ Est
Paris.	48°50′ N.	$0^h\ 0^m\ 0^s$
Marseille.	43°18′ N.	$0^h 12^m 14^s$ Est
Greenwich.	51°29′ N.	$0^h\ 9^m 21^s$ Ouest
Quito.	0°14′ Sud	$5^h 23^m 31^s$ Ouest
Melbourne.	37°50′ Sud	$9^h 30^m\ 0^s$ Est

5. Indiquer pour chacune des étoiles du tableau (I) celles qui sont circumpolaires ou constamment invisibles en chaque ville du tableau (II) et à celle que l'on habite. Indiquer pendant combien de temps chacune des autres étoiles reste au-dessus de l'horizon.

Quand il est à Paris l'heure sidérale zéro, quelle est en chaque ville du tableau (II) l'heure sidérale ? Quel est l'angle horaire de chaque étoile du tableau (I) ?

6. 1° Démontrer qu'au même instant les lieux de la Terre pour lesquels une même étoile est à la même hauteur au-dessus de l'horizon sont sur un petit cercle ayant pour pôle le lieu qui voit l'étoile à son zénith.

2° Montrer que si l'on connaît par les chronomètres l'heure sidérale de Paris, on peut déterminer graphiquement le lieu où l'on se trouve, par l'observation simultanée de 2 étoiles.

CHAPITRE V

CARTES GÉOGRAPHIQUES

58. Définition. — **Construire une carte, c'est dessiner une figure plane telle qu'à tout point de la surface terrestre corresponde un point et un seul du plan et réciproquement.**

Quelle que soit la méthode suivie pour résoudre ce problème nous supposerons sphérique le **géoïde**, c'est-à-dire la surface formée par le niveau moyen des mers supposé prolongé au-dessous des continents. Au point A de la surface terrestre proprement dite, on substitue le point a où la verticale de A coupe le géoïde. D'ailleurs, s'il en est besoin, on indique sur le dessin, la distance aA qui est l'*altitude* du point A au-dessus du niveau de la mer.

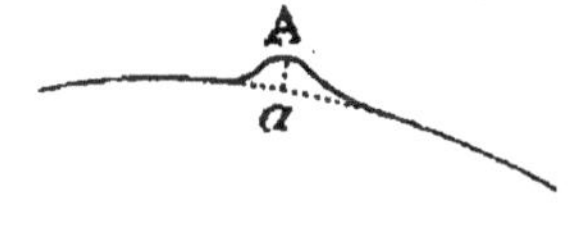

Fig. 37.

Il n'y a aucun inconvénient à supposer sphérique le géoïde, c'est-à-dire à négliger l'aplatissement de l'ellipsoïde terrestre car l'échelle d'une carte est toujours petite. Dans ces conditions, un point de la Terre est défini sans ambiguïté par ses deux coordonnées géographiques, et la carte doit permettre de résoudre le double problème suivant :

1° Connaissant la latitude et la longitude d'un lieu, marquer sur la carte le point correspondant ;

2° Déterminer la latitude et la longitude du lieu terrestre qui correspond à un point donné sur la carte.

Canevas. — On appelle canevas d'une carte géographique le réseau formé sur cette carte par les lignes représentatives d'un ensemble de méridiens et de parallèles, supposés tracés sur la Terre.

Il est évident que si l'on sait effectuer la construction du canevas, on saura résoudre le double problème précédent, de sorte que la construction d'une carte est réduite à celle du canevas.

59. Mappemonde. — La carte d'un hémisphère terrestre est appelée une *mappemonde*.

Avant d'indiquer les procédés usités pour la construction d'une carte, nous ferons l'observation suivante : Il est impossible de conserver sur la carte, dans toute son étendue, les rapports de deux distances terrestres quelconques, ou encore *il est impossible que deux distances terrestres égales soient représentées n'importe où sur la carte par deux distances égales*. Cela tient à ce que la surface d'une sphère ne peut pas être **développée** sur un plan. Mais ainsi qu'on va le voir, il est possible de conserver sur la carte, soit les angles des lignes tracées sur la Terre, soit les rapports des aires des régions représentées.

Projection orthographique.

60. Principe de la méthode. — Par les différents points d'un hémisphère, on abaisse les perpendiculaires sur le plan du grand cercle qui limite cet hémisphère. On fait ainsi correspondre à chaque point de la surface de l'hémisphère sa projection orthogonale sur le plan de base.

La construction du canevas est différente suivant que le plan de base de l'hémisphère à représenter est l'équateur ou un plan méridien.

1° Projection orthographique équatoriale. — Soient EME' le plan de l'équateur sur lequel on projette les points de l'hémisphère nord, PEP′ le méridien pris pour origine des longitudes (fig. 38). Il s'agit de résoudre la question suivante :

Construire les lignes décrites par le point *a*, projection de A, lorsque celui-ci décrit sur l'hémisphère un parallèle ou un arc de méridien.

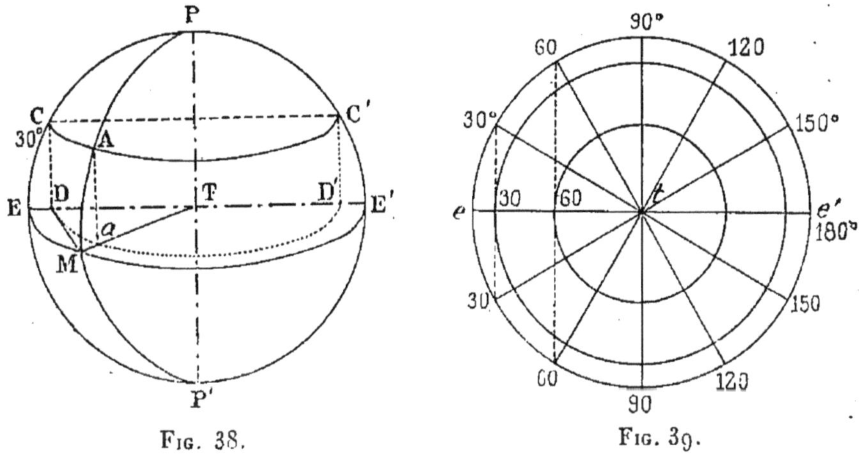

Fig. 38. Fig. 39.

Projection orthographique équatoriale.

Si A décrit le méridien PAP′, sa projection a décrit évidemment le rayon TM, trace du plan méridien considéré sur l'équateur.

Si A décrit le parallèle CAC′ défini par sa latitude λ, le point *a* décrit un cercle concentrique à l'équateur de même rayon que le parallèle de A, à savoir $\rho = R \sin(90° - \lambda) = R \cos \lambda$.

On peut calculer ce rayon, connaissant λ, ou le construire graphiquement, en prenant sur l'équateur l'arc EM mesuré par λ, puis abaissant sur le diamètre EE′ la perpendiculaire MD. Le rayon cherché est TD.

De là résulte la construction suivante (fig. 39) : **On trace le cercle *t* qui représente l'équateur, puis à partir d'un point *e* on divise chaque demi-circonférence de part et d'autre de *ee′* en degrés de 0 à 180°. Les rayons aboutissant aux points de division sont les images des méridiens. Par chaque point de division, du**

demi-cercle, on mène la perpendiculaire sur *ee'* et l'on décrit le cercle de centre *t* qui contient le pied de la perpendiculaire. C'est l'image du parallèle dont la latitude est le numéro d'ordre du point de division considéré.

2° Projection orthographique méridienne. — Prenons pour plan de la figure celui du méridien sur lequel on projette les points de l'hémisphère placé en avant du tableau. Comme précédemment, le problème à résoudre est le suivant : **Construire les lignes décrites par le point *b*, projection de B, lorsque celui-ci décrit sur l'hémisphère un méridien ou un demi-parallèle.**

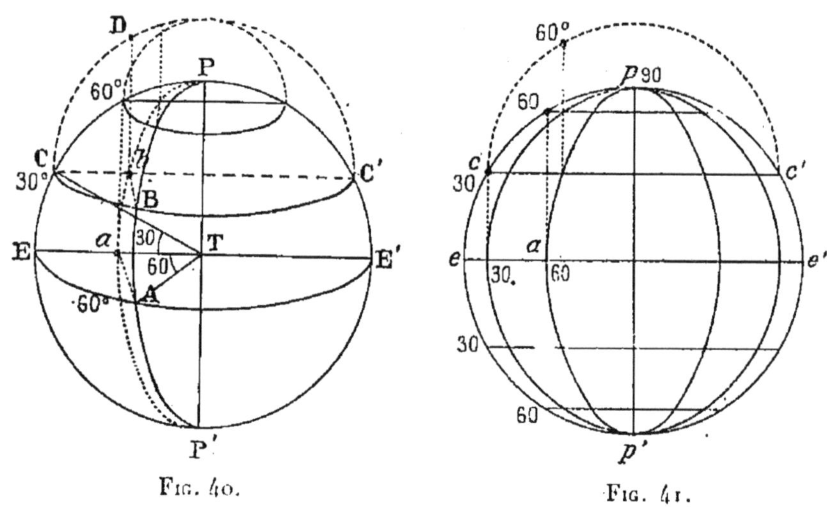

FIG. 40. FIG. 41.

Projection orthographique méridienne.

Si B décrit le demi-parallèle CBC', sa projection décrit la corde CC' perpendiculaire à la ligne des pôles. Le point C s'obtient en prenant un arc de méridien EC égal à la latitude $\lambda = 30°$ du point B.

Si B décrit le méridien PAP', sa projection *b* décrit une demi-ellipse, dont le grand axe est PP' et dont le petit axe est la projection T*a* du rayon TA et par conséquent a pour mesure R cos L en désignant par L la longitude du méridien. Pour construire graphiquement ce petit axe, on porte sur le méridien origine, un arc $EA' = L$, puis on abaisse $A'a$ perpendiculaire à TE.

D'ailleurs cette demi-ellipse peut aussi se construire par points. Soit par exemple à trouver la projection b du point B où le méridien de longitude L coupe le parallèle de latitude $\lambda = 30°$. Il suffit de remarquer que l'arc CB de ce parallèle vaut L degrés et qu'en le rabattant autour de CC' comme charnière sur le plan de la figure, le point B se place en D tel qu'un arc $CD = L°$ sur le cercle de diamètre CC'.

Le point b est la projection commune de B et D sur la corde CC'.

Avantages et inconvénients. — Les portions peu éloignées du pôle du grand cercle sur lequel on projette, c'est-à-dire les portions centrales de la carte sont représentées avec beaucoup d'exactitude, mais les régions voisines du plan de projection sont très déformées et représentées en raccourci.

La projection orthographique est employée pour les cartes de la Lune et des principales planètes. Elle a l'avantage de représenter les astres tels que nous les voyons, puisque les rayons visuels aboutissant aux divers points de l'astre, sont sensiblement parallèles et perpendiculaires au plan du cercle qui forme le contour apparent.

Projection stéréographique.

61. Définition. — La projection stéréographique d'un hémisphère ACA' est la *perspective* de cet hémisphère sur le plan du grand cercle AA' qui lui sert de base en prenant pour point de vue le pôle V de ce grand cercle (fig. 42).

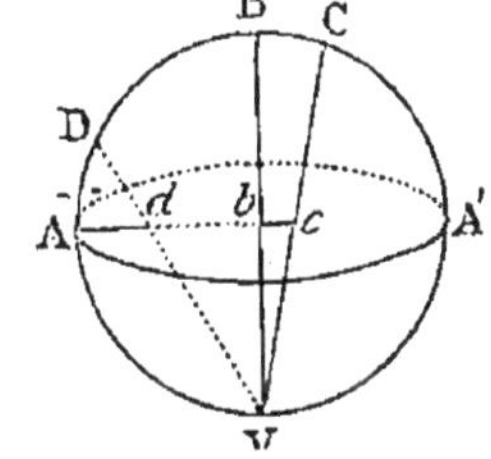

Fig. 42.

Autrement dit, si l'on désigne par m le point où la droite VM coupe le plan du grand cercle qui a pour pôle V, ce point est la projection stéréographique du point M pris sur l'hémisphère limité par le grand cercle AA' et ne contenant pas le pôle V.

Nous rappelons ci-dessous les propriétés étudiées en géométrie comme application de l'inversion.

THÉORÈME. — **La projection stéréographique d'un hémisphère de rayon R équivaut à une transformation par inversion dont le pôle est le point de vue et dont la puissance est $2R^2$.**

Car la sphère a pour transformé un plan perpendiculaire au diamètre VT en un point T tel que l'on ait : $VT \times VV' = 2R^2$.

COROLLAIRES. — **I. Deux courbes tracées sur un hémisphère se coupent sous le même angle que leurs projections stéréographiques sur le plan de base de cet hémisphère.**

II. Un cercle tracé sur un hémisphère a pour projection stéréographique sur le plan de base un cercle dont le centre est la perspective du sommet du cône circonscrit à la sphère le long de ce cercle.

En effet, le cercle BMB′ (fig. 43) est l'intersection de la sphère T avec la sphère S qui a pour centre le sommet S du cône circonscrit à T le long de ce cercle. Ces deux surfaces étant orthogonales en un point quelconque de leur intersection, leurs transformées dans une inversion quelconque sont aussi orthogonales. Or la sphère T a pour transformée le plan AmA', dans l'inversion qui a pour pôle V et pour puissance $2R^2$, et la sphère S a pour transformée une autre sphère. Celle-ci devant couper orthogonalement le plan AmA', a son centre dans ce plan et aussi sur VS. Ce centre est donc la perspective s sur le plan AmA' du point S. Le grand cercle d'intersection de cette sphère s par le plan AmA' est le cercle inverse du cercle BMB′, c'est-à-dire la projection stéréographique de ce cercle.

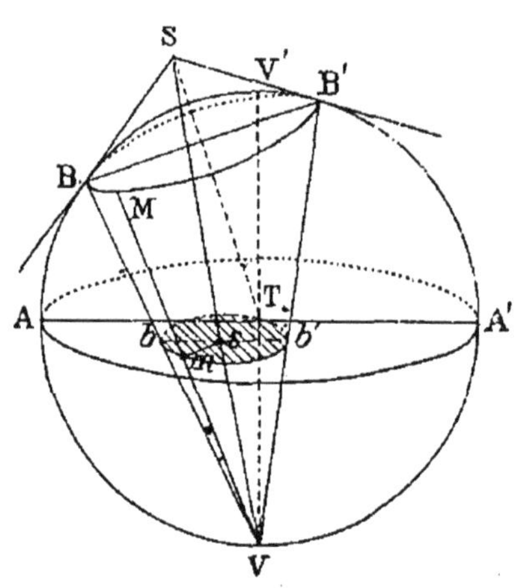

FIG. 43.

Cela posé, proposons-nous de construire le canevas de la carte dans ce système, c'est-à-dire de tracer les projections stéréographiques des méridiens et des parallèles.

1° Projection stéréographique sur le plan d'un méridien. — Supposons que l'on veuille construire la projection stéréographique sur le plan du méridien de Paris. Le point de vue (pôle d'inversion) se trouve alors au point V sur la circonférence de l'équateur, à 90° de ce méridien (fig. 44).

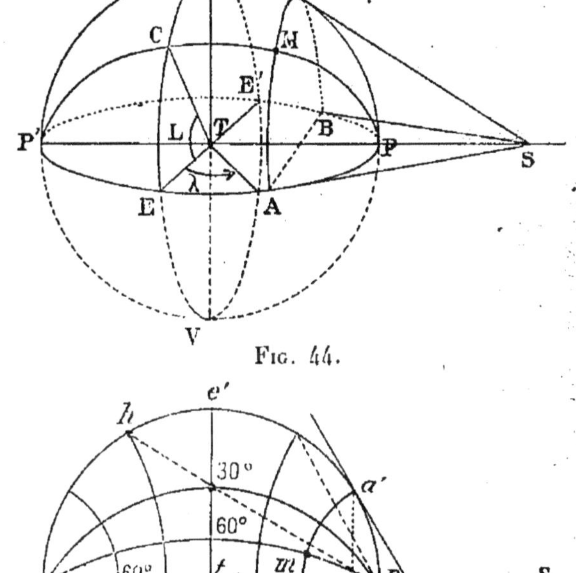

Fig. 44.

Observons d'abord que l'équateur EE' a pour projection stéréographique le diamètre ee' perpendiculaire à la ligne des pôles pp'.

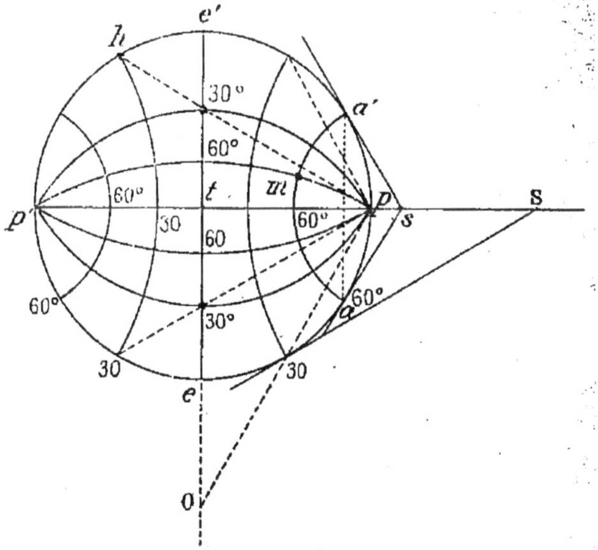

Si le point M décrit le demi-parallèle AMB de latitude $\lambda = 60°$, par exemple, sa projection stéréographique décrit un cercle, passant par A et B et coupant orthogonalement le méridien PAP'. Donc le centre de ce cercle est le point où se coupent les tangentes menées au méridien pap' aux extrémités de la corde aa' telle que arc $ea =$ arc $e'a' = 60°$.

Fig. 45.
Projection stéréographique méridienne.

Si le point M décrit le méridien PCP' de longitude L, sa projection stéréographique décrit un cercle passant par p et p' et coupant le méridien origine $pep'e'$ sous un angle égal à L. On aura donc le centre de ce cercle en traçant la corde ph qui soustend un arc égal à 2L, puis marquant le point de rencontre o de ee' avec la perpendiculaire po à ph (fig. 45).

2° Projection stéréographique sur le plan de l'équateur. — Supposons que l'on veuille construire la projection stéréographique sur l'équateur de l'hémisphère nord. Le point de vue est alors le pôle sud P' ou V (fig. 46).

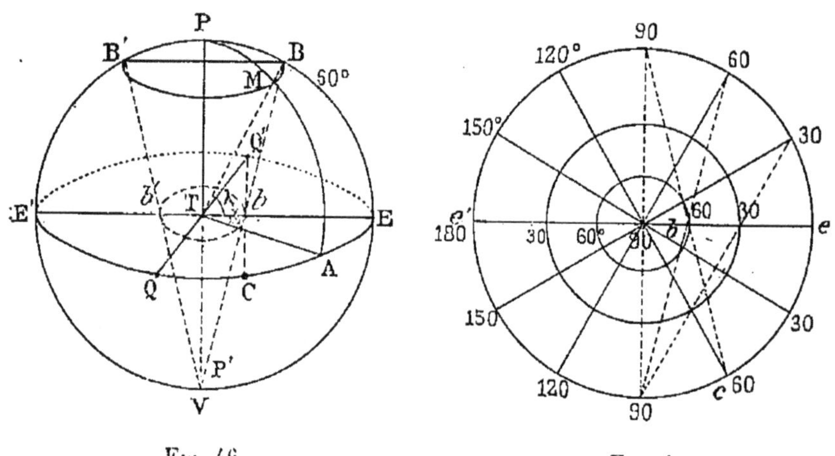

Fig. 46. Fig. 47.

Projection stéréographique équatoriale.

Si le point M décrit un demi-méridien PMA, de longitude L, sa projection stéréographique m décrit le rayon OA, qui aboutit au point A, extrémité de l'arc égal à L porté à partir du point e, qui est la projection de l'origine des longitudes.

Si le point M décrit le parallèle de latitude $\lambda = 60°$ par exemple, sa projection stéréographique décrit un cercle concentrique à l'équateur et dont le rayon ρ est lié à celui du parallèle r par la relation :

$$\frac{\rho}{r} = \frac{R}{R + R\cos\lambda}$$

d'où l'on tire :

$$\rho = R \cdot \frac{\cos \lambda}{1 + \cos \lambda}$$

puisque $r = R \cos \lambda.$

On peut construire graphiquement ce rayon (fig. 47). Car, le rabattement du plan méridien PEP'E' sur le plan de l'équateur place les points P et P' aux points Q et Q' à 90° du point E de part et d'autre, et puisque b ne bouge pas, le point B vient au point C tel que l'arc EC soit égal à λ. Il suffit donc, sur le cercle ee' qui, à l'échelle adoptée, représente l'équateur, de joindre le point numéroté 60° au point numéroté 90°, en prenant ces points de part et d'autre de ee'.

Avantages et inconvénients. — Le principal avantage de la projection stéréographique est de conserver les angles et par conséquent de faire correspondre à un triangle sphérique de côtés *très petits* et sensiblement égaux à leurs cordes un triangle rectiligne ayant les mêmes angles et par suite semblable au premier. Mais il importe de noter que *le rapport de similitude n'est pas le même dans toute l'étendue de la carte*, car les figures centrales ont leurs dimensions réduites à peu près de moitié vers le centre de la carte, tandis que sur les bords les figures conservent à peu près leurs dimensions réelles. Soit en effet (fig. 42), B le point qui se projette au centre b de la carte et qui par suite est diamétralement opposé au point de vue V. A partir de B prenons un petit arc BC du grand cercle ABA'. Sa projection bc est sensiblement la moitié de BC puisque les deux triangles rectangles VBC et Vcb sont semblables dans le rapport $\frac{1}{2}$. Considérons ensuite un petit arc AD voisin du plan de projection. Il est sensiblement égal à sa projection Ad puisque les deux triangles VAd et DAV sont semblables et bd diffère très peu de $b\text{A} = b\text{V}$.

Si deux surfaces équivalentes sur la terre sont l'une voisine du pôle, l'autre de l'équateur, leur rapport sera donc sur la carte $\frac{1}{4}$.

Développements cylindriques et coniques.

62. Principe de la méthode du développement cylindrique. — Lorsqu'on veut faire la carte d'une portion *peu étendue* de la zone limitée par deux parallèles voisins et à peu près équidistants de l'équateur, on considère le cylindre circonscrit à la Terre le long de l'équateur (fig. 48). Si A est le point à peu près central de la région à représenter, αβγδ, on prend pour plan de projection le plan tangent au cylindre le long de la tangente Aθ au méridien du point A et l'on développe ce cylindre sur ce plan tangent. Au méridien PMP′ on fait correspondre la génératrice BC qui contient le point B où le méridien considéré coupe l'équateur. Au point M de la sphère, on fait correspondre sur cette génératrice un point m tel que la longueur Bm soit déterminée par une convention particulière. Par exemple, on peut convenir que m sera la projection orthogonale de M sur la génératrice, ou bien que la longueur Bm sera égale à celle de l'arc BM.

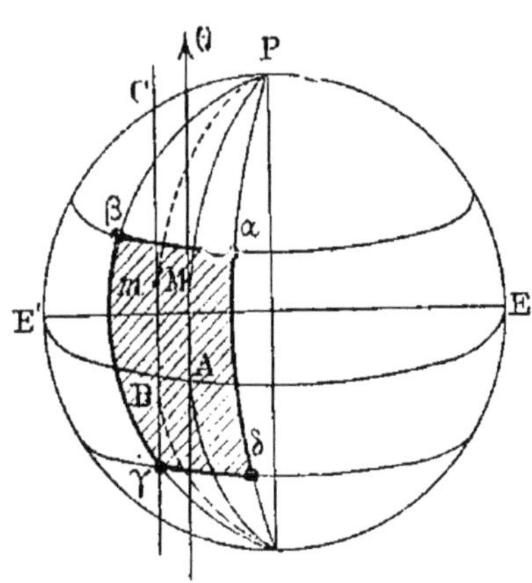

Fig. 48. — Développement cylindrique.

Dans ce système l'équateur a pour image une droite ; les méridiens ont pour images des droites équidistantes perpendiculaires à la première. Les images des parallèles dépendent de la construction conventionnelle à exécuter pour avoir le point m,

A titre d'exemple, nous allons dire quelques mots du système de Mercator, qui est un développement cylindrique modifié, surtout utilisé pour les cartes marines.

63. Cartes marines. Système de Mercator. — L'équateur a pour image une droite sur laquelle un segment égal à p millimètres représente l'arc d'une minute d'équateur. Les méridiens ont pour images des parallèles équidistantes perpendiculaires à l'image de l'équateur. Si deux méridiens ont des longitudes différentes de n minutes, leurs images seront des parallèles distantes de pn millimètres.

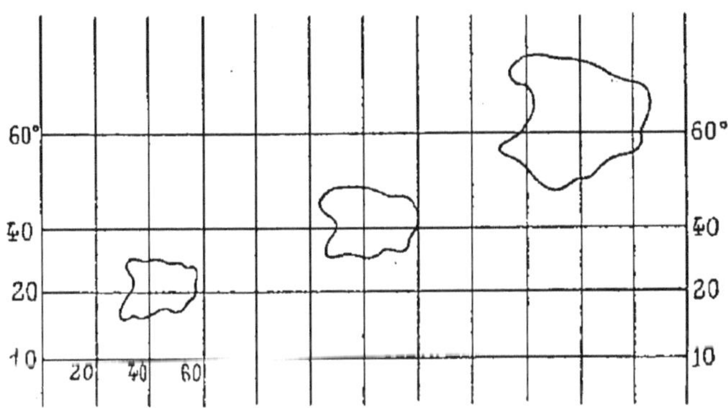

Fig. 49 — Développement de Mercator.
(Les trois contours figurés comprennent des aires égales.)

Les parallèles ont pour images des droites parallèles à l'image de l'équateur. Par des calculs trigonométriques que nous ne pouvons indiquer, on a construit des tables numériques qui servent à calculer à quelle distance de l'image de l'équateur doit se trouver celle du parallèle de latitude λ (1). La loi d'espacement de ces images des parallèles est choisie de façon que la carte possède les deux propriétés suivantes :

1° *Deux courbes tracées sur la sphère se coupent sous le même angle que leurs images sur la carte.*

(1) La distance y à l'équateur d'un point de latitude λ est donnée sur la carte par la formule :

$$y = A \log \left[\operatorname{tg}\left(\frac{\lambda}{2} + 45^\circ \right) \right]$$

A étant une constante numérique.

2° *La courbe qui sur la sphère rencontre sous un même angle tous les méridiens (loxodromie), a pour image une droite.*

De là résulte l'usage des cartes marines pour déterminer sous quel angle un navire doit se tenir pour aller d'un point à un autre. On trace sur la carte la droite qui joint le point de départ et celui d'arrivée et on mesure l'angle de cette droite avec l'image d'un méridien. C'est précisément l'angle (1) que doit faire l'aiguille de la boussole avec la direction dans laquelle doit être maintenu le navire.

64. Développement conique. Carte de l'État-Major. — Le principe de la méthode du développement conique est analogue à celui du développement cylindrique. Sup-

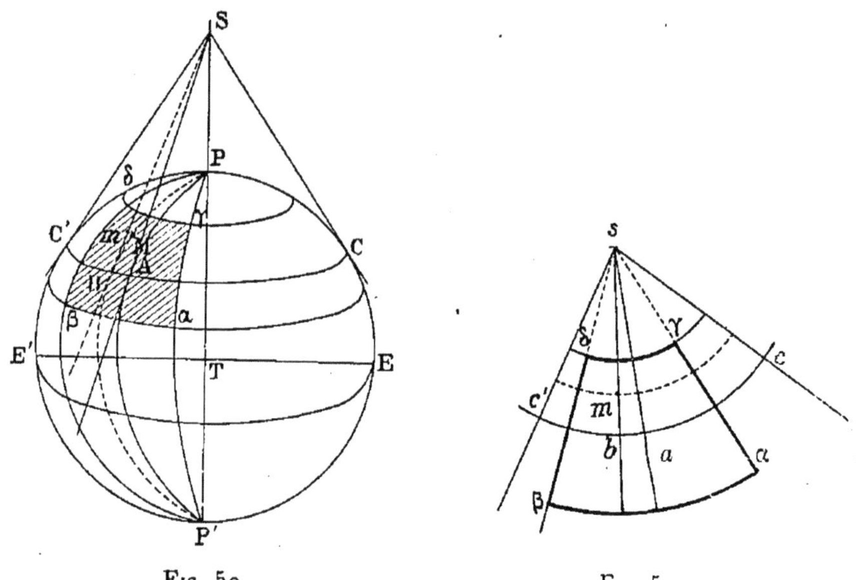

Fig. 50. Fig. 51.
Développement conique.

posons qu'on ait à dresser la carte d'une faible portion de la zone comprise entre deux parallèles situés d'un même côté de l'équa-

(1) Cet angle doit toutefois être corrigé de la déclinaison magnétique

teur : on trace le parallèle moyen, c'est-à-dire à peu près équidistant (sur la sphère) des deux parallèles qui limitent la région envisagée et l'on considère le cône circonscrit le long de ce parallèle. Si A est le point à peu près central de la région à représenter, on prend pour plan de projection le plan tangent au cône le long de SA, et l'on développe le cône sur ce plan (fig. 50).

A un méridien PBP' on fait correspondre la génératrice SB qui, dans le développement du cône, devient un rayon *sb* de l'arc de cercle de rayon *sa* qui représente le développement du parallèle moyen CC'. Au point M de la sphère, on fait correspondre sur la génératrice BS un point *m* dont la distance au point B est déterminée par une convention spéciale. Par exemple, on peut convenir que *m* sera le point de rencontre de SB avec le plan du parallèle de M (fig. 51).

Carte de l'État-Major. — La France est comprise entre les parallèles de 40° et 50° (latitude boréale) et les deux méridiens de 6° (longitudes est et ouest).

On considère alors le cône circonscrit à la Terre le long du parallèle moyen de 45° et on le développe sur le plan tangent le long de la génératrice SA tangente au méridien de Paris (fig. 52 et 53). Ce méridien a donc pour image une droite *sa* et le parallèle moyen a pour image un cercle de rayon *sa* égal au produit de SA par l'échelle adoptée : $\frac{1}{80\,000}$.

Un autre parallèle CD a pour image un arc de cercle construit de la façon suivante. Sur *sa* on prend à partir de *a* une longueur *ad* proportionnelle à l'arc de méridien AD et l'on décrit le cercle qui a pour centre *s* et pour rayon *sd*.

Un méridien a pour image une courbe construite par points de la façon suivante : Sur l'image de chaque parallèle on porte des arcs proportionnels à ceux que les divers méridiens équidistants de 10' par exemple, déterminent sur ce parallèle. Autrement dit, on marque les points *c*, *m*, *d*, *c'* ..... tels que les arcs *dm*, *dc*, *dc'* soient proportionnels aux arcs DM, DC, DC'. On joint ensuite par un trait continu les points *n*, *m*, *i*, ainsi construits.

Dans ce procédé de représentation, *les rapports des aires sont conservés*. Car la figure de petite superficie BIMC comprise entre

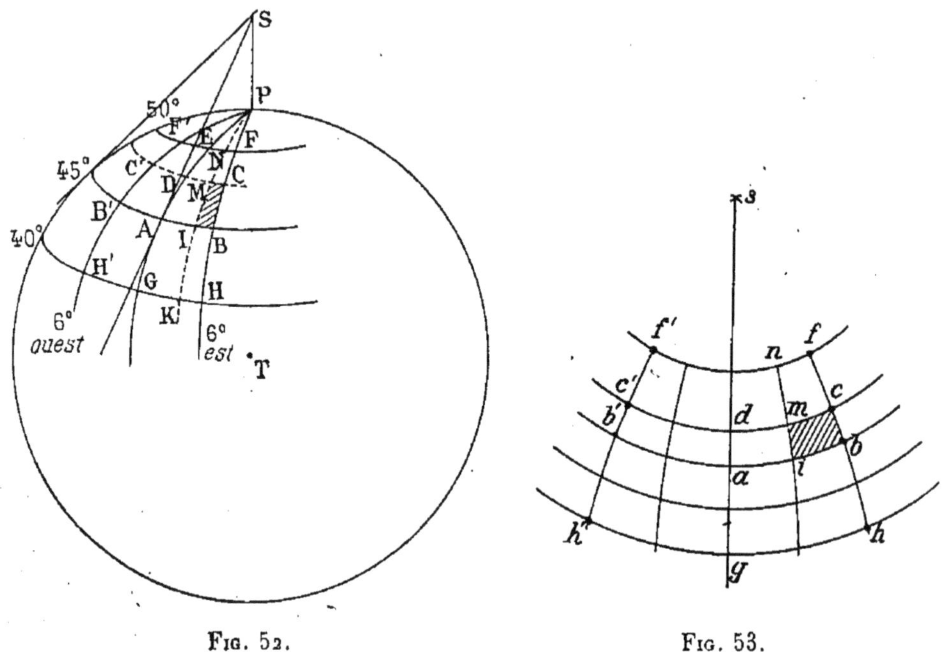

Fig. 52. Fig. 53.

Carte de l'État-Major.

deux parallèles et deux méridiens très voisins peut être considérée comme un rectangle sur la Terre et comme un parallélogramme sur la carte. Or ce parallélogramme *bimc* a une base et une hauteur proportionnelle à celles du rectangle et par suite une aire proportionnelle à celle du rectangle.

Les angles et par suite la similitude des figures ne sont pas conservés mais les déformations sont assez faibles pour toute l'étendue de la France et peuvent être négligées dans les usages auxquels la carte est destinée.

Exercices.

7. Démontrer que dans une projection stéréographique sur le plan de l'équateur les images des grands cercles de la sphère céleste coupent l'équateur en deux points diamétralement opposés. En déduire sur la carte la construction du grand cercle qui passe par deux lieux donnés.

8. 1° Démontrer que dans une projection orthographique les ellipses, projections des grands cercles, ont un grand axe constant (diamètre de la sphère). En déduire sur la carte la construction du grand cercle qui passe par deux lieux donnés.

2° En prenant comme axes de coordonnées sur la carte les droites projections du méridien origine et du méridien de longitude est 90°, démontrer que l'on a pour les coordonnées rectangulaires (x, y) du point de latitude λ, de longitude L :

$$x = R \cos \lambda \cos L \qquad y = R \cos \lambda \sin L.$$

3° La distance des projections de deux lieux est :

$$d = R\sqrt{\cos^2 \lambda + \cos^2 \lambda' - 2 \cos \lambda \cos \lambda' \cos (L - L')}.$$

9. La carte est faite sur le plan tangent au pôle P ; l'image du point M est un point m situé dans le plan POM, tel que Pm = corde PM. Démontrer rigoureusement que cette carte conserve les aires. Construire le canevas. Calculer Pm en fonction de la latitude (projection polaire équivalente).

10. Quelle est sur la carte de l'état-major $\left(\text{échelle } \frac{1}{80\,000}\right)$ la mesure en centimètres du rayon du parallèle de latitude λ ? Rép. :

$$R = 6\,371 \times 1\,000 \times 100 \times \frac{1}{80\,000}\left[1 + \pi \frac{45 - \lambda}{180}\right].$$

11. Le point de vue étant le centre de la sphère, une carte est la perspective de la surface terrestre sur le plan tangent en un point de latitude λ_0. Démontrer que, sur le canevas, les méridiens sont des droites concourantes et les parallèles des ellipses, une parabole, des hyperboles suivant que l'on a λ supérieur, égal ou inférieur à $90° - \lambda_0$ (projection centrale).

CHAPITRE VI

FORME DE LA TERRE

65. Le problème géodésique. — La mesure du rayon de la Terre par la dépression de l'horizon est trop peu précise pour que l'on puisse en accepter le résultat sans contrôle. Nous devons maintenant : 1° rechercher si la terre est réellement sphérique ; 2° déterminer ses dimensions.

Sans rien préjuger sur sa forme, nous appellerons :

1° Latitude d'un lieu : la hauteur du pôle au-dessus de l'horizon de ce lieu ;

2° Longitude d'un lieu (par rapport à un observatoire principal) : la différence des heures sidérales au même instant pour ce lieu et l'observatoire ;

3° Altitude : la hauteur à laquelle se trouve ce lieu au-dessus (exceptionnellement au-dessous) de la surface des mers supposée prolongée sous les continents et appelée géoïde.

Les deux premiers éléments sont mesurés comme il a déjà été vu (1), le troisième est déterminé par des opérations de nivellement ou des mesures physiques (par exemple, mesure de la hauteur barométrique) indépendantes de la forme du *géoïde*. C'est cette forme qu'il faut trouver, celle de la surface réelle du sol lui sera rapportée par des mesures d'altitude.

(1) Les méthodes indiquées sont en effet indépendantes de la forme de la terre.

Nous appellerons **méridien le lieu des points de même longitude, parallèle le lieu des points de même latitude.**

On remarquera que les définitions précédentes sont d'accord avec celles qu'on a données plus haut, dans l'hypothèse de la sphéricité de la Terre.

66. Forme des méridiens. — 1° **Les méridiens sont des courbes planes.** — Après avoir visé de A, un point B situé dans le plan qui contient la verticale AZ du point A et la parallèle AP à l'axe du monde mené par A (ce dont on peut s'assurer avec un théodolite) on constate que A et B ont même longitude

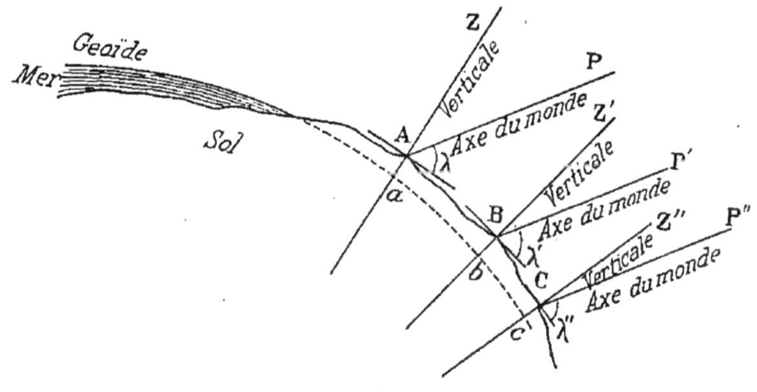

Fig. 54.

(fig. 54). En B on détermine le plan BZ'P' et on constate qu'il coïncide avec le plan PAZ. Si C est un nouveau point dans ce plan, il a encore la même longitude.... Donc la courbe méridienne est à la surface du sol une courbe plus ou moins accidentée *mais plane* A, B, C... Sur le géoïde on a une courbe *a*, *b*, *c*..... qui est également une courbe plane. C'est celle que nous devons étudier.

2° **Les méridiens (sur le géoïde) ne sont pas des demi-circonférences.** — Soient en effet λ, λ', λ''..... les latitudes de A, B, C..... et par suite de *a*, *b*, *c*... puisque A*a*, B*b*, C*c*..... sont des verticales. Si *abc*... sont sur une même circonférence, les arcs *ab*, *bc*, *cd*...

5.

correspondent aux angles au centre $\lambda' - \lambda$, $\lambda'' - \lambda'$..... et on aura en désignant par R le rayon inconnu $\widehat{ab} = \frac{\pi R(\lambda' - \lambda)}{180}$. $\widehat{bc} = \frac{\pi R(\lambda'' - \lambda')}{180}$..... ou enfin on devra pouvoir vérifier que l'on a : $\frac{\widehat{ab}}{\lambda' - \lambda} = \frac{\widehat{bc}}{\lambda'' - \lambda'} = \ldots$.. **Vérification qui ne peut être faite** comme le montrent les opérations dont l'ensemble constitue une *triangulation* (inventée en 1615 par le hollandais Snellius).

67. Triangulation. — Toute triangulation comprend :

1° Des opérations sur le terrain. — Soit à mesurer un arc

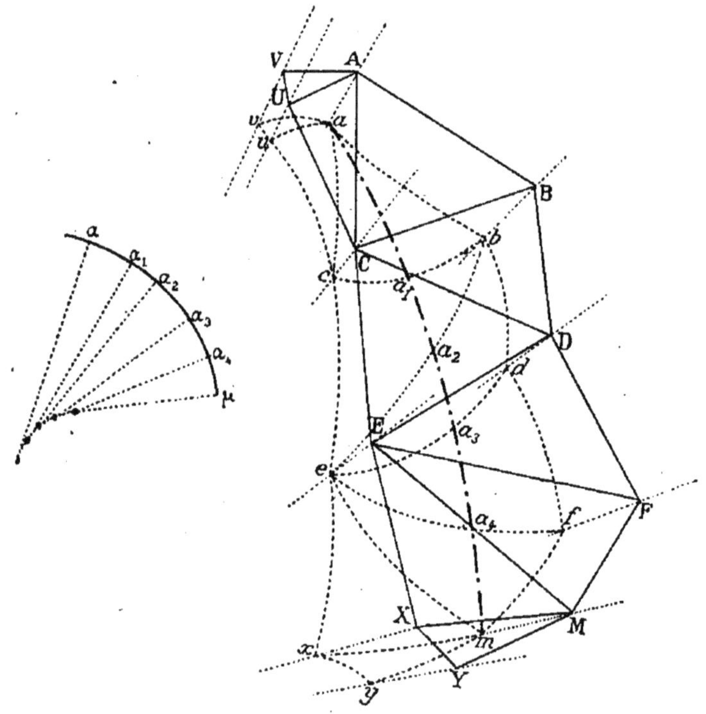

Fig. 55. — Triangulation.

de méridien de A à M (fig. 55). On mesure avec soin dans le voisinage de A une longueur de quelques kilomètres UV sur un terrain plat et découvert. Cette mesure est faite en portant successivement autant de fois qu'il est nécessaire une règle métallique dont la longueur est chaque fois corrigée de la dilatation due aux variations de température. On emploie aussi depuis quelques années des fils en invar (acier à 10 pour 100 de nickel) dont la dilatation est excessivement faible aux températures usuelles. On doit également, en se transportant successivement aux points U, V, A, déterminer les angles de ce triangle et les *trois coordonnées géographiques* de chaque sommet. Si on a mesuré l'angle formé par les rayons visuels eux-mêmes, par exemple $\widehat{AUV}$, il faut en tenant compte des altitudes *ramener cet angle à l'horizon,* c'est-à-dire en déduire l'angle $\widehat{auv}$ des deux courbes *au, uv* se coupant en *u* et tracées sur le géoïde. Cette opération est le plus souvent superflue car un instrument, tel qu'un théodolite, donne directement *auv*, l'une des graduations étant précisément disposée pour évaluer l'angle de deux plans verticaux tels que A*a*U*u*, U*u*V*v*. On détermine aussi l'angle des deux plans verticaux A*a*B*b*, A*a*C*c* avec le plan méridien. De A et V on vise un point B voisin du méridien ; de B et C un nouveau point D et ainsi de suite jusqu'à ce que par une chaîne de triangles on arrive au point extrême M. On mesure une base de vérification XY comme il a été déjà dit pour UV et on a pris soin en chaque sommet de déterminer les angles des côtés adjacents, et de mesurer les trois coordonnées géographiques.

2° **Des calculs trigonométriques.** — Ceux-ci consistent à résoudre sur les triangles *auv*, *auc*, *abc*....., le problème de la *détermination du triangle dans lequel on connaît un côté et les angles adjacents*. C'est un calcul de *trigonométrie sphérique* analogue à celui que l'on sait faire en trigonométrie plane. En réalité on est obligé ici d'admettre que chaque triangle est tracé sur une sphère, ce qui semble contradictoire avec la nature du problème posé qui est la détermination même de la surface sur laquelle les triangles sont tracés. Pratiquement chaque triangle est assez peu étendu pour justifier cette façon d'opérer qui donnerait des résultats absurdes si on l'appliquait à un arc très étendu comme *am* lui-même.

De la connaissance des triangles et de celle des deux angles que fait le méridien *am* avec *ab* et *ac* on peut déduire les longueurs des arcs aa_1, a_1a_2, ... a_4m et **de la connaissance des coordonnées géographiques des sommets on peut déduire celles de** a_1 a_2 ..... **plus spécialement les latitudes.**

3° **Une vérification,** qui consiste à comparer la base xy directement mesurée, avec la valeur que lui assigne le calcul si on la fait rentrer dans la chaîne de triangles. Cette vérification est indispensable pour savoir quel degré de confiance méritent les résultats.

Remarque. — On pourrait effectuer une triangulation le long d'un parallèle, mais elle est inutile comme nous allons le voir.

Les premières triangulations précises sont celles de Picard (1666), entre Dunkerque et Perpignan; de Maupertuis et Clairault, en Laponie (1635); de Bouguer et Lacondamine, au Pérou (1635); de Delambre et Méchain, Biot et Arago (1792 à 1808), entre Dunkerque, Perpignan et Formentera. Depuis tous les pays civilisés ont été couverts de plusieurs chaînes de triangles.

68. Résultats de diverses triangulations. — 1° Chacun des petits arcs aa_1, a_1a_2 ..... est sensiblement un arc de cercle, mais tous n'appartiennent pas à la même circonférence, les quotients $\frac{\text{longueur } aa_1}{\lambda_1 - \lambda}$, $\frac{\text{longeur } a_1a_2}{\lambda_2 - \lambda_1}$ ..... font connaître que **la valeur du degré aux différentes latitudes va en croissant constamment de l'équateur au pôle.** Par exemple un arc de un degré vaut 110 563 mètres à l'équateur, 111 132 mètres à la latitude 45°, 111 707 mètres au pôle.

Il nous reste à en déduire la forme même du méridien. Pour cela ayant choisi une échelle de réduction pour les longueurs nous pourrons raccorder des arcs de cercle tels que $\alpha\alpha_1$, $\alpha_1\alpha_2$ ..... ayant le même nombre de degrés que les arcs aa_1, a_1a_2, ... et formant dans leur ensemble une courbe semblable à celle que la triangulation a déterminée sur le géoïde. En exagérant beau coup l'inégalité des rayons, on reconnaîtrait la figure d'un arc d'ellipse.

Mais le graphique manque de précision, on le remplace par le calcul. On peut, par rapport à deux axes rectangulaires convenablement choisis, déterminer les coordonnées des points $\alpha, \alpha_1, \alpha_2$..... et vérifier qu'une courbe ayant pour équation.....

$$\frac{x^2}{a^2}+\frac{y^2}{b^2}-1=0,$$

passe à des distances des points α, α_1, α_2..... qui ne surpassent pas les erreurs que l'on a pu commettre sur le calcul de leurs coordonnées rectangulaires. **Un méridien est donc une demi-ellipse très voisine d'une demi-circonférence** (Sur un graphique la distinction serait impossible).

Ces triangulations faites suivant divers méridiens donnent des arcs appartenant à des ellipses égales, **d'où résulte l'égalité des méridiens.**

Cette égalité n'est compatible qu'avec une forme de révolution : **Le géoïde est par suite la surface engendrée par une demi-ellipse tournant autour de son petit axe.**

Les parallèles sont donc des circonférences, et on peut se dispenser d'une triangulation directe pour déterminer leur forme.

Résultats numériques :

Rayon équatorial = 6 378 393 mètres = a
Rayon polaire = 6 356 349 — = b
Rayon moyen = 6 371 106 — = R

$$\text{Aplatissement} = \frac{1}{292} \text{ environ} = \frac{a-b}{a}.$$

Le mètre légal qui fut d'abord défini comme la dix-millionième partie du quart du méridien terrestre en diffère très peu, le quart de l'ellipse valant 10 002 008 mètres.

Valeur moyenne de l'arc méridien de 1° : 111 133 mètres.

On verra plus loin (chap. XX) que la forme de la Terre est une conséquence de sa rotation.

CHAPITRE VII

MOUVEMENT DE LA TERRE AUTOUR DU SOLEIL MOUVEMENT PROPRE DU SOLEIL

69. Mouvement propre du Soleil. — Le centre T de la Terre (on l'a déjà vu dans l'introduction) se déplace autour de celui S du Soleil dans un plan pratiquement invariable, l'*écliptique,* et d'un mouvement sensiblement circulaire et uniforme.

Les dimensions de l'orbite sont négligeables vis-à-vis de la sphère céleste et ainsi, quand le mouvement *réel* de la Terre conduit celle-ci en T_0, T_1, T_2, ... (fig. 56) la perspective du Soleil pour un observateur terrestre est en s_0, s_1, s_2, ... sur le grand cercle d'intersection de la sphère céleste et du plan de l'écliptique. Le mouvement *apparent* de s est donc aussi un mouvement sensiblement uniforme sur ce grand cercle et son sens, qui est celui du mouvement de T, est le sens direct.

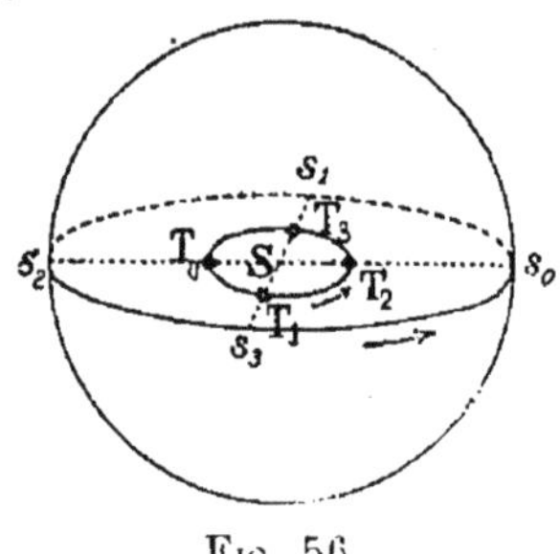

Fig. 56.

Il reste maintenant à étudier ce *mouvement propre* qui déplace le Soleil à travers les constellations, et à exposer les observations qui vérifient et précisent les indications précédentes.

70. Diamètre apparent. — **Le diamètre apparent du**

Soleil est l'angle au sommet du cône de révolution formé par les rayons visuels tangents au Soleil et menés par l'œil de l'observateur (fig. 57).

Cet angle, $\widehat{aob} = \delta$, peut être évalué avec le cercle divisé comme la distance angulaire de deux bords opposés du soleil, ou mieux au moyen d'une lunette munie d'un réticule à deux fils parallèles que l'on amène tangents en deux points a et b. Des mesures faites suivant les différents diamètres sont assez concordantes pour établir la sphéricité du soleil (fig. 58).

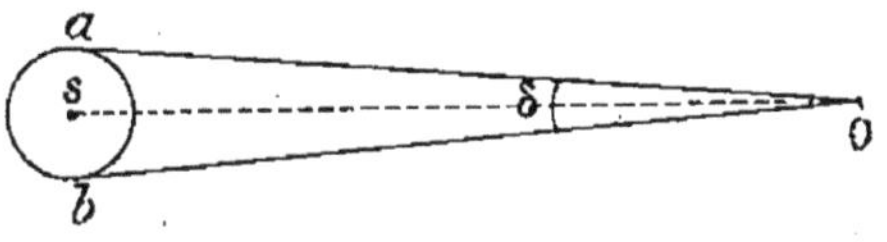

Fig. 57.

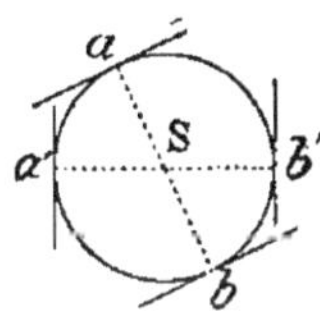

Fig. 58.

Le diamètre apparent varie peu d'un jour à l'autre et a pour valeur moyenne 32′3″,6, angle assez petit pour qu'on puisse en confondre avec le sinus et la tangente la valeur en unités trigonométriques.

Coordonnées du centre. — C'est par les coordonnées de son centre qu'on fixe la position du soleil. Soit par exemple à déterminer au moyen du théodolite dont l'axe est suivant TK la coordonnée X = arc Is' (fig. 59). Ne pouvant viser le centre S on détermine les coordonnées $x =$ arc Ia', $x' =$ arc Ib' des deux bords et l'on a $X = \frac{x + x'}{2}$.

On peut ainsi déterminer l'azimut et la hauteur ou l'angle horaire et la déclinaison.

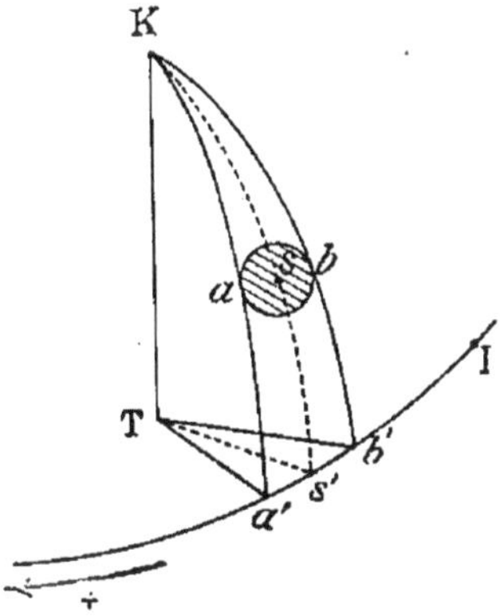

Fig. 59.

On peut également (pour en déduire l'ascension droite) connaître l'heure du passage au méridien du centre du soleil. On n'a qu'à déterminer les heures

t et t' des passages des deux bords occidental et oriental, celle du passage du centre sera $\frac{t+t'}{2}$.

71. Détermination de l'écliptique. — Les résultats de nombreuses observations, une par jour au moins, poursuivies pendant une année au moins, sont reportés sur un globe, ou mieux sur une carte céleste. Les points obtenus se distribuent sur un grand cercle et, chaque jour, le Soleil décrit un arc de longueur peu variable, un peu moindre que 1°. Le mouvement est tel que pour une durée voisine de 1 heure on puisse admettre son uniformité.

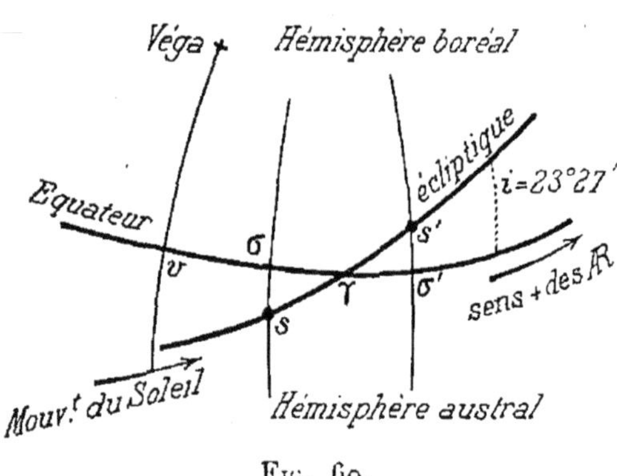

Fig. 60.

Le grand cercle décrit par le Soleil, ou *écliptique*, sera déterminé sur la sphère céleste si nous savons fixer les points où il coupe le grand cercle équateur et l'angle de ces deux cercles.

γ étant le point où le Soleil passe de l'hémisphère austral à l'hémisphère boréal et Vv le cercle horaire de l'étoile Véga, par exemple, nous devons mesurer l'arc $v\gamma$ (fig. 60).

De nombreuses observations étant faites lorsque le Soleil est dans le voisinage de γ, l'une d'elles aura fourni un dernier point s dans l'hémisphère austral, la suivante un premier point s' dans l'hémisphère boréal. On connaît les arcs $v\sigma = x$, $v\sigma' = x'$, les déclinaisons $\sigma s = \mathrm{D}$ négative, et $\sigma' s' = \mathrm{D}'$ positive ; enfin les heures des observations sont t et t'. L'arc ss' est suffisamment petit pour qu'on puisse admettre que le Soleil décrive ss' d'un mouvement uniforme et assimiler $s\gamma\sigma$, $s'\gamma\sigma'$ à deux triangles rectilignes semblables. Donc :

$$\frac{\widehat{\sigma\gamma}}{-D} = \frac{\gamma\sigma'}{D'} = \frac{\sigma\sigma'}{D'-D}$$

d'où

$$\sigma\gamma = \sigma\sigma' \frac{-D}{D'-D} = (x'-x)\frac{-D}{D'-D}$$

ce qui détermine γ.

On a aussi

$$\operatorname{tg} i = \frac{\sigma' s'}{\gamma\sigma'} = \frac{s\sigma}{\sigma\gamma} = \frac{D'-D}{\sigma\sigma'} = \frac{D'-D}{x'-x} = 23^\circ 27' \text{ environ} ;$$

enfin l'heure θ du passage du soleil au point γ est obtenue en écrivant que les arcs $s\gamma$, $\gamma s'$ sont proportionnels aux temps employés à les décrire

$$\frac{s\gamma}{\theta - t} = \frac{\gamma s'}{t' - \theta} \quad \text{ou en remarquant que} \quad \frac{s\gamma}{-D} = \frac{\gamma s'}{D'}$$

$$\frac{D}{t-\theta} = \frac{D'}{t'-\theta} \quad \text{d'où} \quad \theta = \frac{D't - Dt'}{D'-D}.$$

Le point γ s'appelle *équinoxe de printemps* et le point diamétralement opposé γ' *équinoxe d'automne,* le point σ à 90° de γ dans le sens direct, c'est-à-dire dans le sens du mouvement du soleil s'appelle *solstice d'été* et le point diamétralement opposé σ' *solstice d'hiver* (fig. 61).

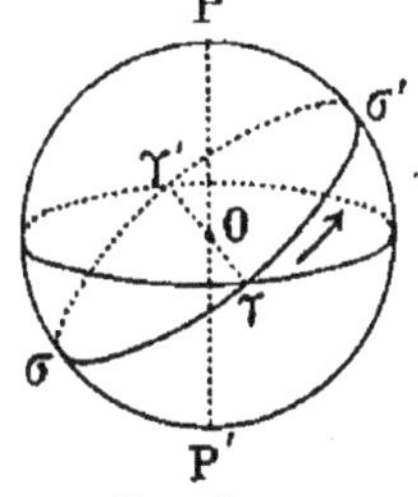

Fig. 61.

72. Mouvement du Soleil sur l'écliptique. Saisons. — C'est le 20 ou 21 mars que le Soleil est en γ, le 21 ou 22 juin en σ, le 22 ou 23 septembre en γ', le 21 ou 22 décembre en σ'. On appelle *saisons* les durées légèrement inégales qui séparent les passages du soleil en σ, γ, σ', γ'. Elles se présentent à partir de l'équinoxe du printemps dans l'ordre suivant : *printemps*, 92 jours 20 heures; *été*, 93 jours 15 heures; *automne*, 89 jours 19 heures ; *hiver*, 89 jours 0 heure. En comparant la somme des deux premières saisons à celle des deux dernières, on voit que le Soleil reste environ 8 jours de plus dans l'hémisphère boréal que dans l'hémisphère austral.

Les durées peu inégales employées par le Soleil pour parcourir les arcs égaux à 90° justifient ce que nous avons dit du mouvement angulaire. Celui-ci est le plus rapide vers le 1er janvier, le plus lent vers le 1er juillet.

Le temps mis par le Soleil pour revenir au point γ s'appelle *année tropique*. La durée sera fixée plus loin.

73. Variations du diamètre apparent. — Si la distance d'un astre à l'observateur est variable, cette distance varie proportionnellement à l'inverse de son diamètre apparent.

Soit R le rayon du soleil par exemple, lorsque sa distance à l'observateur est $OS = d$ et son demi-diamètre apparent (fig. 57).

$$\widehat{aOS} = \frac{\delta}{2}.$$

On a :

$$R = d \sin \frac{\delta}{2},$$

à d'autres époques on aura

$$R = d' \sin \frac{\delta'}{2} = d'' \sin \frac{\delta''}{2} \cdots$$

d'où :

$$d \sin \frac{\delta}{2} = d' \sin \frac{\delta'}{2} = d'' \sin \frac{\delta''}{2}$$

et par conséquent, suivant une remarque déjà faite à propos de la petitesse de l'angle δ :

$$\frac{d\delta}{2} = \frac{d'\delta'}{2} = \frac{d''\delta''}{2} = \ldots\ldots$$

ou enfin

$$\frac{d}{\left(\frac{1}{\delta}\right)} = \frac{d'}{\left(\frac{1}{\delta'}\right)} = \frac{d''}{\left(\frac{1}{\delta''}\right)} = \ldots\ldots$$

Lorsque le Soleil est voisin de l'horizon, la réfraction atmosphérique relève inégalement les deux bords supérieur et inférieur, diminuant ainsi le diamètre perpendiculaire à l'horizon, sans modifier le diamètre parallèle. Le Soleil prend la forme d'un disque aplati formé de deux demi-ovales non symétriques (fig. 62).

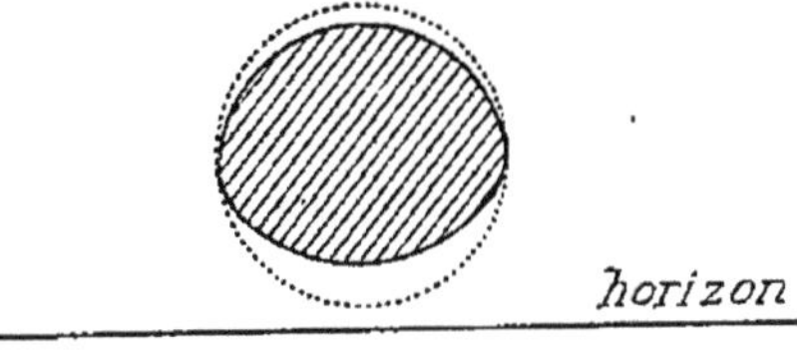

FIG. 62.

D'ailleurs l'état de pureté ou d'agitation de l'atmosphère peut modifier considérablement ces apparences.

La teinte rouge du Soleil levant ou couchant est due à l'absorption inégale que les différents rayons lumineux éprouvent en traversant l'atmosphère, les rayons rouges étant beaucoup moins absorbés que les autres.

74. Forme de l'orbite apparente du Soleil. — Prenons pour plan de la figure 63 celui de l'écliptique sur lequel les observations faites aux époques t_0, t_1, t_2 ..... *équidistantes* par exemple d'un jour, ont fixé les perspectives du Soleil aux points s_0, s_1, s_2 ..... en même temps que son diamètre apparent prenait les valeurs δ_0, δ_1, δ_2 ..... Projeté en s_0 le Soleil est en réalité

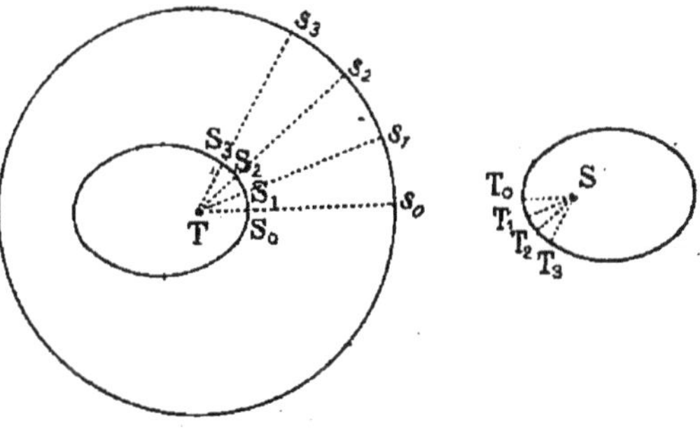

FIG. 63.

en S_0 à une distance $TS_0 = d_0$ que nous apprendrons plus loin à déterminer. Projeté en s_1, s_2, s_3, le Soleil doit être reporté en S_1, S_2, S_3 ..... à des distances d_1, d_2, d_3.... telles que

$$d_0\delta_0 = d_1\delta_1 = d_2\delta_2 = d_3\delta_3 \ldots\ldots$$

ce qui permettrait de déterminer exactement d_1, d_2, d_3....., c'est-à-dire l'*orbite apparente* du Soleil si d_0 était connu. Dans tous les cas, en prenant *arbitrairement* d_0, nous savons déjà construire une orbite semblable, c'est-à-dire *déterminer sa forme*.

Cette forme est aussi exactement la forme de l'orbite *réelle* décrite par la Terre autour du Soleil. En effet, S étant fixe, et la Terre étant en T_0 d'après la 1re observation, nous sommes obligés pour interpréter les observations suivantes de placer successivement la Terre en T_1, T_2, T_3 ....., tels que

$$ST_1 = S_1T, \qquad ST_2 = S_2T \ldots\ldots$$

les angles S_0TS_1 et T_0ST_1, S_1TS_2 et T_1ST_2 ..... étant respectivement égaux et de même sens.

On vérifie par le calcul que **cette orbite est une ellipse dont S est un foyer**. Elle est peu différente d'un cercle son excentricité $\left(\frac{c}{a}\right)$ étant $\frac{1}{60}$ environ (1re loi de Kepler).

La distance moyenne TS ou demi-grand axe de l'orbite est 23 400 rayons terrestres équatoriaux. Les valeurs extrêmes sont 23 046 R et 23 830 R. Pour une orbite semblable dont le rayon moyen serait $2^m,34$, les rayons maximum et minimum seraient donc $2^m,30$ et $2^m,38$ on voit combien elle différerait peu d'un cercle.

75. Loi du mouvement. — La comparaison des quotients $\frac{\widehat{T_0ST_1}}{t_1 - t_0}$, $\frac{\widehat{T_1ST_2}}{t_2 - t_1}$..... montre qu'ils sont légèrement différents, donc : **le mouvement angulaire du rayon ST autour de S n'est pas**

uniforme. La comparaison des quotients: $\frac{\text{arc } T_0T_1}{t_1 - t_0}, \frac{\text{arc } T_1T_2}{t_2 - t_1}, \ldots\ldots$ apprend également que: **la Terre ne décrit pas sur son orbite des arcs proportionnels aux temps employés à les décrire.** Enfin si l'on calcule $\frac{\text{surface } T_0ST_1}{t_1 - t_0}, \frac{\text{surface } T_1ST_2}{t_2 - t_1}, \ldots\ldots$ le résultat est constant, donc: **le rayon vecteur ST décrit des aires proportionnelles aux temps employés à les décrire,** ou encore: **les aires décrites dans des temps égaux sont égales** (2e loi de Kepler ou loi des aires).

Conséquences de la loi des aires. — Considérons deux secteurs TST', $T_1ST'_1$, *balayés* dans une même durée très petite t par le rayon vecteur (fig. 64). On aura : Surface TST', = Surface $T_1ST'_1$.

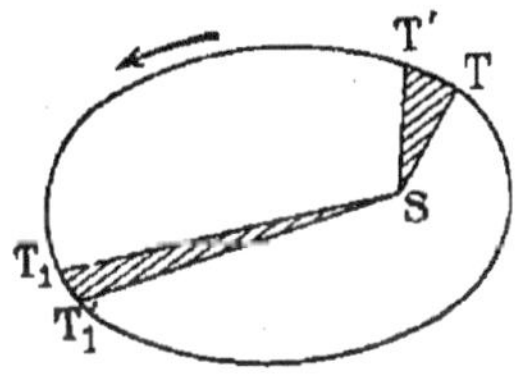

Fig. 64.

Soient φ et φ_1 les angles au centre. On peut assimiler les deux secteurs elliptiques à deux secteurs circulaires de rayons ST, ST_1 et on a :

$$\text{Surface } TST' = \frac{1}{2}\overline{ST}^2 \times \varphi. \qquad \text{Surface } T_1ST'_1 = \frac{1}{2} ST_1^2 \times \varphi_1$$

d'où :

$$\frac{\overline{ST}^2}{\overline{ST}_1^2} = \frac{\varphi_1}{\varphi}.$$

Or les angles très petits φ_1 et φ sont proportionnels aux vitesses angulaires de la Terre dont la valeur moyenne est $\omega = \frac{\varphi}{t}$ entre T et T', $\omega_1 = \frac{\varphi_1}{t}$ entre T_1 et T'_1. Donc:

$$\frac{\overline{ST}^2}{\overline{ST}_1^2} = \frac{\omega_1}{\omega}.$$

A chaque instant la vitesse angulaire du rayon vecteur joi-

gnant la Terre au Soleil est inversement proportionnelle au carré de la distance des deux astres.

Il en résulte que ce mouvement angulaire est le plus rapide possible quand ST est minimum (la Terre est à l'un des sommets du grand axe nommé *périhélie*), le plus lent possible quand ST est maximum (la Terre est à l'autre sommet du grand axe nommé *aphélie*).

On peut évidemment reporter tous les résultats précédents, sans aucune modification, sur l'ellipse qui est la trajectoire apparente du Soleil et dont la Terre occupe l'un des foyers. Les deux extrémités du grand axe prennent alors le nom de *périgée* (plus courte distance) et *apogée* (plus grande distance).

Remarque. — Le quotient constant $\frac{\text{surface TST}'}{t}$ ou, si l'aire est très petite $\frac{1}{2}\omega \cdot \overline{\text{ST}}^2$, a pour valeur $\pi \frac{ab}{\text{T}}$; πab désignant avec les notations usuelles de la géométrie l'aire intérieure à l'ellipse et T la durée de la révolution, c'est-à-dire la durée pendant laquelle est balayée l'aire complète.

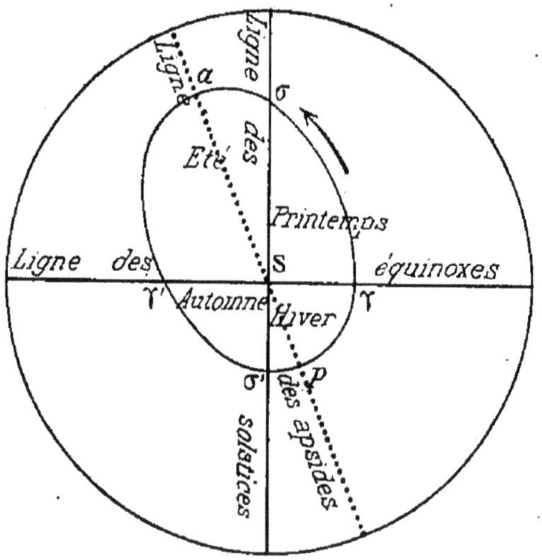

Fig. 65.

76. Inégalité des saisons. — Après avoir déterminé par points (74) l'orbite apparente on pourra mesurer l'angle du grand axe ou *ligne des apsides* avec la ligne des équinoxes. L'angle $(\widehat{Sa, S\gamma})$ compté dans le sens direct est d'environ 101°; de telle sorte que la Terre passe à l'aphélie en hiver (1er janvier) et au périhélie en été (1er juillet) (fig. 65). La valeur de cet angle explique l'inégalité des saisons énoncées plus haut. Leur ordre de grandeur est évidemment celui des 4 surfaces qui leur correspondent et dont la comparaison dépend de la règle suivante. Si, dans une ellipse, le rayon vecteur ST tourne autour du foyer S, la longueur ST varie dans le même sens que l'angle inférieur à deux droits des lignes ST, Sp. Or Sσ', Sγ, Sγ', Sσ font respectivement avec Sp les angles 11°, 79°, 101°, 169°, donc :

$$S\sigma' < S\gamma < S\gamma' < S\sigma.$$

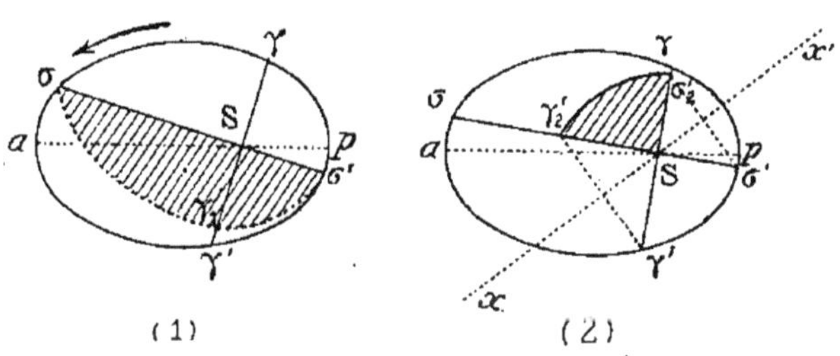

Fig. 66.

Ceci posé :

1° Rabattons $\sigma'\gamma\sigma$ autour de $\sigma\sigma'$ sur $\sigma'\gamma'\sigma$ (fig. 66) ; γ vient en γ'_1 et par conséquent :

$$\text{Hiver} < \text{Automne} \qquad \text{Printemps} < \text{Été}.$$

2° Rabattons $\sigma'S\gamma'$, sur $\gamma S\sigma$ autour de la bissectrice xx' des angles droits $\sigma'S\gamma$, $\sigma S\gamma'$; γ' et σ' viennent en γ'_2 et σ'_2, donc : Automne < Printemps. En définitive, on a les saisons dans l'ordre de leurs durées croissantes :

$$\text{Hiver} < \text{Automne} < \text{Printemps} < \text{Été}.$$

77. Signes du Zodiaque. — Le Zodiaque est une zone de la sphère céleste s'étendant à 8°30′ de part et d'autre de l'écliptique. On divise cette zone, à partir du point γ, par 12 arcs de grand cercle perpendiculaires à l'écliptique, en 12 parties de 30° chacune et nommées *signes du zodiaque*. Autrefois ces signes prirent les noms suivants : *Bélier, Taureau, Gémeaux,*

Cancer, Lion, Vierge, Balance, Scorpion, Sagittaire, Capricorne, Verseau, Poissons, empruntés à une constellation contenue dans chacun d'eux. A cette époque, le Soleil passant au point γ entrait dans le Bélier (fig. 67). Mais actuellement, l'équinoxe de printemps se trouve dans la constellation des Poissons et rétrograde constamment sur l'écliptique de 50",2 par an, faisant le tour complet en 26 000 ans environ.

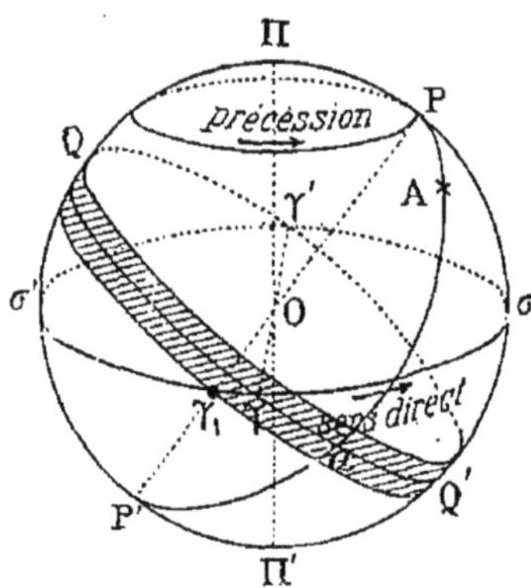

Fig. 67.

78. Précession des Équinoxes. — Depuis plusieurs siècles les astronomes ont déterminé sur la sphère céleste les grands cercles équateur et écliptique. On a constaté les faits suivants :

1° L'écliptique varie très peu, et nous pouvons en négliger les variations. Dans ces conditions il est pour nous sur la sphère céleste un grand cercle fixe et les deux extrémités du diamètre perpendiculaire ou *pôles de l'écliptique* sont également fixes. L'un d'eux π est le pôle boréal, l'autre π' le pôle austral (fig. 67).

2° L'équateur céleste tourne dans le sens rétrograde autour de $\pi\pi'$ d'un mouvement angulaire presque uniforme dont la période est 26 000 ans.

Par suite de ce mouvement, si la perspective s du Soleil a traversé l'équateur QQ' en γ, au bout d'une année tropique elle retrouve l'équateur en γ_1, tout comme si l'équinoxe s'était avancé vers lui de 50",2. Cette explication justifie le mot de *précession des équinoxes*, par lequel ce phénomène est désigné.

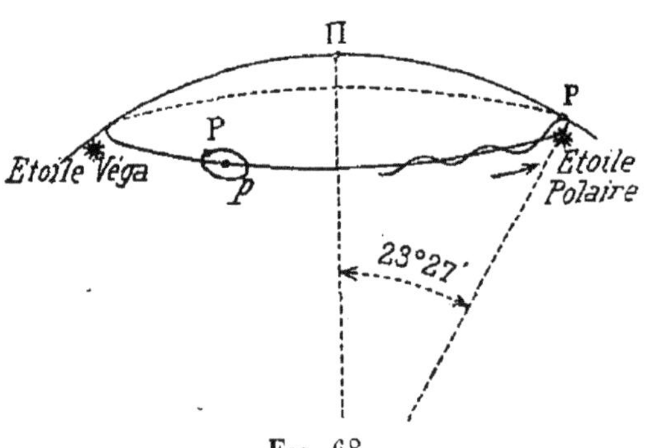

Fig. 68.

La ligne des pôles PP' (fig. 68) restant toujours perpendiculaire à l'équateur tourne avec lui autour de $\pi\pi'$ et par conséquent puisque cette ligne donne la direction de l'axe de rotation de la Terre, celui-ci ne perce pas la sphère céleste en deux points fixes; ces deux points décrivent dans le sens rétrograde deux petits cercles dont le rayon polaire arc πP = arc $\pi' P'$ est vu du centre sous un angle de 23°27'. **Ainsi la même étoile n'est pas toujours la plus voisine du point** P : l'étoile qui sert actuellement de *Polaire* étant distante de P de 1°11', en était lors des plus anciennes observations distante de 12° et dans un peu plus de 13 000 ans cette distance atteindra 46°. P à cette époque sera très près de Véga.

Nutation. — En réalité P ne décrit pas le petit cercle PP_1, mais une ligne sinusoïdale qui l'en écarte très peu, 8″ au plus. Il faut imaginer qu'un point P_1 tourne autour de π suivant la précession uniforme. P_1 est le centre d'une très petite ellipse qu'il entraîne avec lui et qui est décrite par P en 18 ans $\frac{2}{3}$ environ. Le plan de l'équateur restant toujours perpendiculaire à PP', il en résulte une légère *perturbation* dans le mouvement de l'*équinoxe vrai* qui est tantôt un peu en avance, tantôt un peu en retard sur l'*équinoxe moyen*, dont la position est déterminée en tenant compte de la précession seule.

79. Variations des éléments de l'orbite. — Les faits exposés plus haut (74 et 75) ont été simplifiés. Il faudrait encore tenir compte : 1° d'une rotation dans le sens direct de la ligne des apsides qui lui fait décrire un angle de 11″,7 par an, soit un tour en 100 000 ans; 2° de très faibles variations périodiques dans la longueur du grand axe et la valeur de l'excentricité.

Toutes ces variations sont telles qu'on puisse, en dehors des calculs de haute précision, se contenter des lois simples trouvées pour le mouvement elliptique, en ajoutant que l'ellipse se déforme et se déplace très lentement, assez lentement pour rester quelques années identique à elle-même.

80. Translation du Soleil dans l'espace. — Entraînant avec lui le plan de l'écliptique dans un mouvement de translation, le Soleil se dirige actuellement vers la constellation d'Hercule. Ce fait est mis en évidence par l'examen minutieux des étoiles voisines de A, point où la direction du mouvement perce la sphère céleste, ou de A' point diamétralement opposé (fig. 69). Les constellations voisines de A paraissent au bout d'un très grand nombre d'années *agrandies*, celles voisines de A', au

contraire, semblent diminuées. En effet, la distance angulaire $\alpha S\beta$ est inférieure à $\alpha S'\beta$, si on suppose que α et β sont restés deux points fixes dans l'espace. Donc l'arc $\alpha'_1\beta'_1$, perspective de $\alpha\beta$ pour le point de vue S', est supérieur à l'arc $\alpha_1\beta_1$, perspective pour S.

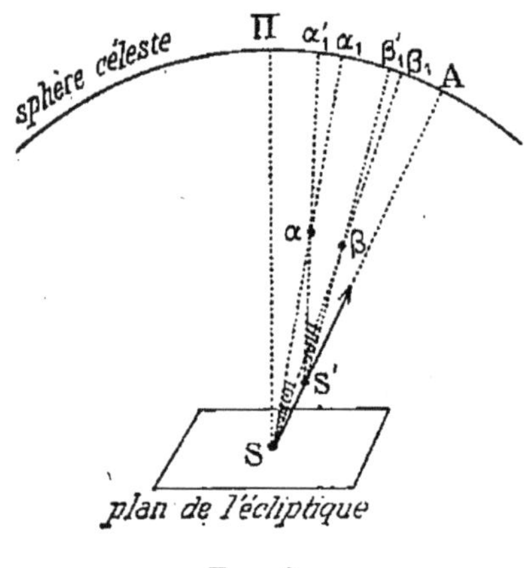

Fig. 69.

Si on passe de S centre du Soleil à T centre de la Terre, les perspectives ne sont pas assez altérées pour qu'il soit nécessaire d'en tenir compte.

81. Coordonnées écliptiques. — Par suite du déplacement du pôle P et de l'équateur les coordonnées (ascension droite et déclinaison) sont constamment variables ; on obtiendra un système de coordonnées plus commode pour les études portant sur une longue durée, en choisissant comme pôle fondamental le pôle boréal π de l'écliptique, comme grand cercle fondamental l'écliptique, comme origine sur l'écliptique le point γ (fig. 67). Soit une étoile A, aA compté de 0 à $\pm$ 90° vers π ou π' est la *latitude*, γa compté positivement dans le sens direct est *la longitude* Un point rigoureusement fixe de la sphère céleste, *si on néglige la nutation*, aura une déclinaison constante, et une longitude augmentant uniformément de 50",2 par an.

On obtient enfin un système de *coordonnées absolues* sur la sphère céleste en considérant sur elle le point π, le cercle écliptique, et le point γ d'une époque bien déterminée, (on a choisi le 1er janvier 1850.) Les coordonnées d'une étoile en dehors des mouvements apparents de parallaxe et d'aberration (Voir § 125 et § 146) ne peuvent alors varier que par suite du mouvement propre de l'étoile et servent à l'étudier.

CHAPITRE VIII

MESURE DU TEMPS

§ I. — Définition du jour solaire moyen.

Dans ce chapitre et le suivant il sera plus commode de raisonner par rapport à la Terre prise pour système de référence.

Chaque jour la perspective du Soleil, nous dirons simplement le Soleil, se déplace *sur la sphère des coordonnées locales* : 1° à cause du mouvement diurne ; 2° à cause de son mouvement propre. *Sous nos latitudes,* le Soleil se lève *chaque jour* vers l'Est, monte plus ou moins haut, traverse le plan méridien vers le Sud et par une trajectoire symétrique redescend se coucher vers l'Ouest. Étudions de plus près ces phénomènes.

82. Définitions. Mouvement apparent du Soleil. — **On appelle midi vrai l'instant du passage supérieur du Soleil dans le plan méridien du lieu.**

On appelle jour solaire vrai la durée qui sépare deux midis vrais consécutifs.

Considérons la sphère locale O et la sphère céleste O′ qu'il faut supposer comme emboîtée dans la précédente (*pp′* coïncidant avec PP′) et tournant dans le sens du mouvement diurne (fig. 70). Aujourd'hui, à l'instant du midi vrai, le Soleil est vu par exemple en S_0 dans le méridien et il est sur l'écliptique en s_0. On a : $\widehat{QS_0} = \widehat{s'_0 s_0} = D_0$ déclinaison du Soleil. Au bout d'un jour solaire vrai, en vertu du mouvement propre, le Soleil est venu sur l'écliptique en s_1, sa déclinaison est $\widehat{s_1 s'_1} = D_1$ *différente de* D_0 et par conséquent il est vu dans le plan méridien en

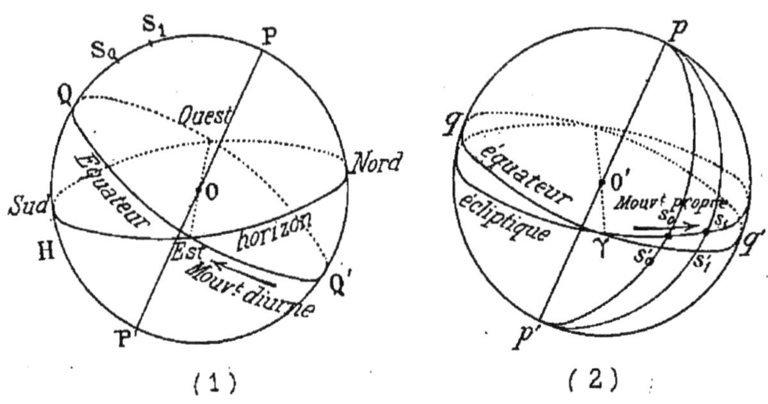

(1) (2)

Fig. 70.

S_1 tel que $\widehat{QS_1} = \widehat{s_1 s'_1} = D_1$. Il est donc en un point différent de S_0 ; un nouveau jour solaire vrai s'étant écoulé, le Soleil est sur l'écliptique en s_2 et dans le méridien en S_2, etc. ..... Soit λ la latitude du lieu, on a chaque jour

$$\widehat{HS_0} = 90^\circ - \lambda + D_0$$
$$\widehat{HS_1} = 90^\circ - \lambda + D_1$$
$$\widehat{HS_2} = 90^\circ - \lambda + D_2$$
$$\cdots\cdots\cdots\cdots$$

donc : **à midi vrai le Soleil en un lieu donné est d'autant plus élevé au-dessus de l'horizon que sa déclinaison est plus grande.**

Les variations de la déclinaison du Soleil sont résumées ci-dessous :

Époques	20 mars	Print.	21 juin	Été	22 sept.	Aut.	22 déc.	Hiver	20 mars
Déclinaison	0	positive croît	23°27' max.	positive	0 décroît	négative	—23°27' min.	négative croît	0
Position	γ		σ		γ'		σ'		γ

Si l'on regarde tous les jours le Soleil à midi vrai il paraît *monter* du jour du solstice d'hiver au jour du solstice d'été et *descendre* du solstice d'été au solstice d'hiver.

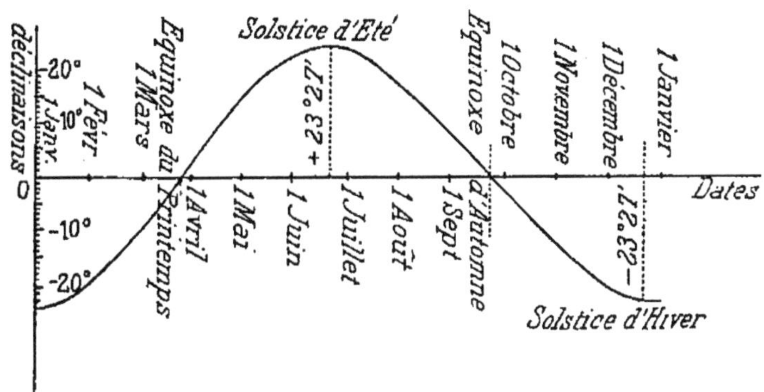

Fig. 71. — Variations de la déclinaison du soleil.

D considéré comme fonction du temps varie très lentement dans le voisinage du maximum ou minimum. Pendant plusieurs jours consécutifs le Soleil paraît, à midi vrai, à la même place, stationnaire (sol stat d'où : solstice).

83. Inégalité des jours solaires vrais. — Prenons pour plan de la figure le plan de l'équateur et représentons dans un cercle *fixe* QQ', un cercle concentrique mobile sur lequel on a marqué les points s'_0, s'_1, s'_2..... intersections de l'équateur avec les cercles horaires passant par les positions du Soleil à chaque midi vrai (fig. 72).

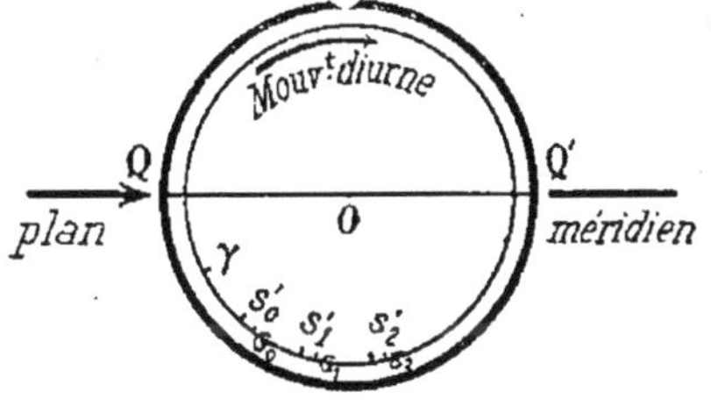

Fig. 72.

Un premier jour solaire vrai j_1 commence quand s'_0 passe en Q, comme devant un repère fixe, et finit quand s'_1 passe en ce point. Le passage de s'_1 a lieu un peu après le 2e passage de s'_0 et par conséquent : le jour j_1

est égal à un jour sidéral augmenté du temps que met l'équateur céleste à tourner de l'angle au centre $s'_0Os'_1$.

De même : le jour suivant j_2 est encore égal à un jour sidéral augmenté du temps que met l'équateur céleste à tourner de l'angle $s'_1Os'_2$ et ainsi de suite. Ces différents angles sont légèrement inégaux pour deux raisons : 1° le Soleil sur sa trajectoire n'a pas un mouvement angulaire uniforme ; 2° même si S avait un mouvement uniforme, sa projection s sur l'équateur aurait un mouvement varié. Par suite :

Le jour solaire vrai n'est pas constant, il est un peu supérieur au jour sidéral.

84. Jour solaire moyen. — Le jour solaire vrai n'étant pas constant ne peut être employé pour définir une unité de temps. Le jour sidéral est constant, mais son commencement qui a lieu au milieu de la journée, si le Soleil S, sur l'écliptique, est voisin du point γ, aura lieu au milieu de la nuit s'il lui est diamétralement opposé. Un emploi du temps ou un horaire quelconques seraient donc difficiles à établir, si l'on considère que le Soleil règle en somme toutes nos habitudes. Il faut alors définir une durée constante au bout de laquelle le Soleil se retrouvera *à peu-près* à la même place dans le ciel.

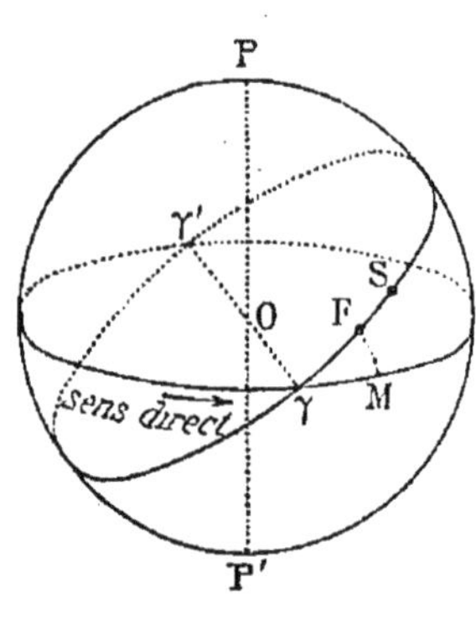

Fig. 73.

1° On imagine un *Soleil fictif* F passant à l'apogée et au périgée en même temps que le Soleil vrai, mais *animé d'un mouvement angulaire uniforme sur l'écliptique* (fig. 73).

2° On suppose le plan de l'écliptique rabattu autour de $\gamma\gamma'$ sur le plan de l'équateur : le rabattement de F est un deuxième mobile auxiliaire M, décrivant l'équateur d'un mouvement uniforme, et appelé *le Soleil moyen.*

Il résulte de ces définitions que *le Soleil moyen tourne d'un mouvement uniforme sur l'équateur céleste* et par conséquent, entre deux passages supérieurs consécutifs au méridien d'un même lieu, décrit sur l'équateur un arc constant. En effet par rapport à un observateur lié à la Terre, M décrit le grand cercle de l'équateur avec une vitesse angulaire égale à celle du mouvement diurne diminuée de la vitesse angulaire du mouvement propre de M. Cette différence est donc la différence de deux quantités constantes.

On appelle midi moyen en un lieu l'instant du passage supérieur du Soleil moyen au méridien de ce lieu.

On appelle jour solaire moyen la durée qui sépare deux midis moyens consécutifs.

Le jour solaire moyen est constant. En effet soient sur l'équateur mobile de la figure 72, σ_0, σ_1, σ_2 ..... les positions du Soleil moyen aux midis moyens consécutifs, nous verrons comme au § 83 que : le premier jour solaire moyen J_1 est égal à 1 jour sidéral augmenté du temps que met l'équateur céleste à tourner de $\sigma_0 O \sigma_1$; le deuxième jour solaire moyen J_2 est égal à 1 jour sidéral augmenté du temps que met l'équateur céleste à tourner de $\sigma_1 O \sigma_2$ ..... et ainsi de suite. Ces angles étant tous égaux, on a $J_1 = J_2 = J_3$ ..... C. q. f. d.

Ce jour solaire moyen ainsi défini est divisé en 12 heures, l'heure en 60 minutes, la minute en 60 secondes. *Ce sont ces durées qui sont données par une montre usuelle bien réglée. La définition légale d'une seconde est* $\frac{1}{86\,400}$ *du jour solaire moyen*

Le jour solaire moyen est supérieur au jour sidéral de 3′55″,91 soit environ 4 minutes ; sa durée est évidemment indépendante du lieu d'observation.

Le jour solaire moyen est tantôt un peu plus court, tantôt un peu plus long que le jour solaire vrai. **Il est pour une année entière la moyenne de tous les jours solaires vrais,** ce qui, indépendamment de la théorie précédente, peut lui servir de définition.

Le jour solaire moyen *astronomique* est compté de o heure à 24 heures *à partir de midi moyen.*

Équation du Temps. — *L'heure* (1) *vraie* est l'angle horaire du soleil vrai (2).

L'heure (1) *moyenne* est l'angle horaire du Soleil moyen (2).

L'équation du temps est la différence entre l'heure moyenne et l'heure vraie.

Cette différence ne dépasse guère jamais un quart d'heure et ses variations sont indiquées à 1 minute près par le graphique de la figure 74.

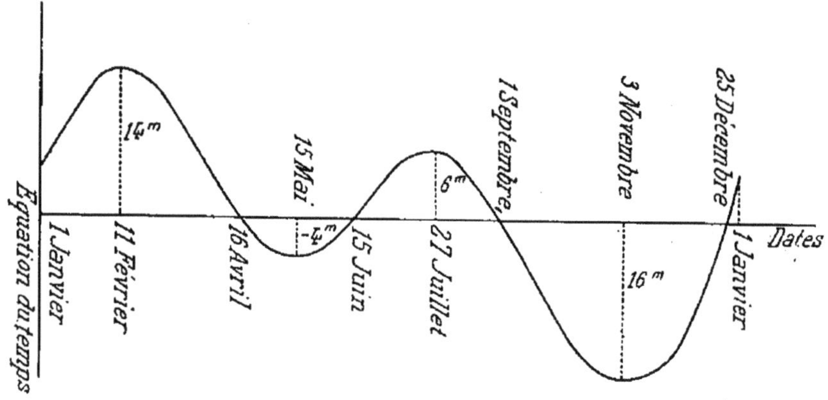

Fig. 74. — Variations de l'équation du temps.

85. Temps local. — *L'heure locale* est l'heure moyenne en un lieu donné, si on suppose faite pour ce lieu la théorie précédente. Au moment du midi vrai, l'heure indiquée par une montre bien réglée doit être égale à l'équation du temps à ce moment-là puisque l'heure vraie est alors nulle. *En deux lieux*

(1) Le mot heure est employé ici dans le sens qu'il a dans la locution : quelle heure est-il ? et non dans celle-ci : une durée d'une heure.

(2) Les mesures en degrés de ces angles horaires sont divisées par 15, de façon que 24 heures correspondent toujours à une augmentation de 360°.

différents, la différence des heures locales au même instant est égale en valeur absolue à la différence de leurs longitudes.

Temps civil. — *Le jour civil* a la durée du jour moyen, mais commence 12 heures après le jour astronomique, c'est-à-dire à minuit.

Heure légale. — Dans la plupart des pays d'étendue moyenne, *l'heure légale*, en chaque lieu, n'est pas son heure locale mais celle d'un méridien déterminé. **En France l'heure légale est l'heure moyenne du méridien de Paris.**

Heures des différents pays. Fuseaux horaires. — Certains pays adoptent l'heure de leur capitale ou d'une ville importante : France, Irlande (Dublin), Grèce, Portugal, Russie (Poulkovo), Chili, Mexique, etc..... Un grand nombre d'autres adoptent le système des fuseaux horaires basé sur le méridien de Greenwich :

La Terre est divisée en 24 fuseaux de 15°, le premier fuseau étant divisé en deux fuseaux égaux par le méridien de Greenwich, et s'étendant, par conséquent, à 7°30′ de part et d'autre. Tous les points situés dans ce fuseau adoptent l'heure de Greenwich ; les points situés dans le fuseau suivant, en allant vers l'Est, sont en avance d'une heure sur les précédents et ainsi de suite jusqu'au douzième fuseau, dont l'heure avance de 12 heures. Vers l'Ouest, au contraire, l'heure retarde d'une heure quand on passe d'un fuseau au suivant. *Chaque capitale adopte l'heure du fuseau dans lequel elle se trouve et chaque pays l'heure de sa capitale.*

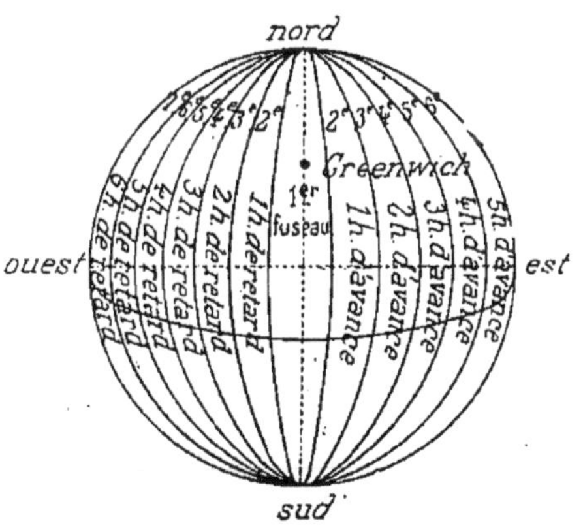

Fig. 75. — Fuseaux horaires.

L'Europe est comprise dans les trois premiers fuseaux, on a :

1er fuseau. — *Heure de l'Europe occidentale* ou heure de Greenwich (Angleterre, Belgique, Espagne).

2e fuseau. — *Heure de l'Europe centrale*, en avance d'une heure sur la précédente (Allemagne, Autriche, pays scandinaves, Suisse, Italie).

3e fuseau. — *Heure de l'Europe orientale*, en avance de deux heures sur celle de Greenwich (Turquie, Bosnie).

Changement de date. — Deux localités très voisines, situées de part et d'autre du méridien de 180°, le méridien origine étant celui de Greenwich, sont l'une en avance de 12 heures sur lui, l'autre en retard de 12 heures. Il y a donc 24 heures de différence, l'heure est la même, la date a changé. Elle est augmentée d'un jour pour le plus oriental des deux points. Pratiquement, ce changement de date s'effectue en traversant une ligne qui ne suit pas exactement le méridien 180°, et, le laissant tantôt à l'Est, tantôt à l'Ouest, traverse l'Océan Pacifique sans couper aucune terre ou aucun archipel important.

§ II. — Détermination de l'année. — Calendriers.

86. Année sidérale. — **L'année sidérale est le temps que met le rayon vecteur du Soleil pour décrire 360° à partir d'un point fixe de l'écliptique.**

Année tropique. — **L'année tropique est le temps qui sépare deux passages successifs du Soleil à l'équinoxe de printemps.**

A cause de la précession des équinoxes (fig. 67), l'année *sidérale* A est un peu *plus longue* que l'année *tropique* A_t. En effet, la durée A_t est écoulée quand le Soleil, parti de γ, est arrivé en γ_1, et la durée A quand il est revenu en γ ; la différence $A - A_t$ est donc le temps mis par le Soleil pour parcourir $\gamma_1\gamma = 50'',2$. On trouve ;

$$A = A_t + 20^m 23^s,5.$$

La durée en jours solaires *moyens* de l'année tropique est très légèrement variable et a pour valeur moyenne :

$$A_t = 365^j,242\,217.$$

C'est exactement la durée comprise entre deux passages consécutifs du Soleil moyen au point γ. Évaluons cette même durée en jours *sidéraux*.

Par rapport à des repères terrestres, soit plus exactement, sur l'équateur de la sphère locale, le point γ décrit 360° en un *jour sidéral* (1), tandis que le *Soleil moyen* M, à peine plus lent, décrit 360° en un *jour solaire moyen*. D'après la définition du Soleil moyen, le retard de M est tel qu'une année tropique A_t se soit écoulée entre deux coïncidences successives de M et γ, γ ayant dépassé M à l'instant de la première pour le rattraper à l'instant de la deuxième après avoir décrit 360° de plus que M. Donc la durée A_t comprend un *jour sidéral* de plus que de jours solaires moyens et par conséquent, si sa valeur est $365^j,242\,217$ *jours solaires moyens*, elle est aussi 366,242 217 *jours sidéraux*.

Conséquence. — Soient J le jour solaire moyen et J' le jour sidéral exprimés avec une même unité de temps d'ailleurs arbitraire ; d'après ce qui précède, on a :

$$365,242\,217\ J = 366,242\,217\ J'$$

d'où l'on déduit :

$$J = J' + \frac{J'}{365,242\,217}$$

$$J - J' = 3^m 56^s \text{ (temps solaire moyen)}.$$

(1) Nous négligeons ici la légère différence $\left(\frac{1}{120}\text{ de seconde}\right)$ existant entre la durée du jour sidéral, défini comme étant le temps compris entre deux passages d'une même étoile au méridien d'un lieu, et celle de ce jour défini comme étant le temps compris entre deux retours consécutifs du point γ à un même méridien.

87. Année civile. Calendriers. — L'année civile est la réunion d'un nombre entier de jours, fixé par un ensemble de règles qui constituent un calendrier.

Pratiquement, l'année civile doit être telle que le Soleil, quand une année s'est écoulée, se retrouve dans la même position par rapport au plan de l'équateur afin que les saisons (et par suite les travaux agricoles ou toutes occupations dépendant du froid ou de la chaleur) reviennent autant que possible *indéfiniment* aux mêmes dates. La date d'un jour déterminé est, en somme, sous une forme ou une autre son numéro d'ordre dans l'année.

L'année civile ne peut être égale à l'année tropique dont la valeur en jours est fractionnaire. Les Égyptiens fixèrent l'année civile à 365 jours, mais celle-ci étant trop courte de $\frac{1}{4}$ de jour environ, avance sur le Soleil de 1 jour en 4 ans; si l'équinoxe du printemps est le dixième jour de l'année 500, par exemple, il sera en l'année 504 le onzième jour. L'année avancera donc de 365 jours en 1440 ans environ (période sothiaque). Pendant ce temps l'équinoxe aura coïncidé avec tous les jours de l'année du premier au trois cent soixante cinquième. Cette détermination de l'année est donc à rejeter. Inconvénient contraire en prenant 366 jours.

Il faudra donc que les années civiles soient inégales, mais aient une valeur moyenne aussi voisine que possible de

$$365 \text{ jours}, 242\,217.$$

Calendrier Julien. — On réalise une année moyenne de 365,25 en prenant indéfiniment trois années successives de 365 jours et une quatrième, dite *bissextile* de 366 jours.

L'année moyenne est un peu trop longue de

$$365,25 - 365,242217 = 0,00783,$$

d'où retard d'environ $\frac{8}{1\,000}$ de jour par an ou 8 jours en 1 000 ans, ou environ 3 jours en 400 ans, car $\frac{3}{400} = 0,075$.

Ce calendrier établi sous Jules César est encore le calendrier russe, roumain, grec.

Les années bissextiles sont celles dont le *millésime* est divisible par 4, exemple : 1628, 1800, 1912, etc.....

Calendrier grégorien. — En 1582, par suite du retard accumulé, la date de l'équinoxe était le 9 mars, au lieu du 20, date primitive. Le pape Grégoire XIII fit regagner à l'année les jours perdus en décrétant que le lendemain du 4 octobre 1582 serait le 15 et pour éviter le retour d'une pareille discordance on convint de supprimer un jour en 1 000 ans par la règle suivante :

Les années dites *séculaires*, 1600, 1700, 1800, 1900 ..... qui devraient toutes être bissextiles ne le seront que si le nombre des centaines est divisible par 4. Telles sont les années 1600, 2000, etc..... La valeur moyenne de l'année est donc actuellement

$$365{,}25 - 0{,}0075 = 365^{j}{,}2425$$

un peu trop longue par conséquent (3 jours environ en 10 000 ans).

Calendrier républicain. — Les années sont de 365 ou de 366 jours et chaque année un calcul astronomique précis fixe sa durée. L'année commence le jour de l'équinoxe d'automne.

88. Les mois de l'année. — L'année a été divisée en périodes plus courtes appelées *mois* et voisines de 30 jours. Mais les nombres 28, 29, 30, 31, n'étant des sous-multiples ni de 365, ni de 366, les mois ne peuvent être égaux, ou s'ils sont égaux ne forment pas l'année complète.

On connaît les valeurs des 12 mois de l'année grégorienne. Ceux de l'année égyptienne et de l'année républicaine étaient tous égaux à 30 jours. On complétait l'année en ajoutant aux 360 jours des 12 mois 5 ou 6 jours *épagomènes*.

89. La semaine. — Cette très ancienne réunion de 7 jours qui n'est une partie aliquote ni du mois, ni de l'année, se retrouve dans presque tous les calendriers. Dans le seul calendrier républicain, chaque mois était divisé en 3 *décades* (10 jours), toute trace de la semaine ayant disparu.

90. Chronologie. Ères diverses. — Pour fixer un événement dans la suite des temps, il faut indiquer exactement combien d'années et de jours se sont écoulés entre cet événement et un instant origine qui correspond généralement à un fait historique ou légendaire important. Il faut en même temps faire connaître lequel des deux événements est antérieur à l'autre.

Aux différents choix d'origine du temps correspondent des ères diverses. Nous nous servons actuellement de l'*ère chrétienne* qui commence à la naissance de Jésus-Christ. Les autres ères importantes sont les suivantes : *ère des Juifs* (commençant 3 760 ans av. J.-C.), *ère de l'Hégire* (commençant à la fuite de Mahomet, 622 après J.-C.), *ère républicaine* (commençant le 22 septembre 1792).

CHAPITRE IX

INÉGALITÉ DES JOURS ET DES NUITS. — DIVISION DE LA TERRE EN ZONES

91. Le Soleil et le mouvement diurne. — L'objet du chapitre est de résoudre le problème suivant : 1° *à une date où la déclinaison du soleil est* D, *déterminer pendant quelle fraction du jour solaire le Soleil est au-dessus ou au-dessous de l'horizon d'un lieu de latitude* λ ; 2° *indiquer les variations des durées du jour et de la nuit, lorsque* λ *et* D *varient.*

Nous ferons les hypothèses suivantes : Pour chaque jour moyen, 1° nous supposerons uniforme la variation (voisine de 1°) de l'ascension droite du soleil, 2° nous négligerons la variation (inférieure à 25′) de sa déclinaison. Celle-ci, variable d'un jour au suivant, gardera dans chaque période de 24 heures, comptée de minuit à minuit, sa valeur exacte à midi vrai.

Dans ces conditions, **le Soleil est assimilé, chaque jour, à une étoile dont la position sur une sphère locale quelconque est légèrement variable d'un jour à l'autre.**

Il s'ensuit que sur une sphère locale, la perspective du soleil décrit, chaque jour, d'un mouvement uniforme, un parallèle. En prenant pour plan de la figure 76 celui du méridien du lieu envisagé, le parallèle décrit par le Soleil, à la date où sa déclinaison est D, se projette suivant la corde ss', perpendiculaire à la ligne des pôles PP′, et se rabat suivant le cercle I de diamètre ss'. Le lendemain, le soleil décrit un parallèle projeté suivant une corde très voisine de ss'. D'ailleurs puisque D varie entre $-23°27'$ et $+23°27'$, **la corde ss' est comprise entre les cordes** parallèles $s_0s'_0$ et $s_1s'_1$ menées par les points s_0 et s_1 tels que: $\widehat{Es_0} = \widehat{Es_1} = 23°27'$. La corde $s_0s'_0$ est la projection du parallèle décrit par le Soleil au solstice d'hiver (22 décembre); la corde $s_1s'_1$ celle du parallèle décrit au solstice d'été (21 juin) et enfin EE' celle des parallèles décrits aux équinoxes (20 mars et 22 septembre).

92. Zones arctique ou antarctique. — Cela posé, en se bornant à raisonner pour l'hémisphère boréal (les résultats étant

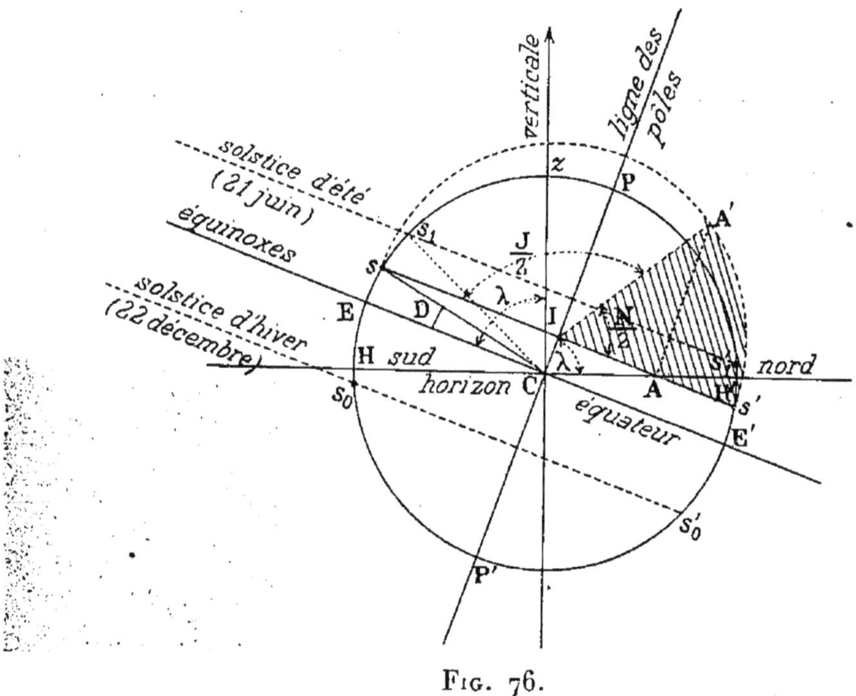

Fig. 76.

identiques pour l'autre à 6 mois près) on obtient d'abord les résultats suivants.

1° **Pour que le Soleil puisse, au moins une fois dans l'année, rester plus de 24 heures consécutives au-dessus de l'horizon, il faut que la latitude du lieu soit supérieure à 66°33'** (complément de l'obliquité de l'écliptique).

En effet, pour que la condition énoncée soit vérifiée, il faut que la corde $s_1s'_1$ soit toute entière *au-dessus* de la ligne d'horizon HH', c'est-à-dire que le passage inférieur s'_1 se fasse sur l'arc H'P ; donc on doit avoir :

$$\text{arc PH}' \geqslant \text{arc P}s'_1$$

ou bien $$\lambda \geqslant 90 - 23°27' = 66°33'.$$

2° **Pour que le Soleil puisse, au moins une fois dans l'année, rester plus de 24 heures consécutives au-dessous de l'horizon, il faut que la latitude du lieu soit supérieure à 66°33'.**

En effet, pour que la condition énoncée soit vérifiée, il faut que la corde $s_0s'_0$ soit toute entière *au-dessous* de la ligne d'horizon HH', c'est-à-dire que le passage supérieur s_0 se fasse sur l'arc HP' ; donc on doit avoir :

$$\text{arc P}'\text{H} \geqslant \text{arc P}'s_0$$

ou bien $$\lambda \geqslant 90 - 23°27' = 66°33'.$$

On appelle *zone arctique* et *zone antarctique* la calotte sphérique comprenant tous les points de l'hémisphère terrestre boréal ou austral dont la latitude est, en valeur absolue, supérieure à 66°33'.

En un point de la zone arctique, le soleil ne cessera pas d'être visible, durant toute la période où son passage *inférieur s'* se fera sur l'arc H'P entre H' et s'_1 c'est-à-dire aussi longtemps que l'on aura : $$D \geqslant 90° - \lambda$$

le second membre sera d'autant plus grand que λ sera plus petit et par conséquent :

En tous points de la zone arctique ou antarctique, la durée pendant laquelle le soleil cesse de se lever ou de se coucher une fois par 24 heures est d'autant plus grande que ce point est plus rapproché du pôle.

Au pôle Nord P, l'horizon HH' coïncide avec EE' de telle sorte que le soleil est constamment au-dessus de l'horizon depuis le 20 mars jusqu'au 22 septembre et constamment au-dessous de l'horizon depuis le 22 septembre jusqu'au 20 mars.

93. Durées du jour et de la nuit. — Il résulte de ce qui précède que :

3° **En tout lieu hors des zones arctique et antarctique le soleil, dans chaque période de 24 heures, a un lever et un coucher.**

Autrement dit, quelle que soit la date de l'année, le parallèle ss' coupe l'horizon suivant une corde perpendiculaire au méridien en A et rabattue en AA'. L'arc de parallèle, projeté suivant As et rabattu suivant $A's$ est le demi-arc de jour ; l'arc projeté suivant As' et rabattu suivant $A's'$ est le demi-arc de nuit. D'après les hypothèses indiquées au n° 91, les durées mises à parcourir ces arcs sont proportionnelles à ces arcs, qui sont eux-mêmes proportionnels à leurs angles au centre : $sIA' = \frac{J}{2}$ $s'IA' = \frac{N}{2}$.

Dès lors, pour comparer, aux diverses dates d'une année, les durées respectives du jour et de la nuit au lieu de latitude $\lambda < 66°33'$ il suffit d'étudier le déplacement du point A sur HH' lorsque la corde ss', partant de la position $s_0s'_0$, y revient après être venue en $s_1s'_1$. On vérifie alors aisément les résultats suivants :

Pour tout point de l'hémisphère boréal(1) **la nuit est plus longue que le jour en automne et en hiver, plus courte au printemps et en été.**

La nuit est égale au jour aux dates des équinoxes (d'où leur nom).

Le jour le plus long et la nuit la plus courte arrivent au solstice d'été.

Le jour le plus court et la nuit la plus longue arrivent au solstice d'hiver.

En permutant les mots nuit et jour, on a les résultats pour tout point de l'hémisphère austral.

Les résultats ainsi obtenus par l'examen d'une figure peuvent être retrouvés et complétés par la discussion de formules que nous allons établir. Par un calcul analogue à celui qui a été fait au n° 50, on obtient les relations :

$$IA = IA' \cos \frac{N}{2} \qquad IA = IC \operatorname{tg} \lambda \qquad IC = Is \operatorname{tg} D$$

(1) Dans ces énoncés il faut évidemment, si l'on considère un point de la zone arctique, qu'il y ait réellement heures de nuit et heures de jour.

d'où l'on déduit :

$$\cos \frac{N}{2} = \text{tg}\,\lambda\ \text{tg}\,D \qquad \cos \frac{J}{2} = -\text{tg}\,\lambda\ \text{tg}\,D.$$

Ces formules sont valables pour tout point de la zone arctique à toute date où le soleil se lève et se couche dans chaque période de 24 heures.

En exprimant que l'on a :

$$|\text{tg}\,\lambda\ \text{tg}\,D| \leqslant 1$$

on retrouve pour λ la valeur 66°33′ qui définit les zones arctique et antarctique. Si l'on suppose λ positif et fixe, la discussion de ces formules, lorsque D varie, conduit au tableau suivant où les résultats pour $\frac{J}{2}$ et $\frac{N}{2}$ sont convertis en heures, en remarquant que l'arc de 15° est contenu 6 fois dans celui de 90°.

Époques	22 déc.	Hiver	20 mars	Print.	21 juin	Été	22 sept.	Automne	22 déc.
D	— 23°27′	croit	0	croit	23°27′ Max.	décr.	0	décr.	— 23°27′
$\frac{J}{2}$	min.	croit	6 heures	croit	Max.	décr.	6 heures	décr.	min.
$\frac{N}{2}$	Max.	décr.	6 heures	décr.	min.	croit	6 heures	croit	Max.

On en déduit facilement les énoncés indiqués ci-dessus.

Des deux formules précédentes on déduit :

$$2\ \text{tg}\,\lambda\ \text{tg}\,D = \cos \frac{N}{2} - \cos \frac{J}{2} = 2 \sin \frac{N+J}{4} \sin \frac{J-N}{4}$$

d'ailleurs, les arcs $\frac{J}{2}$ et $\frac{N}{2}$ étant supplémentaires, on a :

$$\sin \frac{J-N}{4} = \text{tg}\,\lambda\ \text{tg}\,D.$$

Sa discussion conduit aux énoncés suivants :

A une même époque, en deux lieux différents, la différence des durées du jour et de la nuit est d'autant plus petite qu'on est plus rapproché de l'équateur.

En un même lieu, à deux époques différentes, cette différence est d'autant plus petite qu'on est plus près des équinoxes.

Cette différence est nulle : 1° toute l'année à l'équateur ; 2° aux dates des équinoxes en un lieu quelconque.

94. Division de la Terre en zones. — 4° Pour que le Soleil, à midi vrai, puisse au moins, une fois dans l'année, en un point de l'hémisphère boréal, être vu au zénith ou vers le Nord, il faut que la latitude du lieu soit inférieure à 23°27′.

En effet, la distance zénithale z du Soleil à midi, en un point de l'hémisphère nord est $z = \pm(\lambda - D)$ (Voir n° 49).

Si $\lambda > D$, on prend le signe $+$, le passage a lieu vers le Sud.

Si $\lambda < D$, on prend le signe $-$, le passage a lieu vers le Nord. Or on ne peut avoir $\lambda < D$ que si λ est inférieur au maximum de D, c'est-à-dire à 23°27′.

Mêmes résultats pour qu'un point de l'hémisphère sud puisse voir le Soleil à midi vers le Sud.

On appelle *zone torride* la zone de la sphère terrestre comprise entre les latitudes 23°27′ Nord ou Sud. La Terre est donc divisée actuellement en cinq zones (fig. 77) :

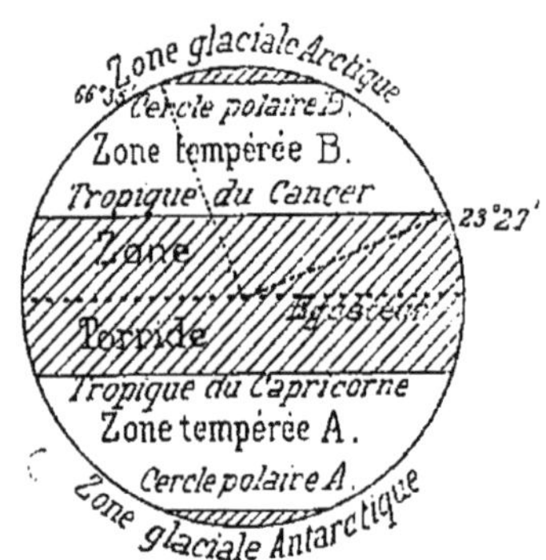

Fig. 77. — Division de la terre en zones.

Deux calottes *polaires* ou *glaciales*, arctique ou antarctique .

$$|\lambda| > 66°33'.$$

Une zone équatoriale ou torride,

$$|\lambda| < 23°27'.$$

et entre les deux : *deux zones tempérées*

$$23°27' < |\lambda| < 66°33'.$$

La zone torride est limitée par le *tropique du Capricorne* au Nord, et le *tropique du Cancer* au Sud.

Les zones glaciales et tempérées par les *cercles polaires arctique et antarctique.*

95. Crépuscule. — Nous savons déjà que la réfraction atmosphérique avance légèrement le lever et retarde également le coucher des astres, augmentant ainsi la durée de leur visibilité.

De plus, quand le Soleil est devenu invisible pour le lieu A, il ne cesse pas d'éclairer les couches d'air au-dessus de A et celles-ci diffusent vers A une quantité notable de lumière de telle sorte que l'extinction du jour (ou son apparition) est progressive (fig. 78).

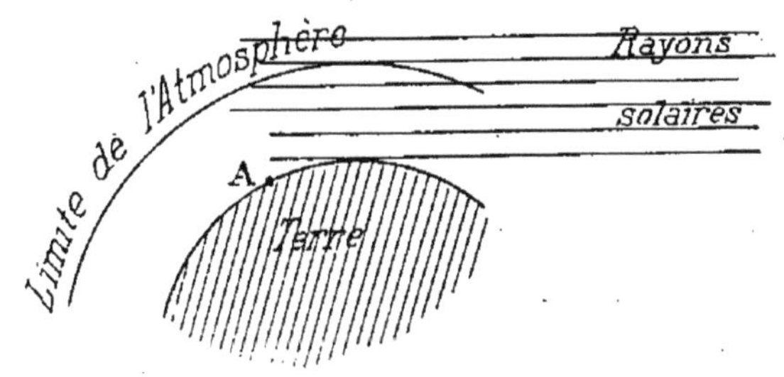

Fig. 78.

On appelle *crépuscule civil* le temps pendant lequel le Soleil est à moins de 6° au-dessous de l'horizon.

On appelle *crépuscule astronomique* le temps pendant lequel le Soleil est à moins de 18° au-dessous de l'horizon.

Quand le Soleil se couche, les étoiles et les planètes n'apparaissent que progressivement suivant leur éclat. Les plus brillantes sont visibles quand le crépuscule civil finit, toutes les étoiles sont visibles quand le crépuscule astronomique finit. A partir de ce moment la nuit complète est arrivée et va durer jusqu'à ce que les phénomènes précédents se reproduisent dans l'ordre inverse.

Il peut cependant arriver que pour un lieu et une époque déterminés le Soleil n'atteigne pas le 18e degré au-dessous de l'horizon. Dans ce cas la lueur crépusculaire, largement affaiblie, suit au-dessous de l'horizon le mouvement diurne du Soleil caché, tourne de l'Ouest vers le Nord où elle persiste encore à minuit, puis tournant vers l'Est devient la lueur de l'aurore.

En conservant la figure 76 et les notations correspondantes, on voit que la nuit complète n'aura pas lieu si on a s' étant la position du Soleil à minuit,

$$\text{arc } H's' < 18^\circ, \qquad \text{ou} \qquad 90^\circ - \lambda - D < 18^\circ$$

Donc :

$$\lambda > 72^\circ - D,$$

la valeur maximum de D étant 23° 27′, le second membre n'est jamais inférieur à 49° 33′.

La nuit complète arrive certainement pour toute date de l'année, si la latitude du lieu est inférieure à 49° 33′.

Résolvons par rapport à D, pour toute valeur de λ, supérieure à 49° 33′. On a : $D > 72^\circ - \lambda$.

Donc :

A une même époque, le temps pendant lequel il n'y a pas de nuit complète est d'autant plus long que le lieu considéré (de latitude supérieure à 49° 33′) est plus éloigné de l'équateur. C'est dans le voisinage du solstice d'été que le phénomène a lieu pour l'hémisphère boréal, dans le voisinage du solstice d'hiver pour l'hémisphère austral.

On peut facilement, en rabattant sur le plan de la figure le petit cercle décrit par le Soleil, calculer la durée du crépuscule (Ex. 22).

La durée du crépuscule astronomique est variable suivant la latitude et la saison ; à la latitude 45°, elle varie entre 1 heure 40 minutes (équinoxe) et 2 heures 35 minutes (solstice d'été), à l'équateur entre 1 heure 10 minutes et 1 heure 16 minutes.

96. Climats. — On sait que la quantité de lumière ou de chaleur venant d'une source éloignée et reçue par une surface plane est proportionnelle au cosinus de l'angle que fait la normale à la surface avec une parallèle aux rayons. Or, en un point du globe de latitude nord λ et hors de la zone torride, le jour où la déclinaison est D, cet angle à midi vrai est $zcs = \lambda - D$, et par suite la quantité de chaleur reçue est $Q \cos(\lambda - D)$; Q désignant une certaine constante.

Si λ est constant, $\cos(\lambda - D)$ est maximum ou minimum en même temps que D, donc : *c'est au solstice d'été que le lieu reçoit le plus de chaleur, au solstice d'hiver qu'il en reçoit le moins.*

Le même jour, de deux lieux différents, celui qui a la plus petite latitude reçoit le moins de chaleur.

Pour un point de la zone torride, $\lambda - D$ peut devenir négatif, mais on doit remarquer que lorsque $\lambda = D$, et pendant les jours voisins, le Soleil au zénith, à midi vrai, ou peu éloigné du zénith, produira en ce lieu de latitude λ, l'échauffement le plus grand possible, plus grand certainement qu'en tout point de latitude supérieure. Enfin remarquons qu'aucune chaleur ne sera reçue pendant un certain nombre de jours consécutifs en tout lieu des zones glaciales.

Donc : *les lieux de la zone torride correspondent aux climats les plus chauds. Dans les zones tempérées le climat sera d'autant plus chaud qu'on est plus éloigné du pôle ; le climat sera très froid dans les zones polaires.*

En tout lieu de l'hémisphère boréal la saison chaude sera après le solstice d'été, c'est-à-dire lorsque l'effet accumulé pendant quelque temps du réchauffement maximum aura eu le temps de se faire sentir ; la saison froide sera après le solstice d'hiver.

En tout lieu de l'hémisphère austral la saison chaude sera après le solstice d'hiver, la saison froide après le solstice d'été.

Ces résultats sont évidemment trop simples pour rendre compte complètement des différences de climat, mais sont une simple indication. Il faut encore, dans ces questions, tenir compte de l'altitude, du voisinage de la mer, de l'existence des courants marins chauds ou froids. En général, à latitude égale, à un lieu de plus grande altitude correspond un climat plus froid. A un lieu plus voisin de la mer correspond un climat plus régulier.

La variation de distance du Soleil à la Terre par suite du mouvement elliptique favorise l'hémisphère nord. En effet, c'est pendant notre hiver que le Soleil est le plus voisin de la Terre, et sa déclinaison est positive pendant 186 jours, négative pendant 179 jours. Aussi en deux points de latitude égale, l'un dans l'hémisphère nord, l'autre dans l'hémisphère sud, c'est généralement pour le premier que l'écart de température entre l'été et l'hiver sera le plus petit et l'été sera un peu plus chaud, l'hiver un peu moins froid.

Exercices sur les chapitres VII, VIII, IX.

12. — Déterminer la relation entre la durée de la rotation apparente d'une tache solaire, et la durée t de la rotation du Soleil autour de son axe (Voir mouvement synodique des planètes : même calcul).

13. — Quelle est, dans une journée, la courbe décrite par l'ombre de l'extrémité d'une tige sur un plan perpendiculaire : 1° lorsque ce plan est horizontal (Rép. : arc d'une section conique) ; 2° lorsqu'il est parallèle à l'équateur céleste (Rép. : arcs de circonférences).

Dans ce dernier cas tracer les droites sur lesquelles se projette aux différentes heures de la journée l'ombre de la tige : on aura ainsi construit un cadran solaire équatorial.

14. — La latitude d'un lieu étant 50° trouver à midi la hauteur du Soleil au dessus de l'horizon les jours des solstices et des équinoxes (Agrégation de l'enseignement secondaire des jeunes filles).

15. — Une tige est placée parallèlement à l'axe du monde et à la distance *a* d'un plan parallèle à l'axe du monde et à la ligne Est-Ouest. Marquer aux différentes heures de la journée les droites qui portent l'ombre de la tige (cadran solaire polaire). Rép. : à l'heure H, on obtient une parallèle à l'axe du monde distante de a tg H de la droite correspondant à midi.

16. — Même problème en remplaçant le plan précédent par un demi-cylindre creux ayant la tige pour axe, ou une demi-sphère creuse ayant a tige pour diamètre ; le plan qui limite le demi-cylindre ou la demi-sphère est placé comme le plan de l'exercice précédent (cadrans cylindrique et hémisphérique). Rép. : les lieux de l'ombre sont des génératrices ou des demi-circonférences équidistantes.

17. — D'après le tableau (I) (page 63), déterminer en un lieu quelconque l'heure sidérale du passage au méridien de chacune des étoiles indiquées, les jours des solstices et des équinoxes.

Tableau III

DATES	As Droite. a midi moyen	Déclin. a midi moyen	Éq. du temps
1er Janvier.	18^h42^m	— 23° 6′	3^m10^s
1er Avril.	0^h42^m	4°30′	$4^m\ 0^s$
1er Juillet.	6^h40^m	23° 8′	3^m32^s
1er Octobre.	12^h29^m	— 3° 8′	— 10^m15^s

D'après le tableau (III), indiquer pour chacune de ces quatre dates : 1° L'heure (temps moyen local) à laquelle commence le jour sidéral ; 2° L'heure que marque la pendule astronomique lorsqu'il est midi vrai ; 3° Lorsqu'il est midi moyen ; 4° L'heure moyenne de midi vrai ; 5° Les heures (temps moyen local) du passage au méridien des étoiles du tableau (I) ; 6° L'heure (temps moyen local) marquée en chaque ville du tableau (II) (page 64), lorsqu'il est midi moyen à Paris.

18. — Dans quel fuseau horaire se trouve chaque ville du tableau (II).

19. — Calculer pour chaque ville du tableau (II) l'heure légale du lever et du coucher du Soleil aux quatre dates du tableau (III), et aux jours des solstices et des équinoxes, ainsi que la durée du crépuscule.

20. — Au lieu que l'on habite, y a-t-il des époques de l'année sans nuit complète ?

21. — La matinée est le temps qui s'écoule entre le lever du Soleil et le midi moyen légal ; la soirée entre ce midi et le coucher du Soleil. Avec les conventions qui fixent l'heure légale en France, montrer que l'on a

$$\Delta = \text{Soirée} - \text{Matinée} = 2E \pm 2L.$$

E représentant l'équation du temps au jour considéré et L la longitude du lieu par rapport à Paris.

Déterminer Δ pour le lieu habité, pour Brest ($L = 27'19''$ Ouest), Nancy ($L = 15'24''$ Est) et pour chacune des dates du tableau (III). En se reportant à la courbe de la page 104 déterminer le maximum de Δ.

22. — Soit C la durée du crépuscule démontrer les formules

$$\cos\left(\frac{N}{2} - C\right) = \text{tg } D \text{ tg } (\lambda + 18^\circ), \quad \cos\left(\frac{N}{2} - C\right) = \text{tg } D \text{ tg } (\lambda + 6^\circ)$$

suivant qu'il s'agit du crépuscule astronomique ou du crépuscule civil.

23. — Étant données la hauteur h d'une tour, la latitude λ du lieu, et la déclinaison D du Soleil, trouver la longueur de l'ombre à midi.

Rép. : $x = h \text{ tg } (\lambda - D)$. (Baccalauréat, Alger.)

24. — Une tige verticale de hauteur h, en un lieu de latitude λ, est exposée aux rayons solaires. Trouver les longueurs l et l' de l'ombre à midi vrai les jours des solstices d'hiver et d'été. On connaît ω, obliquité de l'écliptique.

Rép. : $l = h \text{ tg } (\lambda - \omega)$ $l' = h \text{ tg } (\lambda + \omega$ (Baccalauréat, Paris.)

CHAPITRE X

LA LUNE

97. Description physique. — La Lune est un astre opaque non lumineux par lui-même, de forme presque sphérique. Nous ne pouvons en voir à chaque instant que les parties éclairées par le Soleil. De là proviennent des différences d'aspect étudiées plus loin. Le rayon de la Lune est d'environ les $\frac{3}{11}$ du rayon terrestre, soit plus exactement 1741 kilomètres et sa masse $\frac{1}{80}$ de celle de la Terre. Au télescope dans des conditions favorables on y aperçoit de vastes étendues grises à peu près planes nommées *mers*, et des *chaînes de montagnes* de 2 000 mètres d'élévation en moyenne. On appelle à tort *cratères* de vastes cirques entourés d'une muraille élevée (Voir la planche V) dont le diamètre peut atteindre 250 kilomètres et la hauteur 8 200 mètres. On trouve aussi d'autres cratères plus petits, beaucoup plus rares et analogues aux cratères terrestres. On a pu dresser avec une grande précision la carte des régions visibles de la Lune et on a donné aux divers accidents du relief des noms empruntés souvent à la géographie terrestre ou aux astronomes célèbres, ex. : pics Newton, Pythagore, monts Altaï, montagnes Rocheuses, etc.

La Lune ne paraît avoir ni eau, ni atmosphère appréciables ; le nom de mers est donc purement conventionnel pour désigner les plaines lunaires.

Toutes proportions gardées, la Lune a une surface plus accidentée que la Terre, puisque sur la première, sensiblement plus petite, on rencontre des pics dont l'altitude est comparable à celle des pics terrestres les plus élevés.

98. Mouvemement sidéral. — Malgré les aspects différents de la Lune, son diamètre apparent qui varie entre 28′14″ et 33′50″ peut toujours être mesuré, parce que deux extrémités d'un même diamètre sont toujours visibles (voir n° 101). En opérant comme il a été dit pour le Soleil, (n° 70) on peut déterminer les deux coordonnées du centre de la Lune. Des observations régulièrement espacées, comme celles qui ont été faites pour le Soleil, permettront alors de tracer à travers les constellations, le mouvement propre du centre, de construire une orbite semblable et de déterminer la loi du mouvement par rapport à des axes de directions fixes menés par le centre de la Terre (fig. 79). D'ailleurs, la Lune, *satellite de la Terre,* tourne réellement autour d'elle.

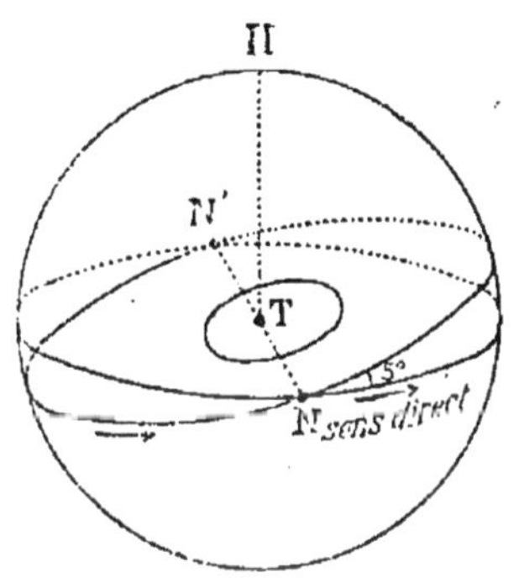

Fig. 79.

On ne peut vérifier que *très grossièrement* les lois suivantes :

1° La Lune décrit dans le sens direct une ellipse dont la Terre occupe l'un des foyers.

2° Les aires décrites par le rayon vecteur qui joint les centres des deux astres sont proportionnelles aux temps employés à les décrire.

L'ellipse ainsi décrite est moins voisine de la circonférence que l'orbite terrestre, puisque l'apogée et le périgée sont respectivement éloignés de la Terre de 55,45 et de 66,11 rayons terrestres équatoriaux, distances dont la moyenne est 60,27.

Cette trajectoire (1) est décrite en 27 jours 7 heures 43 minutes. C'est la durée de la **révolution sidérale.**

99. Inégalités du mouvement lunaire. — De plus, l'ellipse, par rapport à des axes de directions fixes menés par le centre de la Terre, change rapidement de forme et de position.

Soit T la Terre, au centre de la sphère céleste, nous prenons pour système de référence le plan de l'écliptique NN'γ (fig. 79).

Le plan de l'orbite lunaire coupe la sphère suivant un grand cercle sur lequel se fait pour nous la perspective du mouvement lunaire. Les deux grands cercles se coupent en N et N'. NN' est la *ligne des nœuds.* Quand la Lune traverse l'écliptique en N, elle passe de l'hémisphère austral à l'hémisphère boréal : N s'appelle le *nœud ascendant ;* N' le *nœud descendant :*

1° la droite NN' rétrograde sur l'écliptique, effectuant une révolution complète en 18 ans $\frac{2}{3}$;

2° l'inclinaison de l'orbite, c'est-à-dire la mesure du dièdre NN' varie entre 5° et 5°17' dans une période un peu inférieure à 6 mois ;

3° le grand axe de l'orbite tourne dans le plan de l'orbite dans le sens direct, effectuant une révolution complète dans une durée peu inférieure à 9 ans.

Toutes ces variations et quelques autres moins importantes, troublent assez le mouvement elliptique simple pour justifier ce qui est dit plus haut (98). Néanmoins on peut les soumettre au calcul et dresser à l'avance des tables du mouvement lunaire, utilisées par les astronomes pour prévoir les éclipses et les occultations d'étoiles et par les marins pour déterminer la longitude et la latitude.

100. Mouvement synodique. — Il y a un grand intérêt

1. La Lune est d'ailleurs entraînée dans la translation annuelle autour du Soleil. Son mouvement par rapport à des axes de directions fixes menés par le centre du Soleil est donc le mouvement résultant de ce mouvement d'entraînement et du mouvement relatif de la Lune par rapport à des axes de directions fixes menés par le centre de la Terre. La trajectoire est une courbe sinusoïdale, non plane, s'écartant peu de l'ellipse décrite par la Terre.

à étudier les positions relatives des trois astres T, S, L (Terre, Lune et Soleil). On dit que la Lune et le Soleil sont *en conjonction* lorsque leurs longitudes sont égales, *en opposition* lorsque leurs longitudes diffèrent de 180°. On appelle **révolution synodique** de la Lune le temps qui s'écoule entre deux conjonctions (ou deux oppositions) successives. Il existe une relation simple entre l'année sidérale A, la révolution sidérale t de la Lune et sa révolution synodique θ. Nous supposerons pour l'établir que les plans de l'orbite et de l'écliptique coïncident et que les rayons vecteurs Terre-Soleil et Terre-Lune tournent d'un mouvement uniforme (Nous simplifions ainsi la théorie sans modifier le résultat).

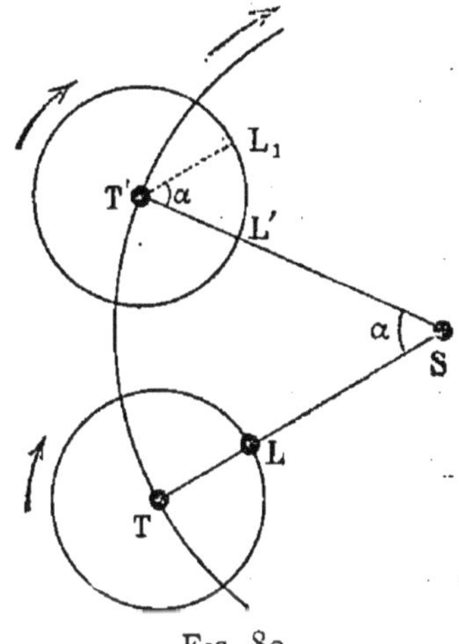

Fig. 80.

Soit une première conjonction SLT (fig. 80).

La deuxième conjonction a lieu en SL′T′, la Lune ayant décrit son orbite, entraînée dans la translation de la Terre. Si la Lune ne tournait pas autour de T, elle serait en L_1 lorsque la Terre serait en T′, $T'L_1$ étant parallèle à TL. En réalité elle a tourné de

$$360^\circ + \widehat{L_1T'L'} = 360^\circ + \alpha,$$

pendant que la Terre a tourné de $\widehat{TST'} = \alpha$.

On a dans l'hypothèse simple où nous nous sommes placés :

$$\frac{360^\circ + \alpha}{\theta} = \frac{360^\circ}{t}, \qquad \frac{\alpha}{\theta} = \frac{360^\circ}{A},$$

puisque les angles dont tourne chacun des astres sont proportionnels aux temps, d'où en retranchant membre à membre et en divisant par 360°

$$\frac{1}{\theta} = \frac{1}{t} - \frac{1}{A};$$

On obtient θ en prenant la moyenne de nombreuses observations et l'on en déduit t.

Cette révolution synodique appelée aussi *mois lunaire* ou *lunaison* vaut 29 jours 12 heures 44 minutes.

101. Phases de la Lune. — Soit la Lune L, prenons pour plan de la figure 81 le plan SLT ; le Soleil est dans la direction SL éclairant tout un hémisphère situé du côté de S par rapport au plan du grand cercle lunaire ii' perpendiculaire à SL et appelé *cercle d'illumination*.

Pour un observateur situé sur la Terre dans la direction LT, le *cercle de contour apparent* cc_1 est perpendiculaire à LT et passe sensiblement par le centre L. De T on ne peut voir un point de la Lune que s'il satisfait aux deux conditions suivantes : être éclairé et être dans l'hémisphère tourné vers la Terre. Il n'y a donc que les seuls points du fuseau Li_1c_1 qui soient visibles. L'aspect de la Lune sera la figure obtenue en projetant cette partie visible sur un plan vertical de projection perpendiculaire à celui de la figure. On obtient une surface toujours terminée par un demi-cercle $c'c'_1$, projection de cc_1 (*contour apparent* de la Lune) et une demi-ellipse $i'i'_1$, projection de ii_1 (*terminateur*). Deux extrémités d'un même diamètre $l'l'_1$, comme nous l'avions énoncé, sont toujours visibles.

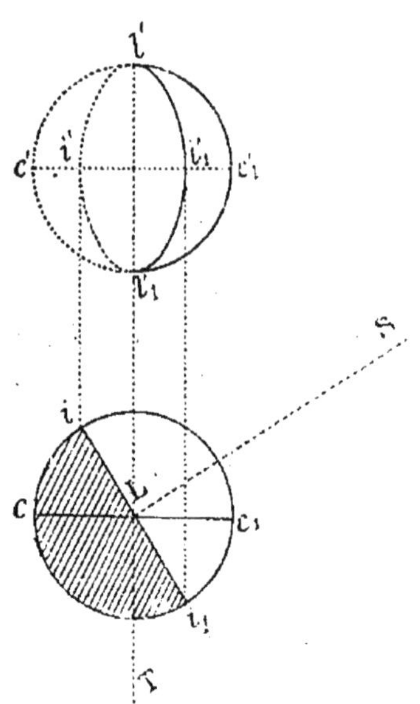

FIG. 81.

Tout aspect de la Lune se reproduira évidemment lorsque l'angle SLT reprendra la même valeur. **La période des phases est donc la révolution synodique et non la révolution sidérale.** Nous rendrons compte de tous les aspects possibles en faisant varier cet angle de 0 à 180° et en refaisant les constructions précédentes.

On rencontre les phases suivantes (fig. 82) :

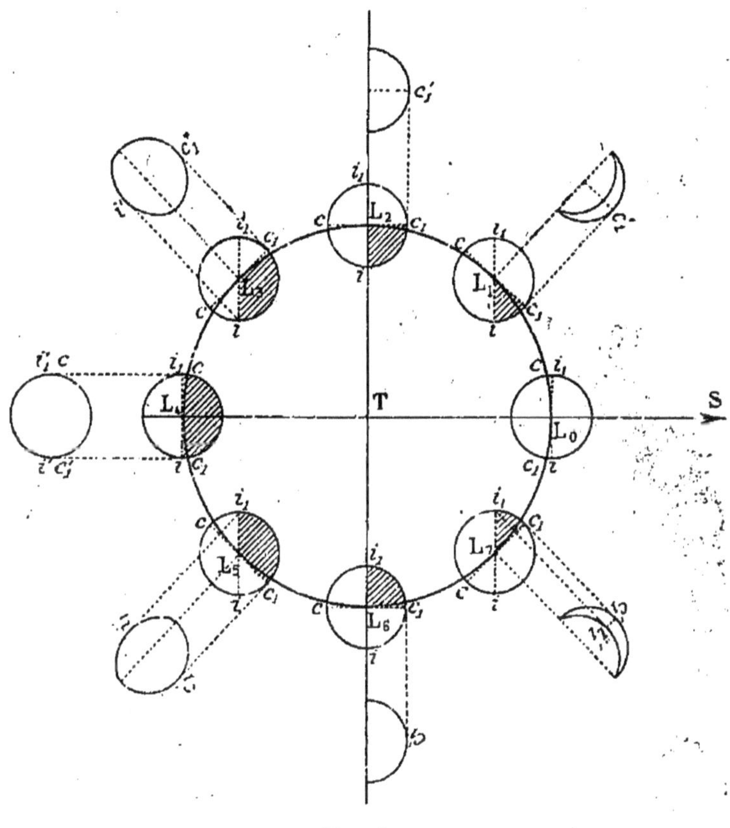

Fig. 82.

1° En L_0, instant de la *conjonction:* la Lune est complètement invisible ;

2° En L_1 et L_7, un croissant dont la convexité est vers le Soleil ;

3° En L_3 et L_5, une gibbosité dissymétrique ;

4° En L_2 et L_6, instants de *quadratures,* un demi-cercle ;

5° En L_4, *opposition,* un disque circulaire.

On appelle *nouvelle Lune* le temps qui s'écoule lorsque la Lune va de L_0 en L_2, *premier quartier* de L_2 à L_4, *pleine Lune* de L_4 à L_6, *dernier quartier* de L_6 à L_0. Ces quatre durées valent à peu près une semaine chacune, mais sont sensiblement inégales, car le mouvement de la Lune, comme on l'a déjà dit, est loin d'être uniforme, et les droites TS, TL ne décrivent pas le même plan.

102. Mouvement diurne. — Le mouvement diurne emporte la Lune et le Soleil, chaque jour, en sens inverse du

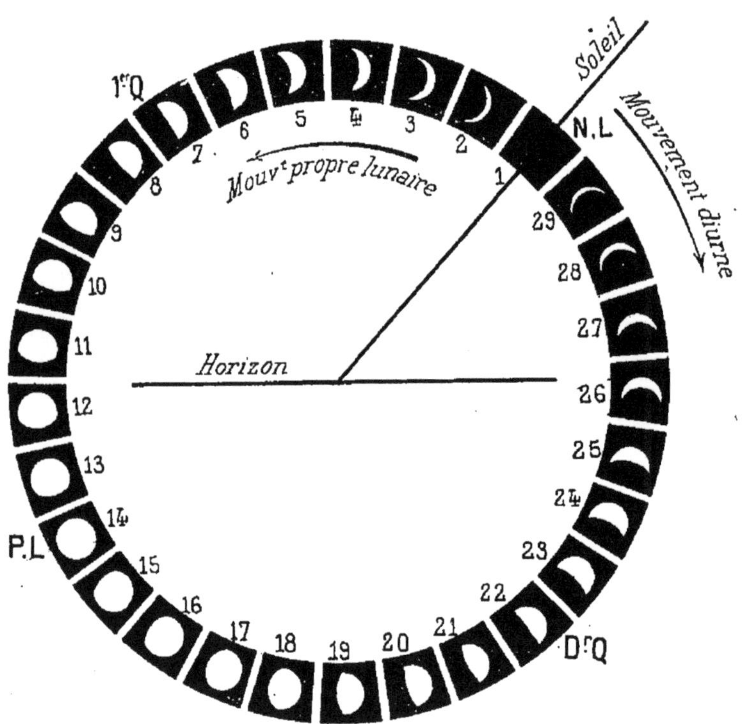

Fig. 83. — Différents aspects de la lune pendant une lunaison.

mouvement propre lunaire. Le temps qui s'écoule entre deux passages supérieurs de la Lune au méridien ou *jour lunaire* pour un observateur terrestre, surpasse le jour solaire de $\frac{3}{4}$ d'heure environ ; celle-ci se met donc tous les jours en retard sur le Soleil. Si on suppose alors TS entraînée dans ce mouvement et si HH′ est l'horizon du lieu, on fait, au simple examen de la figure 83, les constatations suivantes :

1° Le jour de la conjonction, la Lune, *d'ailleurs inobservable*, se lève ou se couche en même temps que le Soleil.

2° Pendant la nouvelle Lune, la Lune suit le Soleil, se couche ou se lève après lui ; elle brille le soir, tournant sa concavité vers l'Ouest.

3° Pendant le premier quartier la Lune se lève de plus en plus tard après le Soleil et lui est diamétralement opposée le jour de l'opposition. Par conséquent ce jour-là elle passe au méridien à minuit se levant quand le Soleil se couche et inversement.

On suit de même la marche des phénomènes pendant la deuxième partie du mois lunaire. La Lune brille alors le matin tournant sa concavité vers l'Est et rejoint le Soleil à la conjonction suivante.

103. Grandeur d'une phase. Lumière cendrée. — La grandeur d'une phase est le rapport $\frac{i'_1c'_1}{l'l'_1}$, $i'_1c'_1$ étant la corde perpendiculaire au diamètre visible et $l'l'_1$ un diamètre. Ce nombre varie donc de o à 1. Deux phases sont *complémentaires* lorsque la somme de leurs grandeurs est 1 ce qui arrive lorsque l'angle STL prend deux valeurs supplémentaires. Vue de la Lune, la Terre présenterait des phases déterminées de la même façon. Or au même instant STL, et SLT sont supplémentaires, les rayons solaires étant sensiblement parallèles. Donc lorsque la Lune est invisible pour nous, la Terre est visible de la Lune sous forme circulaire. Lorsque la Lune est un croissant très étroit, la Terre vue de la Lune est une gibbosité presque circulaire réfléchissant vers la Lune une lumière suffisante pour éclairer légèrement la partie de la Lune tournée vers la Terre et opposée au soleil. C'est ainsi que s'explique le phénomène de la *lumière cendrée*, visible quelques jours avant ou après la conjonction. A côté du mince croissant très lumineux on aperçoit très légèrement éclairé le reste du disque lunaire.

104. Calendriers lunaires. — Nous avons exposé plus haut des calendriers solaires.

L'observation de la Lune montre que celle-ci reprend le même aspect au bout de 29 jours,530 587, période qui est l'origine de la division en mois. Si l'on veut que la Lune présente le même aspect aux mêmes dates du mois, on est conduit, par une théorie analogue à celle de l'année civile, à une alternance de mois de 29 ou 30 jours, corrigée par certaines exceptions. Mais si l'on veut alors conserver à l'année moyenne une valeur voisine de l'année tropique, on doit lui attribuer tantôt 12 tantôt 13 mois. Tel est le *calendrier israélite* dans lequel 12 années *communes* (12 mois) et 7 années *embolismiques* (13 mois) réalisent une période de 19 ans appelée *cycle lunaire*, qui se reproduit ensuite, identique à elle-même Le calendrier chinois est analogue au précédent. Le cycle est $4 \times 19 = 76$ ans.

Le *calendrier musulman* est seulement lunaire. Chaque année comprend 12 mois de 29 ou 30 jours et par conséquent se met en avance sur la précédente, par rapport au Soleil, de 10 ou 11 jours.

Fête de Pâques. — Dans le calendrier grégorien la *fête de Pâques* est placée le premier dimanche après la pleine Lune qui suit le 21 mars, *ou* arrive exactement ce jour-là. Il est alors facile de calculer les dates extrêmes. Pâques est le plus avancé possible si la pleine Lune a lieu le 21 mars, ce jour étant un samedi : la date est alors le 22 mars. Pâques est le plus retardé si la pleine Lune arrive 29 jours après le 21 mars, c'est-à-dire le 19 avril et si ce jour est un lundi : la date est alors le 25 avril. Il faut toutefois remarquer que les calculs sont faits, non d'après la Lune vraie, mais d'après une Lune moyenne qui s'en écarte parfois notablement.

105. Rotation de la Lune. — La Lune tourne sur elle-même autour d'un axe qui fait avec le plan de son orbite un angle variable mais très voisin de 83°.

La durée de la rotation est exactement celle de la révolution sidérale.

Si on néglige les inégalités du mouvement angulaire et si l'on admet 90° (au lieu de 83°) pour l'inclinaison de l'axe sur l'orbite il en résulte que **la Lune tourne toujours le même hémisphère vers la Terre.** Nous ne connaissons donc que la moitié de sa surface.

En effet, en nous plaçant dans les hypothèses indiquées, prenons pour plan de la figure 84 le plan de l'orbite lunaire. L'axede la Lune est projeté au point L. On ne peut apercevoir de la Terre que l'hémisphère lunaire placé en avant de cc', celui dont le point central m a la Terre au zénith (cet hémisphère n'est d'ailleurs vu en entier que lors de l'opposition). A une autre époque la Lune est en L_1. Par rapport à une direction fixe $x'x$, L a tourné de l'angle LTL_1. Mais autour de son axe et dans le même sens la Lune a tourné par rapport à x'_1x_1 parallèle à $x'x$ du même angle. m est donc maintenant en m_1 sur TL_1. C'est le même lieu de la Lune qui a la Terre à son zénith. C'est donc le même hémisphère qui est resté visible.

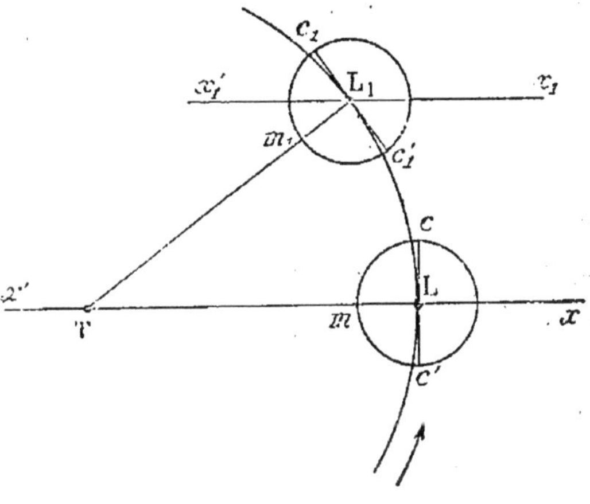

Fig. 84.

Librations. — En réalité nous connaissons un peu plus que la moitié de la surface pour les causes suivantes :

1° Le mouvement de rotation autour de l'axe est rigoureusement uniforme, le mouvement angulaire du rayon vecteur ne l'est pas. Il en résulte que dans le même temps m autour de L, et L autour de T ne tournent pas toujours d'angles rigoureusement égaux (fig. 85). C'est un lieu q voisin de m qui, quelques jours après, aura la Terre à son zénith ; le contour apparent devient dd'. Un fuseau cLd apparaît, un fuseau $c'L$ $C'Ld'$ disparaît. La Lune paraît se balancer autour d'un axe perpendiculaire au plan de l'orbite ;

2° L'axe de rotation n'est pas exactement perpendiculaire au plan de l'orbite et par suite le point m passe tantôt au-dessus, tantôt au-dessous du plan de l'orbite, s'écartant légèrement du lieu qui voit la Terre au zénith et qui est toujours l'intersection de TL avec la surface lunaire : la Lune paraît se balancer autour d'un axe situé dans le plan de l'orbite et perpendiculaire à LT.

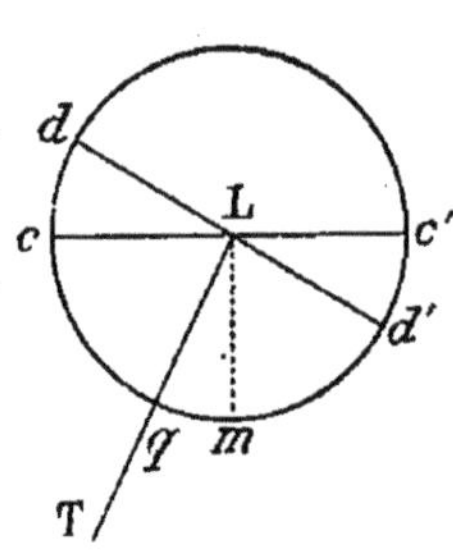

Fig. 85.

Si on considère sur la Lune des méridiens passant par la ligne de ses deux pôles et des parallèles dans des plans perpendiculaires on comprendra que le premier balancement décrit s'appelle *libration en longitude* (son maximum est environ 7°54'), et le deuxième *libration en latitude* (elle atteint 6°50'45").

Il en résulte qu'on connaît $\frac{59}{100}$ de la surface lunaire.

Exercices.

23. *Hauteur des montagnes de la Lune.* — 1° Soit h la hauteur d'une montagne AB, voisine du centre du disque, φ l'angle SLT, et α le très petit angle sous lequel de la terre T, on voit l'ombre AB'. Connaissant la distance TL de la Lune à la Terre calculer h :

$$(\text{Rép.}: h = \alpha . \overline{TL} . \operatorname{Cotg} \varphi).$$

2° Soit lorsque SLT est droit, le point brillant B qui est le sommet éclairé d'une montagne dont la base est dans l'ombre. Soit α le très petit angle BTL calculer h.

24. A l'instant exact de la dichotomie (la lune paraît un demi-cercle) on mesure l'angle LTS. En déduire $\frac{ST}{TL}$ (très ancienne détermination d'Aristarque de Samos).

25. Étudier pour la Lune l'inégalité des jours et des nuits.

CHAPITRE XI

ÉCLIPSES

§ I. — Éclipses de Lune.

I. — **106. Définitions.** — En arrière de la Terre, opaque, éclairée par le Soleil, l'espace est divisé en plusieurs régions (fig. 86) : 1. Cône d'ombre ; 2. Pénombre ; 3. Région éclairée, La Lune comme nous allons le voir peut pénétrer dans les régions (1) et (2).

On dit qu'il y a éclipse par la pénombre lorsque la Lune pénètre dans la région (2). Ces éclipses sont peu importantes et ne nous occuperont pas.

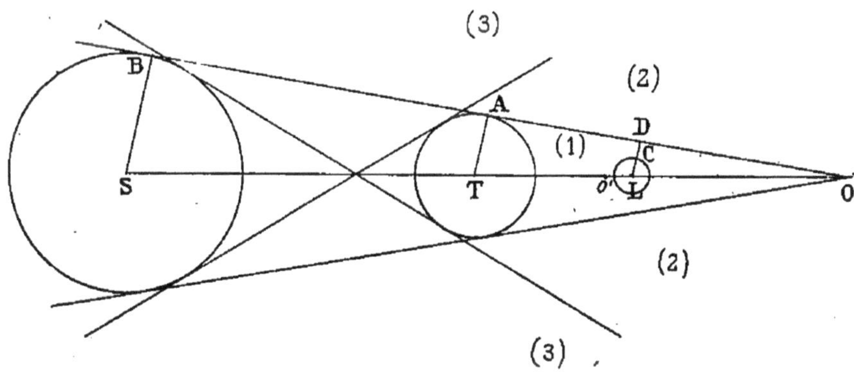

Fig. 86.

On dit qu'il y a éclipse partielle si une partie de la Lune pénètre à l'intérieur du cône d'ombre ;

Éclipse totale si la Lune entière pénètre à l'intérieur du cône d'ombre.

Longueur du cône d'ombre. — Le plan de la figure contenant la ligne des centres S, T, on a sensiblement :

$$x = \text{OT}. \quad \text{TA} = \text{R}. \quad \text{SB} = 109\text{R}. \quad \text{ST} = 23\,400\text{R}.$$

Or :

$$\frac{\text{OT}}{\text{TA}} = \frac{\text{OS}}{\text{SB}} = \frac{\text{TS}}{\text{SB} - \text{TA}} \qquad \frac{x}{\text{R}} = \frac{23\,400\text{R}}{109\text{R} - \text{R}}$$

$$x = \frac{23\,400}{108}\text{R} = 216\text{R}.$$

Or la distance LT de la Lune à la Terre varie entre 55 et 66R. Il en résulte donc que si les 3 astres sont en conjonction L est sur l'axe du cône. La Lune sera tout entière dans l'ombre si $\text{LC} < \text{LD}$. On a $\text{LC} = \frac{3}{11}\text{R}$. Calculons LD :

$$\frac{\text{LD}}{\text{OL}} = \frac{\text{TA}}{\text{OT}} \qquad \frac{\text{LD}}{216\text{R} - \text{LT}} = \frac{1}{216} \qquad \text{LD} = \text{R} - \frac{\text{LT}}{216\text{R}}$$

en donnant à LT les valeurs indiquées on trouve au moins $\text{LD} = \frac{7}{10}\text{R}$, valeur supérieure à $\frac{3}{11}\text{R}$.

Il peut donc y avoir une éclipse totale.

Il devrait même y en avoir une à chaque conjonction si les trois centres pouvaient être en ligne droite. Mais à cause de l'inclinaison du plan de l'orbite sur celui de l'écliptique, l'angle LTO (latitude de la Lune), au lieu d'être nul, peut atteindre $5°17'$ et la Lune se trouve reportée en L′ au lieu de L (éclipse partielle au lieu d'éclipse totale) (fig. 87), ou même en L″ (pas d'éclipse du tout). Enfin, pour une même valeur de sa latitude la Lune peut être plus ou moins rapprochée de la Terre, par exemple entre L'_1, et L'_2 ou L''_1 et L''_2 (fig. 87) ce qui doit encore entrer en ligne de compte pour les prévisions d'éclipse.

Une éclipse de Lune se produit lorsque les mouvements de la Terre et de la Lune amènent la Lune dans la pénombre : il se produit une diminution d'éclat, — puis dans l'ombre : le bord occidental est toujours échancré le premier. A un instant quelconque de l'éclipse la forme visible est donnée en projetant du point de vue T sur la sphère céleste le disque lunaire éclairé et le cercle obscur d'intersection du cône d'ombre par un plan perpendiculaire à l'axe mené à la distance LT. On voit qu'on obtient un *terminateur circulaire* (fig. 88).

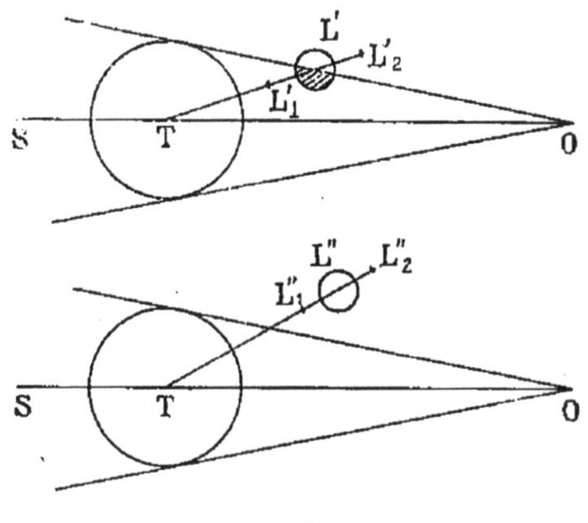

Fig. 87.

L'aspect de la Lune éclipsée est donc différent du croissant ou de la gibbosité habituellement montrés par les phases.

Fig. 88.

Une éclipse de Lune visible d'un lieu donné se produit toujours lorsque ce lieu est dans la nuit et est visible de tout un hémisphère terrestre au même instant. En outre pendant toute la durée de l'éclipse, il y a sur la Terre des lieux pour lesquels la Lune se lève ou se couche : l'hémisphère tourné vers la Lune ne comprend pas exactement les mêmes lieux. Une même éclipse est par suite visible pour plus de la moitié de la Terre, mais non partout pendant toute sa durée.

107. Influence de l'atmosphère terrestre. — Ce qui précède suppose la propagation rectiligne de la lumière pour les rayons rasant la surface terrestre. Nous avons déjà décrit la réfraction atmosphérique, en vertu de laquelle les rayons seront déviés vers la droite TO. Le sommet du cône d'ombre est reporté très en avant vers O'.

De plus, les différentes couleurs dont se compose la lumière solaire sont inégalement absorbées par l'atmosphère terrestre. La lumière rouge, de beaucoup la moins absorbée, contribuera presque seule à éclairer la Lune qui, par suite, pendant l'éclipse totale, prend une lueur rougeâtre caractéristique.

108. Graphique d'une éclipse de Lune. — Soient I et K les points où les droites ST, TL rencontrent la sphère céleste (fig. 89).

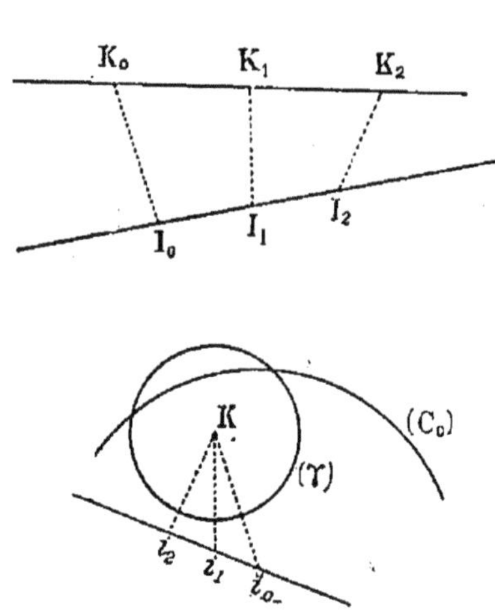

Fig. 89.

Pendant la durée de l'éclipse K décrit un arc du grand cercle situé dans le plan de l'orbite lunaire, I un arc du grand cercle écliptique. La durée est assez faible pour qu'on puisse remplacer la sphère par un plan tangent sur lesquels I et K décrivent deux droites voisines. On convient de représenter 1″ d'arc sur la sphère par 1^{cm} par exemple et l'on construit aux mêmes instants. t_0, t_1, t_2 ..... les positions correspondantes I_0 et K_0, I_1 et K_1 ..... On peut d'ailleurs supposer que K est fixe. La trajectoire relative de I par rapport à lui est alors une droite facile à construire. K est le centre du disque lunaire représenté à l'échelle indiquée ; le point mobile i est le centre du cercle d'ombre mentionné plus haut, et dont le rayon en centimètres est égal au nombre de secondes contenu dans l'angle LTD. Si on a gradué la trajectoire c'est-à-dire indiqué les heures correspondant aux positions du mobile on pourra : vérifier qu'il y a éclipse si certaines positions du cercle (C) rencontrent le cercle K ;

prévoir le commencement et la fin de l'éclipse en menant deux circonférences (C) tangentes à la circonférence K ; prévoir la phase maximum en prenant le centre de (C) sur la perpendiculaire à la trajectoire menée par K.

Le graphique précédent correspond exactement au centre de la Terre, et assez exactement à tous les points qui voient l'éclipse.

§ II. — Éclipses du Soleil.

II. — **109. Définitions.** — En arrière de la Lune, opaque, éclairée par le Soleil, nous distinguerons les régions suivantes (fig. 90) :

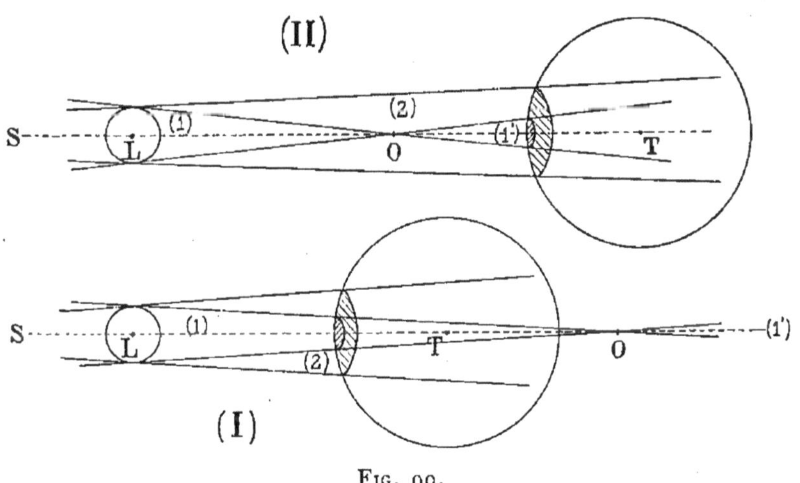

Fig. 90.

(1) Cône d'ombre ; le Soleil est complètement caché à tout observateur situé dans cette région.

(1') Cône d'ombre prolongé ; le disque obscur de la Lune se projette tout entier sur le disque éclairé du Soleil (fig. 91).

(2) Pénombre ; le disque obscur et le disque éclairé sont sécants (fig. 87).

Il y a une éclipse de Soleil chaque fois qu'une partie de la Terre pénètre dans les régions (1), (1') et (2). Mais ici il est né-

cessaire de donner des définitions relatives à chaque lieu, la même éclipse de soleil pouvant être très différente suivant la position de l'observateur.

FIG. 91.

On dit qu'il y a éclipse partielle de Soleil pour un lieu de la Terre, lorsque ce lieu pénètre dans le cône de pénombre ;

Eclipse annulaire si ce lieu pénètre dans le cône d'ombre prolongé ;

Éclipse totale si ce lieu pénètre dans le cône d'ombre.

Longueur du cône d'ombre. — Le calcul est identique à celui qui a été fait à propos des éclipses de lune en remplaçant R par $\frac{3}{11}$ R, et 23400R par (23400R — LT). Le résultat est le suivant : la longueur du cône d'ombre varie à peu près entre 52R et 60R. *Il pourra donc arriver que ce cône rencontre la Terre.* L'intersection du cône par la sphère terrestre étant voisine du sommet délimite une certaine aire qui a au plus une quarantaine de kilomètres de largeur ; la section du cône de pénombre est naturellement beaucoup plus large, *mais la Terre entière n'est jamais contenue à l'intérieur de la pénombre.*

Dans le cas de la figure 90 (I) on voit en même temps des points pour lesquels il y a éclipse partielle, des points pour lesquels il y a éclipse totale.

La figure 90 (II) montre en même temps une éclipse partielle et une éclipse annulaire.

Une éclipse de Soleil se produirait à chaque opposition si les trois centres pouvaient être en ligne droite. Mais il en est ici comme pour les éclipses de Lune : il faut que l'angle LTS, latitude de la Lune, soit suffisamment voisin de 180° et que la Lune soit assez rapprochée de la Terre.

Une éclipse de Soleil se produit pour un lieu donné lorsque les **mouvements de la Lune et de la** Terre *combinés avec le mouve-*

ment de rotation de la Terre amènent ce lieu d'abord dans la pénombre : l'éclipse est partielle. Ce lieu peut ensuite pénétrer ou non dans l'ombre ou l'ombre prolongée. Mais toute éclipse commence toujours par être partielle et finit de même. Dans une éclipse partielle il y a deux contacts à noter.

Si l'éclipse annulaire a lieu, le disque lunaire qui s'est avancé sur le disque éclairé s'y projette tout entier pendant quelques instants et paraît le traverser de l'Ouest vers l'Est. Il y a quatre contacts à noter.

L'éclipse totale est de beaucoup la plus intéressante. Pendant la totalité *qui dure au plus 8 minutes*, la nuit est suffisante pour qu'on puisse apercevoir les étoiles et les planètes. On voit nettement la couronne solaire débordant souvent fort loin en tous sens autour d'un disque circulaire obscur (planche II). Ces éclipses sont exceptionnellement favorables pour les études de physique solaire et elles furent longtemps les seuls instants pendant lesquels étaient possibles certaines observations spectroscopiques. Aussi malgré leur courte durée sont-elles toujours observées avec le plus grand soin, de stations nombreuses, même si cela doit être au prix d'une coûteuse expédition.

Les contacts, lors des éclipses, sont toujours très nets et le disque de la Lune reste parfaitement délimité, ce qui ne se produirait pas si celle-ci était entourée d'une atmosphère appréciable.

Carte d'une éclipse de Soleil. — Une construction analogue à celle indiquée pour la Lune ne donnerait ici que des indications illusoires ; tout au plus pourrait-elle servir pour dire si une éclipse doit avoir lieu. Les astronomes, en tenant compte des différents mouvements, calculent d'abord sur la Terre la trajectoire du point d'intersection de la surface avec la ligne LS, et la largeur de la bande d'intersection. On obtient ainsi une bande étroite et longue à l'intérieur de laquelle les lieux verront l'éclipse totale ou annulaire, si elle doit avoir lieu. Celle-ci sépare en deux parties une région beaucoup plus large où l'éclipse ne sera que partielle. On complète la carte en traçant les courbes joignant les points pour lesquels l'éclipse a lieu au lever ou au coucher du Soleil ou à la même heure. La figure ci-dessus donnera une idée du graphique. Il peut d'ailleurs affecter des formes assez différentes de celle que nous donnons si l'un des pôles terrestres est compris dans la zone éclipsée.

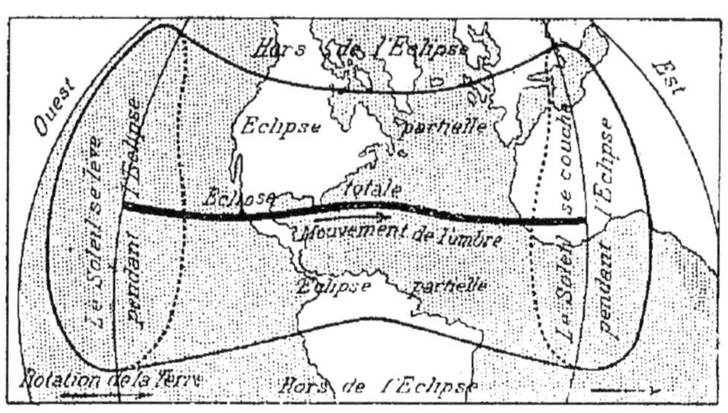

Fig. 92. — Carte d'une éclipse de soleil.

110. Retour des éclipses. — Une éclipse de Lune ou de Soleil se produit certainement, on l'a déjà vu, si au moment de la conjonction ou de l'opposition l'intersection du plan de l'écliptique et de l'orbite lunaire (ligne des nœuds NN') coïncide avec la droite STL. Une éclipse se reproduira certainement quand la même disposition se trouvera réalisée. Dans l'intervalle, d'autres éclipses se seront d'ailleurs produites lorsque les droites NN', ST, TL sans coïncider auront été très voisines. En somme la possibilité des éclipses dépend des positions relatives de ces trois droites. Si nous pouvons trouver une période au bout de laquelle reviennent les mêmes positions relatives, nous aurons démontré la périodicité des phénomènes.

Or la révolution synodique θ de la Lune 29 jours 7 heures 43 minutes est le temps au bout duquel STL se retrouvent en ligne droite d'un même côté de T. Connaissant la révolution sidérale de L, 27 jours 7 heures 43 minutes et la révolution sidérale de NN' 18 ans $\frac{2}{3}$, on en déduira par un calcul analogue à celui qui est déjà fait pour la détermination de θ, la durée θ' qu'on appelle *révolution synodique du nœud* et au bout de laquelle N et L se retrouvent en ligne droite d'un même côté de T. Cette durée est 346 jours. Le plus petit multiple commun des durées θ et θ' est évidemment la plus petite durée au bout de laquelle

T, S, L, N supposés primitivement en ligne droite d'un même côté de T, se retrouveront dans la même disposition. Cette période qui est de 18 ans 11 jours était connue des anciens sous le nom de *Saros* et leur permettait de prédire avec certitude les seules éclipses de Lune. Il faut remarquer en effet que la détermination précédente prévoit le retour d'une éclipse *dans l'espace* et non sa visibilité *pour un lieu déterminé*. Nous avons expliqué comment l'éclipse de Lune était visible au même instant pour tout un hémisphère, mais l'éclipse de Soleil présente une plus grande complication et n'arrive, surtout en totalité, que pour une portion restreinte de la surface terrestre. Aussi les anciens furent-ils incapables en général de prédire les éclipses totales de Soleil si l'on excepte celle de l'an 585 (av. J.-C.), prédite par Thalès de Milet.

Dans le *Saros* il y a 41 éclipses de Soleil et 29 de Lune. Bien que ces dernières soient les moins fréquentes dans l'espace, elles sont les plus nombreuses dans un lieu déterminé. Il y a au plus 8 éclipses par an et au moins 2. Dans ce dernier cas ce sont alors des éclipses de Soleil.

Exercices.

26. Les centres S, L, T sont en ligne droite, le rayon terrestre est pris pour unité, celui du Soleil est mesuré par 108,27 ; celui de la Lune par 0,27 ; la distance LT par 58 ; la distance LS par 23 000 — 1° Calculer la longueur Lo du cône d'ombre de la Lune. — 2° Trouver une formule exprimant en fonction des nombres donnés quelle est la fraction de la surface terrestre à l'intérieur du cône d'ombre. — 3° Calculer cette fraction. (Baccalauréat, Clermont.)

27. On considère trois sphères, extérieures deux à deux, de centres A, B, C ; de rayons a, b, c ; $a>b$. Les centres sont en ligne droite B et C du même côté de A ; on a : $AB=h$, $AC=l$, $l>h$. La sphère A est lumineuse. — 1° Dire à quelles conditions la sphère C sera tout entière dans l'ombre projetée par B. — 2° Déterminer la portion de l'aire de B qui est dans l'ombre. — 3° En supposant C partiellement dans l'ombre et en considérant un grand cercle de cette sphère situé dans un plan passant par ABC, déterminer la longueur de l'arc de ce grand cercle qui est dans l'ombre. — 4° Effectuer les calculs du 3° en posant : $a=100$, $b=c=1$, $h=23\,400$, $l=23\,500$. (Baccalauréat, Grenoble.)

CHAPITRE XII

SYSTÈME SOLAIRE

§ I. — Planètes.

111. Caractères généraux. Lois de Képler. — Les planètes sont dans le système solaire les astres analogues à la Terre. Elles sont opaques et sensiblement sphériques, présentant dans les lunettes un diamètre apparent sensible, proportionnel au grossissement. Le disque de quelques planètes présente des phases semblables à celles de la Lune.

Les planètes visibles à l'œil nu paraissent des points lumineux, mais, ce qui les distingue des étoiles, leur lumière est fixe et ne scintille pas.

Certaines planètes ont un ou plusieurs satellites.

L'étude des mouvements apparents donne lieu à des apparences compliquées à travers lesquelles, par de patientes études, Képler (1) a découvert les lois suivantes :

1° Chaque planète décrit dans le sens direct une ellipse dont le Soleil occupe un des foyers ;

2° Les aires décrites par le rayon vecteur qui joint le centre de la planète à celui du Soleil sont pour chaque orbite proportionnelles aux temps employés à les décrire ;

3° Les carrés des durées des révolutions sidérales sont proportionnels aux cubes des grands axes des orbites.

(1) Kepler (1571-1630) reconnut le premier la nature des orbites planétaires en utilisant les nombreuses observations de Mars laissées par Tycho-Brahé.

CONSÉQUENCE. — **Les planètes ont une vitesse linéaire d'autant plus grande qu'elles sont plus rapprochées du Soleil.**

On a en effet (3e loi de Képler) pour deux planètes

$$\frac{a^3}{T^2} = \frac{a'^3}{T'^2}$$

a et a' désignant les grands axes, T et T′ les durées des révolutions.

ω et ω' désignant les vitesses angulaires supposées constantes et v, v' les vitesses linéaires, on a très sensiblement

$$v = a\omega \qquad v' = a'\omega'$$

et :

$$\omega = \frac{2\pi}{T}, \qquad \omega' = \frac{2\pi}{T'}$$

d'où :

$$T = \frac{2\pi a}{v} \qquad T' = \frac{2\pi a'}{v'}.$$

et enfin :

$$av^2 = a'v'^2$$

ou :

$$\frac{v'}{v} = \sqrt{\frac{a}{a'}}.$$

Ajoutons que, pour les planètes principales tout au moins, les plans des orbites sont très peu inclinés sur celui de l'écliptique et que chaque ellipse doit être considérée comme ayant de lentes variations analogues à celles que nous a présentées l'orbite de la Terre.

Toutes les planètes tournent autour d'axes qui sont loin d'être parallèles les uns aux autres. Mais la direction de chacun des axes ne varie que très lentement par suite de mouvements de précession et de nutation.

Le satellite unique d'une planète obéit, la planète étant le foyer de l'ellipse, aux deux premières lois de Képler.

	DISTANCE AU SOLEIL Terre = 1	RÉVOLUTION SIDÉRALE en années de 365,25	ROTATION *en jours moyens*	DIAMÈTRES Terre = 1	MASSES Terre = 1	NOMBRE DE SATELLITES connus
Soleil.			25 j. 4 h.	109,3	333432	
Mercure. . . .	0,387	88 jours	88 j. (?)	0,38	0,06	0
Vénus.. . . .	0,723	225 jours	225 j. (?)	0,99	0,79	0
Terre.	1	1 an	23^h56^m	1	1	1
Eros.	1,46	1 an + 278 jours		très petit	très faible	0
Mars.	1,523	1 an + 322 jours	1 jour + 37^m	0,53	0,11	2
Petites planètes. .	entre 1,94 et 4,26	entre 2 ans + 260 jours et 9 ans		très petits	très faibles	0
Jupiter. . . .	5,203	11 ans + 315 jours	$9^h + 55^m$	11,14	309,81	8
Saturne. . . .	9,534	29 ans + 167 jours	$10^h + 14^m$	9,36	91,92	10 et des anneaux
Uranus. . . .	19,183	84 ans + 7 jours	?	4,26	13,52	4
Neptune. . . .	30,055	164 ans + 280 jours	?	3,82	16,47	1

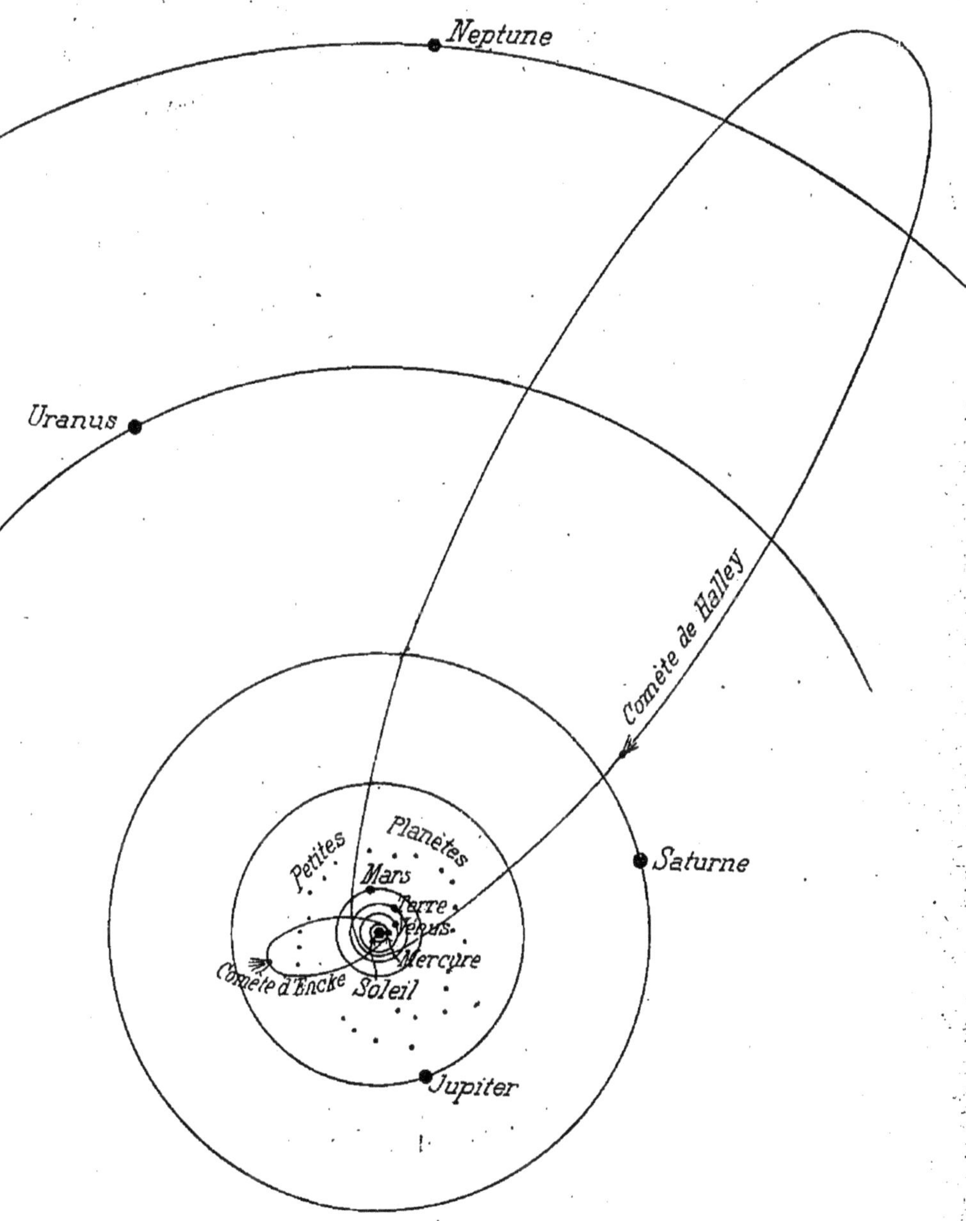

FIG. 93. — Plan du système solaire.

Les satellites plus ou moins nombreux de certaines planètes forment un système obéissant aux trois lois de Képler, la planète étant au foyer des ellipses, mais les mouvements ne sont pas nécessairement dans le même sens.

112. Règle de Bode. — Quand les seules planètes connues étaient Mercure, Vénus, la Terre, Mars, Jupiter et Saturne, l'astronome Bode fit la remarque suivante :

Écrire la suite 0, 3, 6, 12, 24, 48, 96, dans laquelle chaque nombre est à partir du troisième le double du précédent. Ajouter 4 à chacun de ces nombres et diviser les résultats par 10 : on obtient 0,4 — 0,7 — 1 — 1,6 — 2,8 — 5,2 — 10 ; le rayon de l'orbite terrestre étant pris pour unité, ces nombres, exception faite pour 2,8, donnent avec assez d'approximation les distances moyennes des planètes au Soleil.

Bode en avait conclu à la distance 2,8 la présence d'une planète encore inconnue ; on sait aujourd'hui qu'entre Mars et Jupiter il s'en trouve un très grand nombre. Uranus découverte longtemps après correspondrait suivant la même loi à 19,6, nombre assez exact, mais Neptune à 38,8, valeur notablement trop forte.

Bien qu'on ait cherché à la justifier par des raisons théoriques il ne faut voir dans cette règle qu'un moyen facile de retenir quelques nombres et non une loi mathématique comme celles de Képler.

113. Le tableau ci-dessus donne les éléments principaux des planètes, énumérées dans l'ordre de leurs distances moyennes au Soleil. Nous allons ajouter, pour chaque planète, de brèves indications.

114. Mercure. — La plus petite des planètes principales, connue des anciens, mais très difficile à apercevoir à l'œil nu, car elle ne peut briller que peu de temps, vers le Soleil levant ou couchant. Son orbite est la plus excentrique des orbites planétaires. La rotation de Mercure sur lui-même est mal détermi-

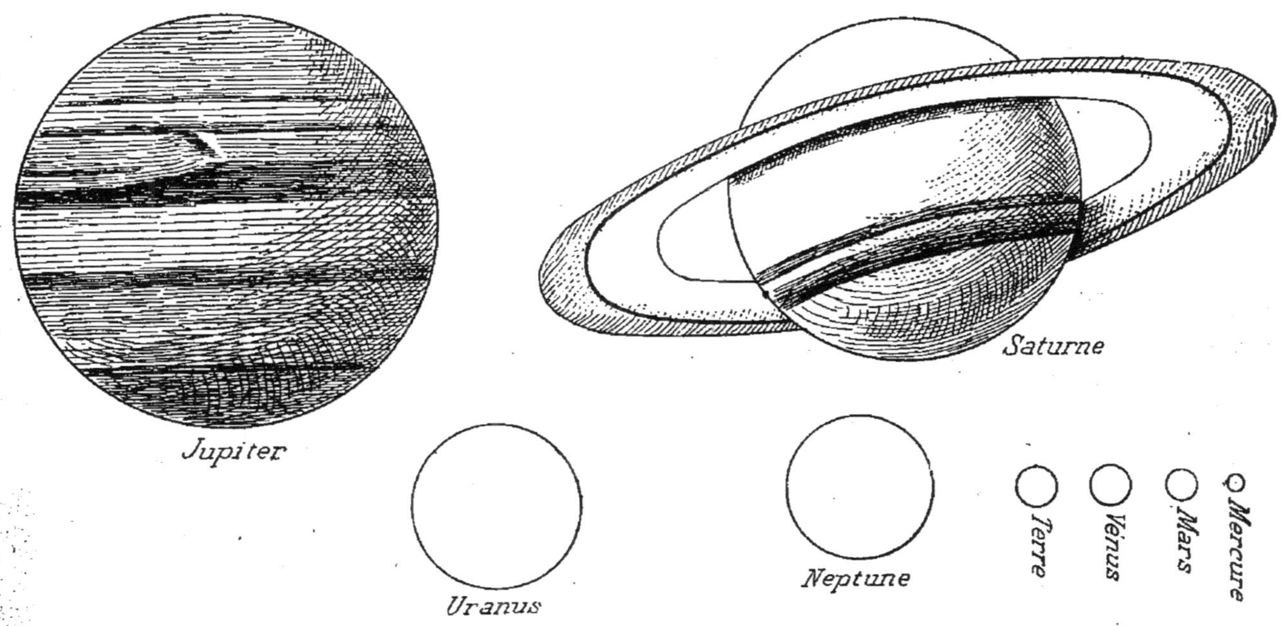

Fig. 94. — Grosseurs comparées des planètes principales.

née, il semble cependant que sa durée est celle de la révolution sidérale. *Mercure tournerait donc toujours vers le Soleil le même hémisphère.* Ses phases vues de la Terre sont très sensibles.

Vénus. — Elle est très brillante à l'œil nu, plus même que Sirius, tantôt le matin, tantôt le soir (étoile du berger). Dans les télescopes elle paraît entourée d'une atmosphère très dense. Phases encore plus sensibles que celles de Mercure. Durée de rotation peut être égale à celle de la révolution sidérale.

Terre. — Comme le montre le tableau ci-dessus, la Terre est plus grosse que Mercure, Vénus, Mars, inférieure aux autres planètes principales. Elle est, par sa grosseur, la cinquième planète du système.

Éros. — Très petite planète découverte en 1904. Son voisinage de la Terre la rend précieuse pour la détermination de la parallaxe solaire (Voir paragraphe 123).

Mars. — Planète comparable à la Terre, mais sensiblement plus petite, entourée d'une atmosphère peu dense contenant de la vapeur d'eau. On a pu dresser des cartes précises de la planète Mars. On aperçoit au télescope la surface de la planète comme sillonnée de traits rectilignes, très longs, de largeur variable, parfois dédoublés (?), qu'on appelle *canaux* et dont l'origine est inconnue. Aux deux pôles de Mars sont visibles des calottes blanches, glaciaires, plus ou moins étendues suivant les saisons. La planète a un éclat nettement rouge qui, à l'œil nu, la fait facilement distinguer des autres planètes. Elle peut briller autant qu'une étoile de première grandeur et présente des phases. Mars possède deux satellites très petits.

Petites planètes. — On connaît environ 650 petites planètes qui circulent entre Mars et Jupiter. Elles sont toutes très petites et invisibles à l'œil nu.

La première fut découverte il y a un siècle ; un grand nombre d'autres l'ont été très récemment par l'observation directe ou la photographie.

Jupiter. — De beaucoup la plus grosse planète du système. Elle tourne très rapidement sur elle-même dans le sens direct autour d'un axe presque perpendiculaire au plan de son orbite. Au télescope sa surface présente entre autres détails des bande parallèles à l'équateur et une tache rouge. Ces détails visibles forment peut-être une espèce d'anneau de nuages détaché de la planète. A l'œil nu Jupiter est très brillant, au moins comme une étoile de première grandeur.

Quatre gros satellites découverts par Galilée (1) et visibles avec une très bonne lorgnette, et quatre beaucoup plus petits récemment découverts (dont trois par la photographie) accompagnent Jupiter. Les éclipses des quatre gros satellites ou leur disparition sur le disque de la planète se reproduisent régulièrement, chaque nuit présentant plusieurs de ces phénomènes. Ils peuvent servir de signaux astronomiques pour la mesure des longitudes et ont été utilisés par Rœmer pour calculer la vitesse de la lumière. Le satellite le plus éloigné (et peut-être le précédent) tourne dans le sens rétrograde, les autres dans le sens direct.

Saturne. — Presque aussi gros que Jupiter ; sa surface vue au télescope présente un aspect assez analogue, mais Saturne brille beaucoup moins pour l'œil nu. Ce qu'il y a surtout à signaler, c'est *l'existence d'anneaux concentriques à la planète,* très plats, transparents et tournant autour d'elle sans aucun contact. Ce fait unique dans le système solaire fut découvert par Huyghens (2). *Les anneaux présentent des phases,* car ils

(1) Galilée (1564-1642) enseigna les mathématiques à Pise. Inventa la lunette qui porte son nom avec laquelle il fit de nombreuses découvertes (satellites de Jupiter, phases des planètes, etc...). Il essaya vainement de prouver par une expérience directe la rotation de la Terre, fit beaucoup pour propager l'idée du double mouvement de la Terre et fut obligé par le tribunal de l'Inquisition de rétracter cette opinion comme contraire aux Écritures.

(2) Huyghens (1629-1695), physicien et mathématicien, fit faire à la

sont vus de la Terre sous un cône très variable. A leur maximum d'ouverture on voit très nettement un espace noir entre eux et la planète. Tous les huit ans la Terre est dans le plan des anneaux qui cessent alors d'être visibles.

Saturne est entouré de 10 satellites dont quelques-uns très gros. Les deux derniers découverts l'ont été par la photographie et le plus éloigné de la planète a un mouvement rétrograde.

Uranus. — Trop éloignée pour qu'on connaisse beaucoup de détails, invisible à l'œil nu, découverte en 1781 ; il faut remarquer que *la planète tourne autour d'un axe presque couché sur le plan de l'orbite,* contrairement à ce qui arrive pour la Terre et les autres planètes énumérées jusqu'ici. Ses quatre satellites se meuvent dans des plans presque perpendiculaires à celui de l'orbite.

Neptune. — La planète la plus éloignée du Soleil n'est visible que dans des instruments puissants. Elle tourne autour du Soleil dans le sens direct et sur elle-même dans le sens rétrograde. Elle est la seule planète dans ce cas. Son satellite tourne autour d'elle dans le sens rétrograde.

Neptune a été découverte *par le calcul* comme cela est expliqué plus loin (paragraphe 133).

§ II. Mouvement apparent des planètes.

115. Révolution sidérale et révolution synodique. — La révolution **sidérale** d'une planète est le temps pendant lequel le rayon vecteur joignant la planète au Soleil décrit 360°.

La révolution **synodique** est le temps qui s'écoule entre deux conjonctions (1) ou oppositions successives.

mécanique de grands progrès et construisit les premières horloges à pendule. Il reconnut la nature des anneaux de Saturne que Galilée avait entrevus et pris pour de gros satellites.

(1) La définition des oppositions et conjonctions est la même que pour

La théorie du mouvement synodique a déjà été expliquée pour la Lune. Nous la reprendrons rapidement en supposant les orbites circulaires, leurs plans confondus et les mouvements angulaires uniformes, ce qui est, pour les planètes principales, assez près de la réalité. Nous distinguerons deux cas :

1° *Les planètes inférieures sont celles dont le rayon de l'orbite est inférieur au rayon de l'orbite terrestre, c'est-à-dire Mercure et Vénus.*

Soit t la révolution sidérale, θ la révolution synodique, a l'année sidérale exprimée en jours moyens. La planète P circule plus vite que la Terre T et décrit dans un jour $\frac{360°}{t}$; la Terre décrivant $\frac{360°}{a}$ l'angle TSP augmente donc en un jour de $\frac{360°}{t} - \frac{360°}{a}$ et comme il doit augmenter par jour de $\frac{360°}{\theta}$ on a :

$$\frac{1}{\theta} = \frac{1}{t} - \frac{1}{a}.$$

2° *Les planètes supérieures sont celles dont le rayon de l'orbite est supérieur au rayon de l'orbite terrestre, c'est-à-dire Mars et toutes les planètes au delà de Mars.*

On aura évidemment :

$$\frac{1}{\theta} = \frac{1}{a} - \frac{1}{t}$$

L'observation fait connaître θ, d'où l'on déduit t.

116. Mouvement apparent des planètes. — En conservant les simplifications précédentes nous allons déduire des faits connus le mouvement apparent de la planète Mercure, prise pour exemple :

la Lune. Cependant pour Mercure et Vénus on peut avoir la disposition S, P, T (conjonction inférieure) ou P, S, T (conjonction supérieure). La définition précédente suppose évidemment dans ce cas 2 conjonctions de même espèce.

Un observateur en T, si Mercure est en M, le projette en m, sur le grand cercle de l'écliptique qui nous sert ici de système de référence (fig. 95). La vitesse angulaire de la Terre est de 59′ par jour, celle de Mercure de 245′. Donc l'angle TSM varie dans un jour de 3°6′ et t jours après la date à laquelle les trois positions de T, S et M étaient alignées : on a

$$TSM = \varphi = 3°6' \times t.$$

Posons $\frac{ST}{SM} = K$. On a dans le cas actuel $K = \frac{5}{2}$ environ. Si v désigne la vitesse de la Terre *sur son orbite* et V celle de Mercure nous savons que l'on a : $\frac{V}{v} = \sqrt{K}$ (voir n° 111).

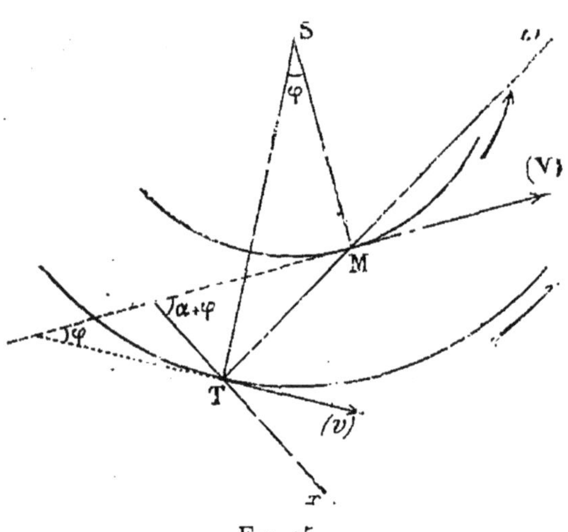

Fig. 95.

L'angle des 2 vitesses v, V est égal à φ et si l'on désigne par α l'angle MTS, Tx perpendiculaire à TM fait l'angle α avec v et l'angle $\alpha + \varphi$ avec V. Donc la différence géométrique (V) — (v) c'est-à-dire la *vitesse relative de Mercure* (pour un observateur placé au centre de la Terre et ne tournant pas autour de l'axe de la Terre) est un vecteur dont la projection sur Tx a pour mesure algébrique :

$$u = V \cos(\alpha + \varphi) - v \cos \alpha = v \left[\sqrt{K} \cos(\alpha + \varphi) - \cos \alpha\right].$$

Cette quantité peut s'annuler et changer de signe ; on a en effet :

$$\frac{SM}{\sin \alpha} = \frac{ST}{\sin(\alpha + \varphi)}$$

ou :

$$\sin(\alpha + \varphi) - K \sin \alpha = 0.$$

d'où :

$$\frac{\sin \alpha}{\sin \varphi} = \frac{\cos \alpha}{K - \cos \varphi}.$$

Or pour avoir $u > 0$ on doit avoir, après avoir développé :

$$\left(\sqrt{K}\cos\varphi - 1\right)\cos\alpha - \sqrt{K}\sin\alpha\sin\varphi > 0.$$

En se bornant au cas où l'on aurait $0 < \varphi < 180^\circ$ on peut remplacer $\sin\alpha$ et $\cos\alpha$ par les quantités *positives* qui leur sont proportionnelles :

$$\left(\sqrt{K}\cos\varphi - 1\right)(K - \cos\varphi) - \sqrt{K}\sin^2\varphi > 0,$$

ou enfin :

$$\cos\varphi > \frac{K + \sqrt{K}}{K\sqrt{K} + 1}$$

dans le cas de Mercure $K = \frac{5}{2}$ et on doit avoir

$$\cos\varphi > \frac{7\sqrt{10} + 10}{39} = 0{,}824$$

on vérifiera à l'aide d'une table que la condition trouvée équivaut à $\varphi < 34^\circ$, d'où : $t < 11$ jours.

Si d'autre part on remarque que pour deux valeurs telles que φ et $360^\circ - \varphi$, u ne change pas, on aura étudié toutes les circonstances du mouvement que résume le tableau suivant :

Circonstances du mouvement.

t	φ	
0	0	$u > 0$ Instant initial. *Conjonction inférieure.*
. . . .	. .	$u > 0$ M se meut vers la droite de TM : *rétrogradation* de m.
11e jour	34°	$u = 0$ *Station.*
. . . .	. .	$u < 0$ M se meut vers la gauche de TM : *mouvement direct* de m.
58e jour	180°	$u < 0$ *Conjonction supérieure.*
. . . .	. .	$u < 0$ M se meut vers la gauche de TM : *mouvement direct* de m.
105e jour	326°	$u = 0$ *Station.*
. . . .	. .	$u > 0$ M se meut vers la droite de TM : *rétrogradation* de m.
116e jour	360°	$u > 0$ Conjonction inférieure (une révolution synodique est achevée).

Le mouvement apparent comprend donc une alternance de rétrogradations (22 jours) et de marches directes (94 jours); ces dernières ont donc une durée sensiblement plus longue.

On peut construire à chaque instant par rapport à T, la trajectoire du mouvement relatif, comme on l'a fait pour le Soleil, en menant des vecteurs ayant tous pour origine T' et équipollents à T_0P_0, T_1P_1, etc..... La forme de cette courbe (fig. 96) met facilement en évidence les résultats précédents.

Fig. 96.

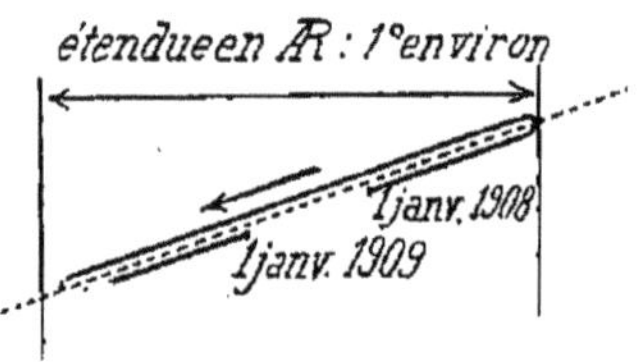

Fig. 97. — Une année du mouvement apparent d'Uranus.

Telles sont les apparences très simplifiées, mais :

1° Les mouvements angulaires ne sont pas uniformes, donc les stations et rétrogradations ne se reproduisent pas à des intervalles réguliers, mais presque réguliers;

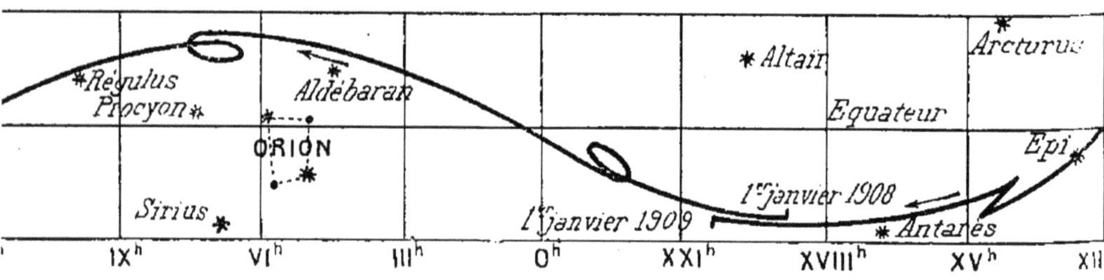

Fig. 98. — Une année du mouvement apparent de Mercure.

2° La planète n'est pas toujours dans le plan de l'écliptique; sa perspective se fera près du grand cercle de l'écliptique tantôt un peu au-dessus, tantôt un peu au-dessous.

On peut, en utilisant le tableau de la page 144, reprendre les calculs pour toute autre planète inférieure ou supérieure. Les résultats numériques sont notablement changés, mais non l'allure générale (fig. 97 et 98).

117. Élongations des planètes inférieures. — Pour une planète inférieure P l'angle STP ne dépasse pas la valeur absolue de STx ou STx' (fig. 99); donc, sur la sphère céleste, la distance angulaire de la planète et du Soleil peut atteindre mais non dépasser une valeur qui est 23° pour Mercure, 41° pour Vénus. On comprend la difficulté d'apercevoir Mercure qui peut se coucher au plus tard 1 heure et demie après le Soleil, ou se lever au plus tôt 1 heure et demie avant lui. L'élongation de Vénus est beaucoup plus grande mais cependant très inférieure à 90°; la planète vers minuit n'est donc jamais au-dessus de l'horizon. Si on aperçoit dans le ciel vers le milieu de la nuit une planète très brillante ce n'est jamais Vénus, c'est sûrement Jupiter ou Mars, car pour une planète supérieure, l'angle STP peut prendre toute valeur de 0 à 180°.

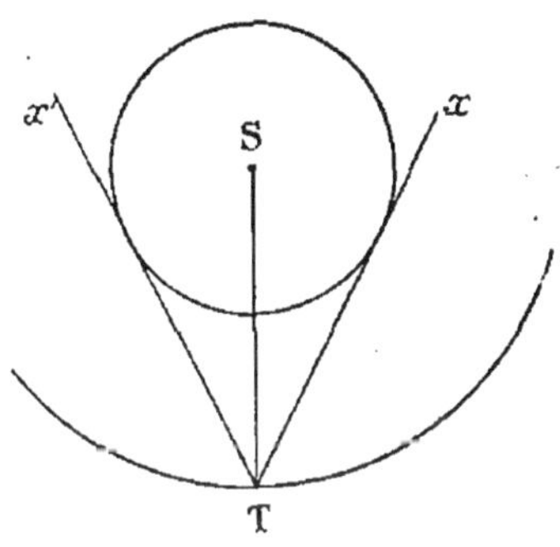

Fig. 99.

118. Phases. — Les phases d'une planète P sont déterminées par les variations de l'angle TPS. Cet angle varie entre 0 et 180° pour les planètes inférieures dont les phases reproduisent toute la série étudiée à propos de la Lune. Mais les phases voisines de la plénitude pour lesquelles la planète est de l'autre côté du Soleil sont inobservables.

Pour les planètes supérieures TPS varie entre 0 et l'angle α qui a pour sinus $\frac{ST}{SP}$. La valeur de α diminue rapidement quand on considère les planètes plus éloignées que Mars, seule planète supérieure dont les phases soient faciles à observer ; l'aspect est le disque circulaire où la gibbosité dissymétrique toujours beaucoup plus grande que le demi-cercle.

§ III. — Comètes. Étoiles filantes.

119. Comètes. — Très différente d'une planète, une comète est formée de matière très raréfiée, qui apparaît quelquefois étalée en éventail, ou prolongée en traînée *dans une direction opposée au Soleil* (planche II). Généralement la comète présente une *tête ou noyau plus brillante*. Les comètes peuvent occuper une étendue considérable et la *queue cométaire* s'étale alors la nuit sur un arc très grand de la sphère céleste. Mais beaucoup plus nombreuses sont les comètes qu'on distingue à peine à l'œil nu comme une tache blanchâtre ou même que l'on ne peut apercevoir qu'à l'aide des instruments.

Le noyau cométaire présente un spectre continu, très faible, avec quelques bandes brillantes dans la partie visible. Quelques-unes coïncident avec les raies de certains hydrocarbures décelant ainsi l'existence du carbone. Exceptionnellement on a constaté dans une comète (1881) la raie du sodium.

Une comète diffère aussi d'une planète par la nature de sa trajectoire qui est très rarement une branche d'hyperbole, le plus souvent une parabole, assez souvent une ellipse très allongée qu'elle décrit en vérifiant la 2e loi de Képler.

Dans ce dernier cas seulement, la comète est *périodique* et peut être retrouvée dans le ciel aux époques de son retour vers le voisinage du Soleil ; les autres comètes sont visibles seulement pendant quelques jours ou quelques mois puis disparaissent à jamais. Il est cependant possible que certaines orbites réputées paraboliques ne soient que des ellipses exagérément allongées ; la comète reviendrait dans ce cas après plusieurs siècles.

Les plans des orbites cométaires font avec l'écliptique des angles quelconques et on en compte à peu près autant de rétrogrades que de directes. Les mouvements subissent souvent des perturbations considérables pouvant modifier la nature de l'orbite et augmenter ou diminuer de plusieurs mois la période.

On connaît un grand nombre de comètes périodiques parmi lesquelles nous citerons la comète d'Encke (la plus petite période connue 3 ans 4 mois environ) et la comète de Halley (1) (période 76 ans), qui est la première dont on ait prédit les retours successifs.

Les comètes paraissent être des astres étrangers au système solaire. Elles y pénètrent accidentellement, les unes ne faisant que le traverser, les autres étant retenues dans le système, captées par l'influence du Soleil ou de Jupiter.

120. Bolides et étoiles filantes. — Dans le système solaire circulent encore des corps très petits, formés en majeure partie de fer, et de poids très variables (depuis quelques grammes jusqu'à plusieurs tonnes). Si l'un de ces corps traverse l'atmosphère terrestre, la vitesse considérable dont il est animé se trouve diminuée par la résistance de l'air ; le corps s'échauffe jusqu'à devenir incandescent et l'on voit dans la nuit une traînée lumineuse très brillante. Si le corps se volatilise complètement sans tomber sur la Terre, ou ne fait que traverser notre atmosphère, on a aperçu une *étoile filante*.

Si le corps tombe quelque part, on a été témoin d'une *chute de bolide ou d'aérolithe*. Certains bolides éclatent parfois dans l'air avant de tomber, en produisant un bruit considérable.

Les étoiles filantes circulent par *essaims* autour du Soleil comme foyer, suivant des trajectoires elliptiques allongées. On peut en voir un très grand nombre dans une même nuit. Si on représente alors sur la sphère céleste les grands cercles, dont on

(1) Halley (1656-1742). Ses plus importantes découvertes sont les mouvements propres des étoiles, et la périodicité des comètes : le premier il a songé à identifier les comètes aperçues en 1531, 1607, 1682 et prédit le retour du même astre pour 1758.

a aperçu un arc sous forme de traînée lumineuse, ils convergent à très peu près vers un même point qu'on appelle le *radiant*. Aux mêmes dates de l'année on retrouve sensiblement le même point radiant.

Il est facile de l'expliquer si on remarque que les étoiles filantes d'une même nuit ou des nuits de même date circulent suivant un essaim sur des trajectoires très voisines et par conséquent possèdent des vitesses parallèles. Or nous ne pouvons apercevoir la traînée brillante que comme intersection de la sphère céleste avec le plan qui passe par l'œil de l'observateur et contient le vecteur qui représente la vitesse de l'étoile. Tous ces plans sont sensiblement parallèles à une direction fixe, non par rapport aux objets terrestres, mais par rapport à la sphère céleste. Cette direction perce la sphère en deux points ; l'un, d'où les étoiles paraissent lancées est le *radiant*, le point diamétralement opposé est l'*anti-radiant*.

La détermination des radiants permet de déterminer assez exactement la trajectoire de l'essaim ; l'intensité de la pluie d'étoile donne une idée de la richesse de l'essaim. Une même trajectoire peut être rencontrée deux fois dans une année et il se produit deux pluies d'étoiles. On prédit assez exactement ces phénomènes.

Citons l'*averse des Perséides* : la Terre vers le 10 août rencontre le gros de l'essaim, le radiant est dans la constellation de Persée.

Vers le 18 novembre, *averse des Biélides* : le radiant est dans la constellation d'Andromède. Ces dernières étoiles filantes sont remarquables car leur trajectoire est celle de la comète de Biéla, connue comme périodique, puis dédoublée, et enfin disparue, mais probablement résolue en une multitude d'étoiles filantes qui continuent à se mouvoir dans le voisinage de l'orbite cométaire primitive.

121. Lumière zodiacale. — On désigne ainsi une lueur blanchâtre peu brillante, très rarement et très difficilement visible dans nos régions, plus souvent et plus aisément aperçue dans les régions tropicales pendant les premières ou les dernières heures de la nuit. Les époques les plus favorables sont celles où l'écliptique fait, au coucher ou au lever du soleil, le plus grand angle possible avec l'horizon (mars à mai, septembre à décembre). On attribue la lumière zodiacale à une dernière enveloppe solaire, très légère, s'étendant presque jusqu'à l'orbite terrestre et ayant la forme d'un ellipsoïde de révolution très aplati, dont le plan équatorial serait confondu avec celui de l'écliptique. Son contour, dépourvu de netteté, présente l'aspect de la figure (100). Les étoiles restent visibles à travers la lumière zodiacale.

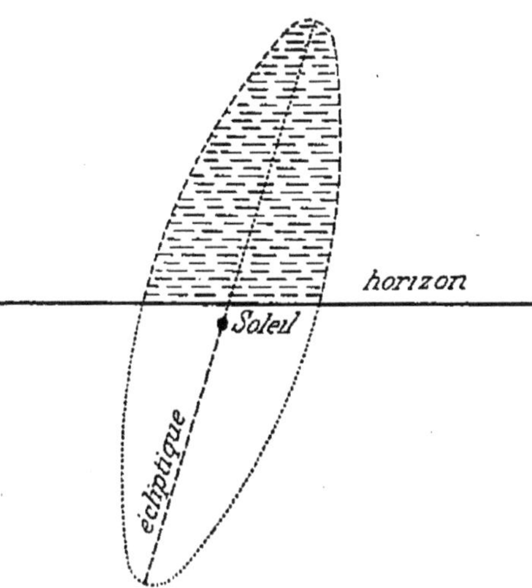

Fig. 100.

CHAPITRE XIII

CALCUL DES DISTANCES ENTRE LES ASTRES

122. Distance de la Terre à la Lune. — La méthode employée est au fond celle indiquée en géométrie pour la mesure de la distance à un point inaccessible, celui-ci étant le centre de la Lune, la base choisie étant voisine d'un diamètre terrestre.

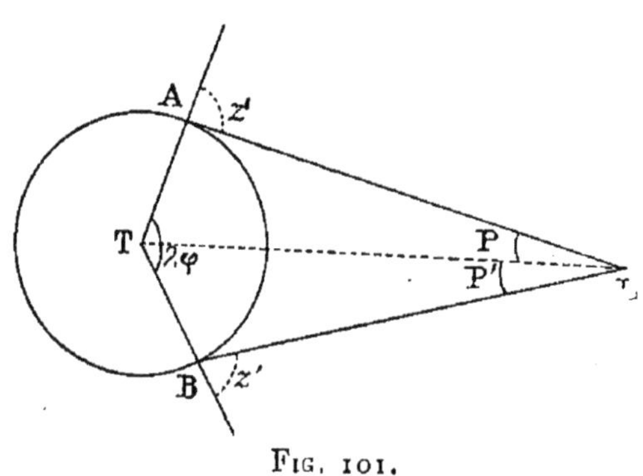

Fig. 101.

Deux observateurs, l'un en A, l'autre en B (fig. 101), aux deux extrémités d'une corde AB voisine d'un diamètre, observent *simultanément* la Lune et mesurent les deux distances zénithales Z et Z' (nous supposerons que les conditions de l'expérience ont été à l'avance déterminées telles que T, A, B, L soient dans un même plan contenant un méridien terrestre AB). L'angle $\widehat{ATB} = 2\varphi$ est alors égal à la *différence algébrique* des latitudes et connu avec une grande précision. On en déduit :

$$\frac{TL}{\sin Z} = \frac{TA}{\sin P} \qquad \frac{TL}{\sin Z'} = \frac{TB}{\sin P'}$$

$$Z + Z' = 2\varphi + P + P'$$

$$TL = \frac{R(\sin Z + \sin Z')}{P + P'}$$

En supposant TA = TB = R et en remplaçant sin P, sin P' par les angles, on a : 3 équations à 3 inconnues, d'où il est facile de tirer P, P', LT.

(Pratiquement les observations n'étant jamais simultanées, ni les points AB sur un même méridien, les détails du calcul sont tout autres et ne sauraient être expliqués ici.)

Les résultats fournis par cette méthode, contrôlés par d'autres très différentes ont déjà été indiqués plus haut :

La valeur moyenne de TL est 60,27 rayons terrestres équatoriaux, soit : 384 446 kilomètres.

Cette méthode, appliquée à la Lune, pour laquelle l'angle ALB est voisin de un degré donne une précision suffisante mais, appliquée au Soleil, pour lequel ASB n'est que de quelques secondes, elle donnerait une précision insuffisante.

123. Distance de la Terre au Soleil déduite de la distance de la Terre à une autre planète. — Si la méthode est inapplicable au Soleil trop éloigné, il n'en est pas de même si l'on considère les planètes Vénus, Mercure et certaines petites planètes parmi lesquelles Eros *au moment d'une conjonction* $\left(\text{celle-ci passe en effet à } \frac{1}{6} \text{ de ST}\right)$. Les différentes déterminations se contrôleront mutuellement. Soient donc S le Soleil, T la Terre, P une des planètes mentionnées, on aura si l'on connaît TP d'après la méthode précédente :

$$\frac{\overline{ST}^3}{t^2} = \frac{(ST \pm TP)^3}{t'^2}$$

d'après la 3e loi de Képler. C'est une équation du 3e degré par rapport à l'inconnue ST. Il n'y a aucune difficulté pratique à la résoudre, mais le calcul est étranger à l'objet de ce livre. On a déjà donné plus haut pour distance moyenne du Soleil à la Terre, 23 439 rayons terrestres équatoriaux ou 149 501 000 kilomètres.

Autres méthodes. — On peut appliquer à la Lune et au Soleil les calculs de mécanique céleste déduits de la théorie des perturbations où TL (ou SL) figurent comme inconnues.

On a aussi utilisé les passages (1) de Mercure et Vénus sur le disque solaire, où le retard des éclipses des satellites de Jupiter, et la mesure de l'aberration de la lumière.

Distance des planètes au Soleil. — On les obtiendra par une simple application de la 3e loi de Képler. $\frac{a^3}{t^2} = \frac{a'^3}{t'^2} = \cdots\cdots$ le rapport relatif à la terre est complètement connu, dans chacun des autres on connaît le dénominateur :

$$a' = a\sqrt[3]{\frac{t'^2}{t^2}}, \qquad a'' = a\sqrt[3]{\frac{t''^2}{t^2}}, \qquad \text{etc.....}$$

Dimensions des astres du système solaire. — Connaissant la distance d'un astre à la Terre et le demi-diamètre apparent la formule du paragraphe 73 : $R = d \operatorname{tg} \frac{\delta}{2}$ fait connaître le rayon de l'astre supposé sphérique.

124. Parallaxe de la Lune, du Soleil et des planètes. Observations corrigées. — Une observation de l'un de ces astres faite d'un point A devra souvent être ramenée à ce qu'elle serait réellement si elle était faite du point T. On voit que la correction à faire subir à l'angle Z est précisément l'angle désigné plus haut par P. Cet angle s'appelle *parallaxe de hauteur*.

Il dépend évidemment de TA, Z, TL. Ces éléments étant sup-

(1) Pendant le passage, Mercure ou Vénus se projette comme un point noir traversant le Soleil de l'est vers l'ouest.

L'inclinaison des plans de leurs orbites sur le plan de l'écliptique empêche le passage de se produire à chaque conjonction inférieure. Ils n'ont lieu qu'après de longs intervalles et leur durée fait connaître la parallaxe solaire.

posés connus, on saura corriger toute observation de l'influence due à la position excentrique de l'observateur. On est conduit à attribuer une importance toute spéciale à la *parallaxe horizontale moyenne*. C'est la valeur que prend P lorsque TL possède sa valeur moyenne $a = \left(\frac{1}{2} \text{ grand axe de l'orbite}\right)$, TA est un rayon équatorial R, et enfin l'astre est à l'horizon Z = 90°. On a alors :

$$a = \frac{R}{\sin p} \quad \text{ou} \quad a = \frac{R}{p}$$

or :

$$LT = \frac{TA \sin Z}{P}$$

on en tire donc :

$$P = p \times \frac{TA}{R} \times \frac{a}{LT} \times \sin Z$$

ou sensiblement $P = p \sin Z$

pour la lune $p = 57'2''$

pour le soleil $p = 8'',8.$

125. Distance du système solaire aux étoiles. — Ce qui a été dit pour le Soleil suffit à montrer l'impossibilité d'évaluer la distance qui nous sépare des étoiles, en utilisant une base terrestre. On choisit alors un diamètre de l'orbite terrestre (fig. 102).

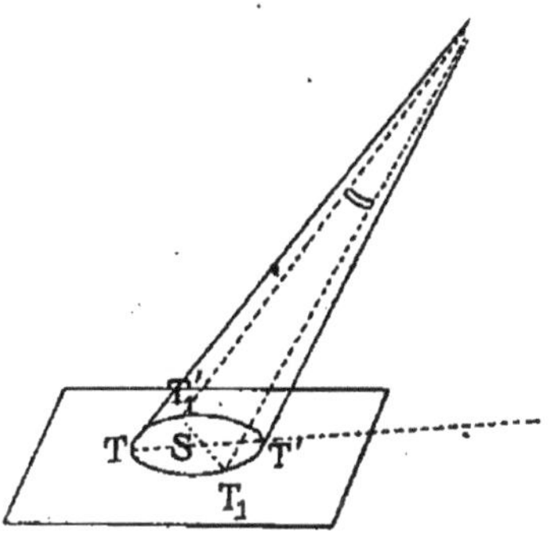

Fig. 102.

Soit une étoile en E observée à 6 mois d'intervalle lorsque la Terre est en T et T', la droite TT' passant par S et étant la projection de SE sur le plan de l'écliptique. Des observations faites pourront être déduits les angles NTE, N'T'E que font les droites TE, T'E respectivement avec les deux normales TN, TN′ au plan de l'écliptique. Si les distances TE, T′E sont pratiquement infinies la différence de ces deux angles sera de l'ordre des erreurs d'observation et on ne pourra rien en conclure sinon que TE et T′E sont très près d'être parallèles.

Si la différence est appréciable, on connaîtra dans le triangle TET′ la base TT′ et les angles adjacents d'où l'on déduira sans peine SE.

On appelle *parallaxe annuelle* de l'étoile E l'angle sous lequel on verrait, étant placé sur l'étoile, le demi-grand axe ST_1 de l'orbite terrestre placé perpendiculairement à SE. Cet angle se confond sensiblement avec $\frac{T_1ET'_1}{2}$ si nous confondons $T_1T'_1$ avec le grand axe; dans tous les cas il pourra en être déduit.

On connaît une quarantaine d'étoiles pour lesquelles la parallaxe supérieure à 0″,10 a une valeur certaine. La plus grande parallaxe 0″,75 est celle de α du Centaure correspondant à 4 années $\frac{1}{3}$ de lumière. Celle de l'étoile polaire ne serait que 0″,07, correspondant à 46 années 1/2 de lumière.

La plupart des étoiles sont à des distances trop grandes pour pouvoir être évaluées avec quelque certitude.

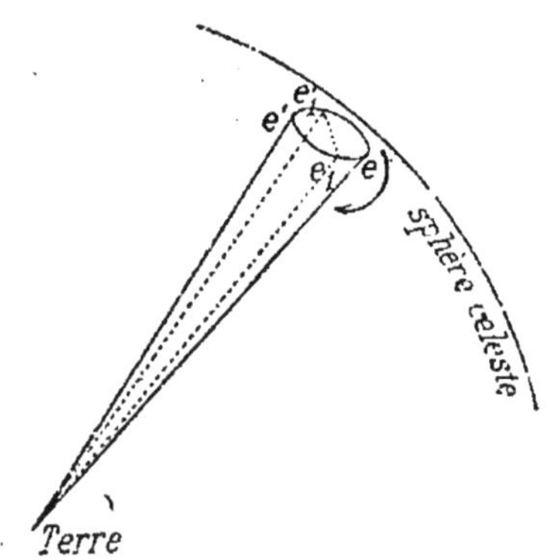

Fig. 103.

Effets de la parallaxe stellaire. — Si l'étoile, vue du Soleil est dans la direction SE, et vue de la Terre dans la direction TE, sur une sphère céleste de centre S ou de centre T l'étoile n'aura pas exactement la même position (fig. 102). De plus (en ne parlant pas ici des autres causes réelles ou apparentes qui peuvent la modifier), cette position sera fixe sur la sphère de centre S, variable sur celle de centre T. En effet, par rapport à 3 axes de directions fixes passant par T, TE dans l'espace d'un an décrit un cône oblique dont les génératrices sont respectivement parallèles à celles du cône qui a pour sommet E et pour base l'orbite terrestre. Ce cône coupe la sphère céleste (fig. 103) suivant une très petite ellipse dont le demi-grand axe vu de T, sous-tend une fraction de seconde égale à la parallaxe. On voit combien est faible ce déplacement apparent.

126. Remarques sur les unités choisies. — L'unité terrestre fondamentale est le mètre. Avec cette unité le rayon terrestre est déjà mesuré par un nombre de 7 chiffres : 6 371 000. Il est préférable d'évaluer cette grandeur en kilomètres. Le kilomètre devient incommode si l'on veut évaluer les distances interplanétaires puisque la distance Terre-Soleil vaut $23\,439 \times 6\,371$ kilomètres, il est préférable d'adopter le rayon de la Terre, ou même sa distance moyenne au Soleil. Enfin, ces unités sont elles-mêmes beaucoup trop petites pour évaluer les distances du Soleil aux étoiles, puisque la plus petite de toutes, la distance Soleil-α du Centaure vaut 560 000 fois la distance Terre-Soleil. On adopte généralement l'année de lumière, c'est-à-dire une longueur qui vaut $86\,400 \times 365{,}25 \times 300\,000$ kilomètres. On a ainsi des nombres plus faciles à manier et permettant plus facilement de comparer entre elles les distances de même ordre.

Exercices sur les chapitres XII et XIII.

30. *Distance de Vénus ou Mercure au Soleil.* — Soit P la planète, T la terre; on détermine l'angle STP au moment de la plus grande élongation. Calculer $\frac{SP}{ST}$.

31. *Distance d'une planète supérieure au Soleil.* — La planète étant en P, et la terre en T, quand la planète revient en P au bout du temps t, la terre est en T'. On a mesuré $\alpha = \widehat{STP}$ $\alpha' = \widehat{ST'P}$. Déterminer $\frac{SP}{ST}$.

(Note : les 2 méthodes précédentes sont indépendantes de la loi de Képler et ont servi au contraire à la déterminer.)

32. On a noté à peu d'instants d'intervalle les points d'apparition et de disparition de plusieurs étoiles filantes. Déterminer le point radiant (on est ramené à l'exercice 7).

33. Calculer l'intervalle de temps qui s'écoule entre deux oppositions consécutives de Mars en admettant que la Terre et Mars décrivent uniformément deux cercles situés dans un même plan, l'une en 365j 6^h 9^m, l'autre en 686j 23^h 31^m. Rép. : 795 jours. (Baccalauréat, Caen.)

34. Même problème pour les autres planètes principales (on prendra les données dans le tableau du chapitc XII) (Les résultats sont — Mercure : 116 jours — Vénus : 584 — Jupiter : 399 — Saturne : 378 — Uranus : 369 — Neptune : 368).

35. Démontrer que la parallaxe ϖ de la Lumière est égale à l'angle dont a tourné la ligne ST pendant le temps employé par la lumière pour parcourir une distance égale (ST est la ligne joignant les 2 centres Terre-Soleil et la parallaxe de la lumière est le rapport $\frac{v}{V}$ de la vitesse de translation de T, à la vitesse de la lumière ; démontrer la formule $ST = \frac{V}{\omega} \times \varpi$, où ω est la vitesse angulaire de T.

CHAPITRE XIV

L'ATTRACTION UNIVERSELLE

127. Jusqu'ici nous nous sommes bornés à décrire les mouvements des astres sans chercher à les expliquer, sans essayer le calcul des forces susceptibles de déterminer ces mouvements. Nous devons maintenant, *après avoir fait exclusivement de la cinématique, aborder le problème dynamique* en nous bornant à considérer le cas très simple suivant :

Quelle est la force qui oblige une planète à décrire son orbite? Nous admettrons que le Soleil est fixe et que la planète, par rapport aux dimensions de sa trajectoire peut être assimilée à un point matériel.

128. Accélération d'une planète. — *Hodographe du mouvement elliptique.* — Soient M et M', les positions occupées par une planète aux époques *très voisines* t et $t + \Delta t$ (fig. 104).

Nous posons : $MM' = \Delta s$. Angle $\widehat{MSM'} = \Delta\varphi$ $SM = r$.

On a en désignant par V la vitesse linéaire, ω la vitesse angulaire :

$$\overline{MV} = v = \frac{\Delta s}{\Delta t} \qquad \omega = \frac{\Delta\varphi}{\Delta t}.$$

D'autre part en confondant l'arc et la tangente

$$\text{aire } MSM' = \frac{1}{2} r^2 . \Delta\varphi$$

donc :

$$(1) \quad \frac{\text{aire } MSM'}{\Delta t} = \frac{1}{2} r^2 \frac{\Delta\varphi}{\Delta t} = \frac{1}{2} r^2\omega.$$

Mais d'après la 3e loi de Képler, si a, b sont les demi-axes de l'ellipse, T la durée de la révolution sidérale, on a : (2) $\frac{\text{aire MSM}'}{\Delta t} = \frac{\pi ab}{T}$.

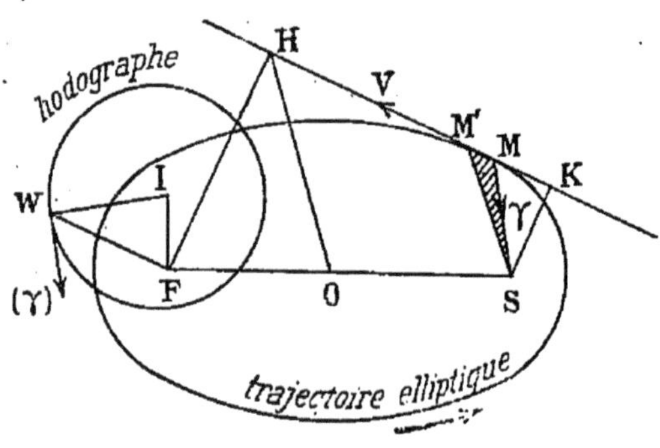

Fig. 104.

On a aussi :

$$\text{aire MSM}' = \frac{1}{2}\,\text{SK} \times \Delta s \qquad \frac{\text{aire MSM}'}{\Delta t} = \frac{1}{2}\,\text{SK}.\frac{\Delta s}{\Delta t} = \frac{1}{2}\,v.\,\overline{\text{SK}}\ (3).$$

Soit F le second foyer de l'ellipse, posons $FH = h$. On sait que $SK = \frac{b^2}{h}$ donc en égalant les seconds membres de (2) et (3) :

$$\frac{2\pi ab}{T} = \frac{b^2 . v}{h} \qquad \text{ou} \qquad v = \frac{2\pi a}{bT} \times h.$$

Menons le vecteur FW équipollent à v : le point W est déduit du point H par une homothétie, suivie d'une rotation de 90° dans le sens du mouvement puisque $\frac{FW}{FH} = \frac{2\pi a}{bT}$.

Le lieu de H est une circonférence de centre O de rayon a, donc le lieu de W c'est-à-dire l'hodographe est une circonférence de rayon $IW = \frac{2\pi a^2}{bT}$. Sur cette circonférence le mobile W a la vitesse $\omega \times IW$, puisque IW est toujours perpendiculaire à OH c'est-à-dire perpendiculaire à SM et par conséquent tourne avec la même vitesse angulaire. Cette vitesse de W, est l'accélération de M : $\gamma = \frac{4\pi^2 a^3}{T^2} \cdot \frac{1}{r^2}$.

On voit, si on donne au vecteur γ l'origine M, *que l'accélération de la planète est constamment dirigée vers le Soleil.*

En assimilant à une circonférence de rayon a et décrite d'un mouvement uniforme l'orbite elliptique d'une planète, la vitesse angulaire sera constante et égale à $\frac{2\pi}{T}$. Donc l'accélération de la planète est à chaque instant dirigée vers le centre et sa grandeur est $\frac{4\pi^2}{T^2} \times a$. Si on désigne par r la distance de la planète au soleil, l'expression précédente peut être écrite $\frac{4\pi^2 a^3}{T^2} \times \frac{1}{r^2}$ puisque $r = a$. Nous retrouvons ainsi, dans l'hypothèse simplifiée du mouvement circulaire le résultat établi rigoureusement dans les lignes précédentes pour le mouvement elliptique réel.

129. Attraction universelle. — Soit m la masse de la planète. La relation fondamentale de la mécanique $F = m\gamma$ nous donne :

$$F = \frac{4\pi^2 a^3}{T^2} \times \frac{m}{r^2}.$$

La force qui s'exerce à chaque instant sur une même planète est dirigée vers le Soleil et inversement proportionnelle au carré de sa distance du Soleil.

Soient d'autres planètes, on aura avec des notations correspondantes :

$$F' = \frac{4\pi^2 a'^3}{T'^2} \times \frac{m'}{r'^2} \qquad F'' = \frac{4\pi^2 a''^3}{T''^2} \times \frac{m''}{r''^2}.$$

Tenons compte maintenant de la 3e loi de Képler d'après laquelle $\frac{4\pi^2 a^3}{T^2}$ est constant pour toutes les planètes. En appelant μ la masse du Soleil et f un coefficient *constant* on pourra poser :

$$\frac{4\pi^2 a^3}{T^2} = \frac{4\pi^2 a'^3}{T'^2} = \cdots\cdots = f\mu.$$

et on aura :

$$F = f\frac{\mu m}{r^2} \qquad F' = f\frac{\mu m'}{r'^2} \qquad F'' = \frac{\mu m''}{r''^2} \qquad \ldots\ldots$$

d'où nous concluons :

L'attraction du Soleil sur une planète est proportionnelle au produit des masses en présence et à l'inverse du carré de leur distance.

Cette loi conduisit Newton (1) à celle qui devait illustrer à jamais son nom et qu'il formula ainsi :

Deux corps quelconques s'attirent proportionnellement au produit de leurs masses et en raison inverse du carré de la distance.

m, m' étant ces deux masses, d leur distance, on aura toujours $F = f\frac{mm'}{d^2}$, f étant un coefficient qui ne dépend que des unités choisies. Si $m = m' = 1$ $d = 1$, on a $F = f$, donc f est l'attraction mutuelle qu'exercent l'une sur l'autre deux unités de masse placées à l'unité de distance. On l'appelle *constante de la gravitation universelle*, en C. G. S. $f = 5{,}6 \times 10^{-7}$.

130. Confirmation de l'hypothèse Newtonienne. — 1° **Concordances astronomiques.** — Si la loi de Newton est exacte, c'est elle qui force la Lune à décrire son orbite, c'est encore elle qui attire vers la Terre un corps pesant voisin de sa surface. Soit m_1 la masse de la Lune, l'attraction sur la Lune est $m_1\gamma_1$ ou d'après les lois du mouvement elliptique que nous venons d'étudier $\frac{4\pi^2 a_1^3}{T_1^2} \cdot \frac{m_1}{r_1^2}$ en désignant par a_1 le demi-grand axe et T_1 la révolution sidérale de la Lune quand elle est à la distance r_1. On peut en admettant l'orbite circulaire se contenter

(1) Newton (1643-1727), physicien et mathématicien, applique à la mécanique céleste les méthodes du calcul intégral qu'il a en partie découvertes, explique, par le principe de la gravitation universelle, la plupart des mouvements astronomiques.

de la valeur $\frac{4\pi^2 a_1}{T_1^2} m_1$. Sur la masse 1 substituée à la Lune la force correspondante est $F_1 = \frac{4\pi^2 a_1}{T_1^2}$.

Soit un corps de masse 1 voisin de la Terre, il est attiré avec une force $F_2 = 1 \times g'$, si g' désigne l'accélération de la pesanteur corrigée de la force centrifuge. Nous devons vérifier que $F_1 \times 60^2 = F_2$ puisque la Lune est 60 fois plus éloignée du centre d'attraction que la masse prise à la surface du sol ; ou en remarquant que, en secondes, T_1 vaut : $27 \times 24 \times 60^2$.

$$60^2 \frac{2\pi \times 2\pi R \times 60}{27^2 \times 24^2 \times 60^4} = 982$$

c'est-à-dire en remarquant que : $2\pi R = 40000 \times 1\,000 \times 100$

$$2\pi \times 40\,000 \times 1\,000 \times 100 = 982 \times 60 \times 27^2 \times 24^2$$

(si on exprime les grandeurs en unité C. G. S.)

vérification assez exacte malgré les approximations que nous avons faites.

2° **Concordances physiques.** — Le physicien Cavendish, au moyen d'une balance de torsion, a cherché à vérifier directement la loi de Newton. Aux extrémités du fléau étaient placées deux petites masses attirées par deux sphères métalliques très pesantes. *L'expérience confirma entièrement l'hypothèse de Newton*, et, fait capital, *fit connaître numériquement f*. La petitesse du résultat explique pourquoi les forces newtoniennes sont en général négligeables lorsqu'on n'a pas pris pour les mettre en évidence des précautions très minutieuses.

Le phénomène des marées (voir le chapitre suivant) est également une confirmation de la loi de Newton.

131. Détermination des masses des astres du système solaire. — Toutes les fois qu'un astre de masse μ sera suffisamment voisin d'un autre beaucoup plus petit de masse m de façon à déterminer le mouvement elliptique de ce dernier, il sera facile de déterminer la masse de l'astre central. En effet, la mécanique nous apprend à déterminer la valeur de la force : $F = \frac{4\pi^2 a^3}{T^2} \cdot \frac{m}{r^2}$ dont nous connaissons une deuxième expression $F = f \cdot \frac{m\mu}{r^2}$ d'où : $\mu = \frac{4\pi^2 a^3}{fT^2}$. Ainsi sera déterminée la masse du Soleil (333 000 fois celle de la Terre) par le mouvement d'une des planètes, ou la masse d'une planète par le mouvement d'un de ses satellites. Les masses des satellites eux-mêmes ou des planètes dépourvues de satellites sont données par le calcul des perturbations.

Connaissant la masse et le volume d'un astre on peut calculer sa densité moyenne par rapport à l'eau. Cette densité est pour la Terre 5,5 et pour le Soleil 1,36.

132. Masse des étoiles. — L'observation montre que la composante plus faible B d'une étoile double décrit une ellipse dont l'étoile principale A n'occupe pas le foyer. C'est là un effet de perspective qui se produit lorsque le rayon visuel n'est pas perpendiculaire au plan de l'orbite. En retour, on peut en déduire l'inclinaison de ce plan et par suite l'orbite vraie de B. Ce que nous avons dit au paragraphe précédent permet de conclure la masse de A.

En réalité A et B ne seront pas toujours de masses assez différentes pour que le calcul soit aussi simple. A et B décriront chacun une ellipse autour du centre de gravité des deux masses et la méthode précédente fera connaître la somme de leurs masses.

Ce que nous avons dit néanmoins suffit pour faire comprendre que la loi de Newton s'applique en dehors du système solaire. Elle doit aussi s'appliquer par rapport au Soleil et aux étoiles considérées deux à deux, mais les effets en sont probablement trop faibles, vu la grande distance, pour que nous puissions les constater.

133. La mécanique céleste. — La découverte de Newton eut sur le développement de la science une influence considérable car elle fournit le premier exemple d'une loi assez générale pour expliquer un grand nombre de faits au premier abord très éloignés les uns des autres (pesanteur, marées, mouvements célestes.....) et surtout parce qu'elle fut, après les théories plus ou moins vagues des prédécesseurs de Newton, la première hypothèse assez précise pour être soumise à l'investigation mathématique.

Nous avons pu dans ce qui précède déduire l'hypothèse newtonienne des lois de Képler, mais, réciproquement, *on peut, par la loi de Newton seule, retrouver celles du mouvement elliptique,* tout au moins quand on étudie le mouvement d'un astre par rapport à un autre immobile. Quoique fort importante, la résolution de ce problème ne peut suffire aux besoins de l'astronomie puisque tant d'astres divers sont en présence et s'attirent mutuellement. Dans ces conditions l'un d'eux, par exemple la Terre, soumis à la force émanée du Soleil, mais aussi à celles émanées des autres planètes, de la Lune, etc..... ne pourra obéir à des lois aussi simples que l'affirmait Képler. Ainsi *la loi de Newton tout en confirmant celles de Képler, nous montre leur insuffisance.*

Cependant toutes les forces autres que l'attraction solaire sont bien faibles par rapport à elle et modifient assez peu la trajectoire pour que Képler ait pu en établir la nature. Les écarts très faibles de la Terre de part et d'autre de l'orbite képlérienne, c'est-à-dire *les perturbations*, dépendent des autres masses du système et le calcul permet de les prévoir avec une grande précision. Inversement les perturbations observées, si les progrès dans la mesure des coordonnées célestes sont continus, permettent de calculer les masses qui figurent comme inconnues dans les équations du mouvement. Tel est en gros le problème fondamental de la mécanique céleste : *déterminer à chaque instant des relations entre les masses, les distances, les vitesses des astres en présence,* problème sujet à de nombreuses simplifications lorsque certaines attractions sont trop faibles pour être être introduites dans les calculs.

Il ne suffit pas toujours de tenir compte de la masse totale d'un astre, il faut encore en connaître la forme. Ainsi le mouvement de la Lune n'est pas le même, la Terre étant aplatie, que si elle était sphérique. La perturbation qui lui correspond permet même de trouver l'aplatissement sans mesures directes. Le mouvement de la Terre est influencé par celui de la Lune et la perturbation correspondante fera connaître la masse de la Lune. Mercure pourra donner de même la masse de Vénus, Vénus celle de Mercure, etc.....

La précession des équinoxes est due à l'action du Soleil sur le renflement équatorial de la Terre, la nutation à celle de la Lune.

Il faut enfin remarquer que *toute perturbation apportée au mouvement d'un astre* A, *par un autre* B, *se traduira par une perturbation de* B *ayant la même période*. Par exemple, la révolution de la ligne des nœuds de l'orbite lunaire en 18 ans 2/3 correspond exactement à la nutation pendant le même temps de l'axe terrestre.

Découverte de Neptune. — Le problème s'est posé à propos d'Uranus, dont le mouvement diffère sensiblement du mouvement elliptique képlérien, d'expliquer ses importantes perturbations. Après avoir prouvé qu'elles ne provenaient pas de l'influence des gros astres assez voisins Saturne et Jupiter, Leverrier (1) chercha si un astre inconnu, plus éloigné du Soleil qu'Uranus, pouvait en être la cause. Il eut à résoudre un difficile problème de mécanique dans lequel les principales inconnues étaient la masse de la planète perturbatrice et sa distance moyenne au Soleil. Sa conclusion fut que le mouvement d'Uranus était troublé par une planète de masse plus petite dont il indiqua pour une époque déterminée (31 août 1846) la position approximative sur la sphère céleste. Le 21 septembre suivant, non loin de la place assignée l'astronome Galle de Berlin trouva la planète

(1) Leverrier (1811-1877), directeur de l'Observatoire de Paris, auteur de nombreux travaux de mécanique céleste.

à laquelle on donna le nom de Neptune. Une découverte de ce genre est certainement la plus éclatante confirmation qui ait jamais été apportée à la loi de Newton.

On a cherché, de façon analogue, s'il existe des planètes entre le Soleil et Mercure, ou au delà de Neptune ; mais jusqu'ici on n'a rien établi de définitif à ce sujet.

134. Pour terminer ce chapitre nous démontrerons deux théorèmes sur l'attraction. L'un d'eux justifie l'assimilation d'un astre sphérique à un point matériel.

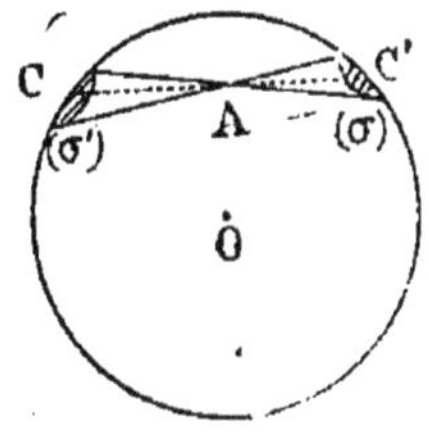

FIG. 105.

THÉORÈME I. — *L'attraction d'une couche sphérique homogène sur un point intérieur est nulle.*

En effet soit σ un très petit cercle de la couche sphérique de rayon R, de densité superficielle μ (fig. 105). Le cône $A\sigma$, découpe sur la sphère un deuxième cercle σ' d'après les propriétés connues des sections antiparallèles du cône à base circulaire et on a $\dfrac{\sigma}{\overline{AC}^2} = \dfrac{\sigma'}{\overline{AC'}^2}$, donc la résultante des attractions de σ et σ' sur A est nulle. Il en sera donc de même pour la sphère entière.

THÉORÈME II. — *L'attraction d'une couche sphérique homogène sur un point extérieur est la même que si toute la masse était condensée au centre.*

Avec les notations précédentes on a encore $\dfrac{\sigma}{\overline{Ac}^2} = \dfrac{\sigma'}{\overline{Ac'}^2}$ mais ici les deux actions s'ajoutent (fig. 106). L'action de la couche entière est donc deux fois celle de la calotte sphérique située en avant du plan polaire de A. Soit B le point commun à ce plan et à la droite OA. Décrivons une demi-sphère de rayon 1, de centre B, sur laquelle le cône $B\sigma$ découpe une surface ω. On a :

force dirigée suivant $ACC' = F = 2\,\dfrac{\mu\sigma}{\overline{AC}^2}$ $\qquad \dfrac{\omega}{1} = \dfrac{\sigma \cos \alpha}{BC^2}$.

$$F = 2\,\mu\omega \times \frac{BC^2}{AC^2} \times \frac{1}{\cos \alpha}$$

$$\text{projection de F sur } AB = F \cos \varphi = 2\mu\omega \cdot \frac{\overline{BC}^2}{\overline{AC}^2} \cdot \frac{\cos \varphi}{\cos \alpha}.$$

Or $\varphi = \alpha$ comme ayant même mesure et $\frac{BC}{AC} = \frac{BI}{AI}$ car IC est bissectrice de ACB :

$$\frac{BI}{AI} = \frac{BG}{AG} = \frac{BI + BG}{AI + AG} = \frac{2R}{d2} = \frac{R}{d}$$

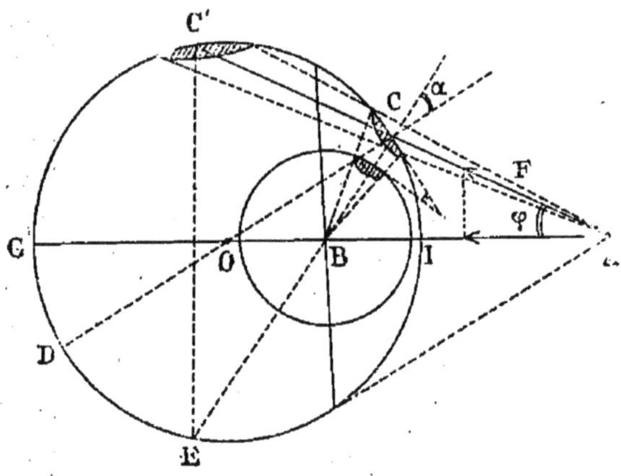

Fig. 106.

donc :

$$F \cos \varphi = 2\mu\omega \frac{R^2}{d^2}$$

la somme de toutes ces projections est

$$2\mu \cdot 2\pi \cdot \frac{R^2}{d^2} = \frac{4\pi\mu R^2}{d^2} = \frac{M}{d^3}. \qquad \text{C. q. f. d.}$$

1re Conséquence. — L'attraction sur un point extérieur d'une sphère composée de couches concentriques et homogènes est la même que si toute la masse était concentrée au centre.

2e Conséquence. — L'attraction sur un point intérieur d'une sphère composée de couches concentriques et homogènes se réduit à celle des couches auxquelles le point donné est extérieur.

3e Conséquence. — L'attraction sur un point intérieur d'une sphère homogène est proportionnelle à la distance de ce point au centre.

En effet soit le point de masse 1, à la distance d du centre $d < R$. μ

étant la densité de la sphère la seule masse agissante est celle de la sphère de rayon d et l'on a :

$$\frac{4}{3}\pi\mu d^3 \times \frac{1}{d^2} = \frac{4}{3}\pi\mu \cdot d. \qquad \text{C. q. f. d.}$$

Exercices.

36. L'orbite relative de l'une des composantes d'une étoile double par rapport à l'autre est projetée sur un plan perpendiculaire au rayon visuel suivant une ellipse d'axes $2a'$, $2b'$. L'autre composante est sur le grand axe AA' à une distance d du centre. Calculer le rapport des axes de l'orbite réelle et l'angle de son plan avec le rayon visuel.

37. Démontrer que l'hodographe du mouvement d'une comète est une circonférence (par une démonstration analogue à celle donnée n° 127 on déduit l'hodographe de la directrice par une inversion et une rotation de 90°).

38. 1° Construire une ellipse connaissant le paramètre $p = \frac{b^2}{a}$, un foyer F, un point M et la tangente en ce point MT.

2° En déduire l'orbite d'une planète connaissant une position de la planète, la direction de sa vitesse en ce point, et la constante des aires $C = 2\pi \frac{ab}{T}$.

3° La construction du paragraphe 1er peut-elle donner une parabole ? Dans ce cas, en déduire avec les mêmes données que dans le 2° l'orbite d'une comète.

Réponse : 1° Soit N le point où la normale en M à l'ellipse rencontre le grand axe, démontrer que la projection de MN sur MF est égale à p. On en déduira immédiatement le second foyer.

2° On cherche à exprimer l'accélération $\frac{4\pi^2 a^3}{T^2}$ en fonction de p et C : on a :

$$f\mu = \frac{C^2}{p} \times \frac{1}{\overline{FM}^2} \qquad \text{(notations du chapitre précédent)}$$

d'où l'on tire p.

3° Chercher quand le second foyer de l'ellipse est rejeté à l'infini.

39. Deux sphères de masses m, m', de rayons R, R' étant placées au contact et s'attirant suivant la loi de Newton, quelle est la réaction que chacune d'elles exerce sur l'autre.

CHAPITRE XV

MARÉES (1)

135. Remarques préliminaires. — I. — Si α est un nombre *assez petit en valeur absolue* pour qu'on puisse négliger son carré, son cube, etc.... on a *sensiblement* les égalités suivantes :

$$(1 + \alpha)^2 = 1 + 2\alpha \qquad (1 + \alpha)^3 = 1 + 3\alpha \qquad (1 + \alpha)(1 - \alpha) = 1$$

d'où l'on déduit

$$1 + \alpha = \sqrt{1 + 2\alpha} \qquad \frac{1}{1 + \alpha} = 1 - \alpha \qquad \text{etc....}$$

II. — Si la dérivée seconde $\frac{d^2x}{dt^2}$ d'une fonction x de t a pour valeur $\frac{d^2x}{dt^2} = \text{K} \sin 2\omega t$ on en tire en remontant deux fois à la fonction primitive

$$\frac{dx}{dt} = -\frac{\text{K}}{2\omega} \cos 2\omega t + \text{A} \qquad x = -\frac{\text{K}}{4\omega^2} \sin 2\omega t + \text{A}t + \text{B}$$

et si les constantes A et B sont nulles

$$\frac{dx}{dt} = -\frac{\text{K}}{2\omega} \cos 2\omega t \qquad x = -\frac{\text{K}}{4\omega^2} \sin 2\omega t.$$

III. — Problème I. — *Un point matériel de masse 1 étant placé à la*

(1) L'exposé que nous donnons ici est fait en partie d'après une notice de M. P. Hatt, parue dans l'Annuaire, pour l'an 1904, du Bureau des Longitudes.

surface de la Terre déterminer l'attraction apparente qu'exerce sur lui un astre éloigné.

Soit (fig. 107) A un point du globe et S l'astre de masse μ tel que

$$TS = a \qquad AS = d \qquad \widehat{ATS} = H \qquad \widehat{AST} = p$$

le point A, *supposé libre*, est attiré suivant AS par la force $F = f\frac{\mu}{d^2}$ f étant la constante de l'attraction universelle. F (d'après la relation fondamentale qui lie la force et l'accélération) est aussi l'accélération que l'astre S à l'instant considéré imprimerait à A. Mais S attire aussi la Terre entière de masse m avec la force $f\frac{m\mu}{a^2}$ et par conséquent il en résulte pour son centre, ainsi que pour tout point qui lui est invariablement lié l'accélération

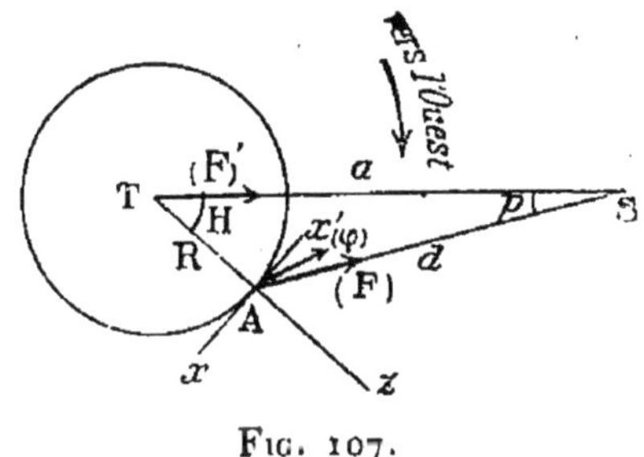

Fig. 107.

$F' = f\frac{\mu}{a^2}$. Donc, en vertu du principe de la composition des accélérations, l'accélération relative de A par rapport à la Terre, c'est-à-dire l'accélération apparente pour un observateur terrestre, sera la différence géométrique (F) — (F') = (φ). Nous allons calculer les projections de φ sur la verticale Az et l'horizontale Ax.

$$\varphi_{Ax} = \text{proj}._{Ax}(F) - \text{proj}._{Ax}(F') = \frac{f\mu}{d^2}\sin(H+p) - \frac{f\mu}{a^2}\sin H.$$

Or dans le triangle TAS :

$$\frac{\sin(H+p)}{a} = \frac{\sin H}{d} \qquad d^2 = a^2 + R^2 - 2aR\cos H$$

$$= a^2\left(1 + \frac{R^2}{a^2} - 2\frac{R}{a}\cos H\right)$$

nous négligeons le carré de $\frac{R}{a}$ ce qui donne :

$$d = a\sqrt{1 - \frac{2R}{a}\cos H} \qquad \frac{1}{d} = \frac{1}{a}\left(1 + \frac{R}{a}\cos H\right)$$

d'où enfin :

$$\varphi_{Ax} = \frac{f\mu}{a^2} \sin H \left(\frac{a^3}{d^3} - 1 \right) = \frac{f\mu \sin H}{a^2} \left[\left(1 + \frac{R}{a} \cos H \right)^3 - 1 \right]$$

$$= \frac{3f\mu R}{a^3} \sin H \cos H = \frac{3}{2} \frac{f\mu R}{a^3} \sin 2H.$$

Un calcul analogue donne :

$$\varphi_{Az} = \frac{3}{2} \frac{f\mu R}{a^3} \cos 2H.$$

Numériquement si l'astre S est la Lune en négligeant $\left(\frac{R}{a}\right)^2$ on a négligé une grandeur égale environ à $\frac{1}{3\,600}$, qui se trouvait multipliée par des nombres inférieurs à 1. L'erreur commise sur le résultat ne peut pas atteindre $\frac{1}{1\,000}$.

Si S est le soleil l'approximation est encore bien supérieure.

Calculons grossièrement le facteur $\frac{f\mu R}{a^3}$ ou plutôt le rapport de ce facteur au nombre g pour la Lune, en écrivant que les attractions terrestres en A et S sont inversement proportionnelles à R^2 et a^2. Nous avons :

$$gR^2 = \frac{fm}{a^2} \times a^2$$

d'où

$$\frac{f\mu R}{a^3} = \frac{\mu}{m} \cdot \left(\frac{R}{a}\right)^3 \cdot g = \frac{1}{80} \left(\frac{1}{60}\right)^3 g = \frac{g}{17\,280\,000}.$$

Cette quantité est en outre multipliée par le facteur $\frac{3}{2} \cos 2H$, ou $\frac{3}{2} \sin 2H$ de sorte que ni l'une, ni l'autre des composantes de φ ne peut dépasser en valeur absolue $\frac{g}{11\,500\,000}$, c'est-à-dire une très petite fraction du poids de la masse considérée.

Pour le Soleil on aurait en désignant par φ' la force correspondante :

$$\frac{\varphi'}{\varphi} = \frac{\mu'}{\mu} \times \left(\frac{a}{a'}\right) = \frac{325\,000 \times 80 \times 60^3}{(23\,400)^3} \quad \left(\text{valeur voisine de } \frac{1}{2}\right).$$

Donc l'énorme masse du Soleil est compensée et au delà par la grande distance à laquelle il se trouve.

Variations des forces φ' et φ. — La force verticale a pour effe d'augmenter ou de diminuer infiniment peu le poids et peut être négligée. La force horizontale émanée de la Lune est à chaque instant $\frac{3}{2}\frac{f\mu R}{a^3}\sin 2H$. On voit donc que si la Lune paraît faire un tour entier dans le plan de l'Équateur la force s'annulera 4 fois quand l'astre passe au zénith ou au nadir, à son lever et à son coucher. Elle sera maximum en valeur absolue pour les angles horaires $H = 45^\circ$ $H = 45^\circ + 180^\circ$ et dirigée vers l'Ouest, ou $H = 45^\circ + 90^\circ$ $H = 45^\circ + 270^\circ$ et dirigée vers l'Est. Cette force a donc une variation périodique dont la période est la moitié du jour lunaire.

Mêmes remarques pour le Soleil, en remplaçant le jour lunaire par le jour solaire.

Suivant les positions des 3 astres ces deux forces pourront s'ajouter ou se retrancher et leur somme pourra varier depuis $\varphi + \frac{1}{2}\varphi$ jusqu'à $\varphi - \frac{1}{2}\varphi$ c'est-à-dire que le maximum et le minimum (en valeur absolue) seront entre eux comme 3 et 1.

136. Problème II. — *Mouvement d'un point matériel libre, placé à l'Équateur,* en conservant les hypothèses précédentes et en admettant que l'astre possède un mouvement apparent circulaire et uniforme dans le plan de l'équateur.

Dans ces conditions le point matériel sous l'action de la force périodique émanée de la Lune prendra nécessairement un mouvement oscillatoire ayant même période que la force. Si on suppose le point primitivement sans vitesse initiale et glissant sans frottement sur la surface sphérique parfaitement polie il sera à l'époque t à une distance x de A comptée positivement vers l'Ouest et l'on aura

$$\frac{d^2x}{dt^2} = \frac{3}{2}\frac{f\mu R}{a^3}\sin 2\omega t$$

d'où d'après la remarque II au début du chapitre

$$\frac{dx}{dt} = \frac{-3}{4\omega}\frac{f\mu R}{a^3}\cos 2\omega t \qquad x = -\frac{3}{8\omega^2}\frac{f\mu R}{a^3}\sin 2\omega t$$

ω est pour la Lune le mouvement angulaire d'un point qui décrit 2π en 24 heures 50 minutes d'où l'on tire les valeurs numériques

$$\frac{dx}{dt} = -0^{cm},43 \cos 2H \qquad x = -3\,200^{cm} \sin 2H.$$

On voit que le point ne s'écarte que de 32 mètres de sa position initiale, ce qui justifie l'hypothèse faite d'un mouvement oscillatoire sur la tangente Ax.

La vitesse maximum est d'environ $\frac{1}{2}$ centimètre par seconde.

Pour le Soleil on prendra la moitié des résultats précédents.

137. Mouvement d'un liquide remplissant un canal équatorial. — En présence d'abord de la Lune seule et toujours dans les mêmes hypothèses, imaginons un canal équatorial à section rectangulaire uniforme entourant la Terre entière et dans lequel la profondeur de l'eau soit une très petite fraction du rayon terrestre, par exemple $\frac{1}{2\,000}$, ce qui est de l'ordre des profondeurs marines.

Une molécule liquide de la surface libre voisine du point A n'est pas sans analogie avec le point matériel considéré ci-dessus et prendra le même mouvement. Il en est de même en chaque point de l'équateur ; on aura toujours pour la vitesse à l'époque t : $v_t = -v \cos 2H$, v étant le maximum 0,43 calculé plus haut, et H étant la valeur de l'angle horaire de la Lune pour le point considéré. Ces valeurs sont respectivement, si la Lune est au zénith de A : 0, 45°, 90°, 135°, 180°, 225°, 270°, 335°, 360°, en A, C, B.... A.. e' et les vitesses correspondantes sont $-v$, 0, v, 0, $-v$, 0, v, 0, comme l'indique la figure 108 faite pour un observateur placé debout sur le plan de l'équateur vers le pôle nord.

Entre les points A et C, au même instant, les vitesses varient d'une façon continue de $-v$ à 0, entre C et B de 0 à $+v$ et ainsi de suite, conservant le même sens sur chaque demi-quadrant et ayant une valeur, absolue d'autant moindre qu'on considère un point plus rapproché de C C', D ou D'. Si on considère deux sections transversales très voisines, à 1 mètre de distance par exemple, telles que P et Q entre A et C et si on admet que la vitesse des molécules liquides est la même dans toute une section transversale, on voit, ces deux sections pouvant être regardées comme égales, que pendant une seconde il passe plus d'eau à travers P, qu'à travers Q. Donc entre P et Q la quantité d'eau a augmenté et le niveau est nécessairement en train de monter.

Il en est de même pour tout point entre A et B, A′ et B′. Un raisonnement analogue montre que le niveau est en train de baisser entre B et A′, B′ et A.

Considérons maintenant deux sections P et Q éloignées l'une de l'autre de plusieurs kilomètres, par exemple l'arc parcouru en 1 heure, 1 600 kilomètres en utilisant la même figure. Il n'est plus légitime de considérer comme égales les profondeurs en P et Q, représentons-les alors par h et h'; je dis qu'on doit avoir $h < h'$, en effet, en vertu de son mouvement apparent, la Lune qui était au zénith de A, se trouvera par exemple une heure après, avoir tourné de l'angle LTL_1 et le point A_1 joue maintenant à cause de l'identité des conditions actuelles et des précédentes le rôle du point A une heure auparavant, puisque arc A_1P = arc AQ ; la section Q est maintenant dans les mêmes conditions que P une heure avant et la profondeur doit être h. Comme le niveau a monté constamment en Q pendant une heure, on a certainement $h < h'$.

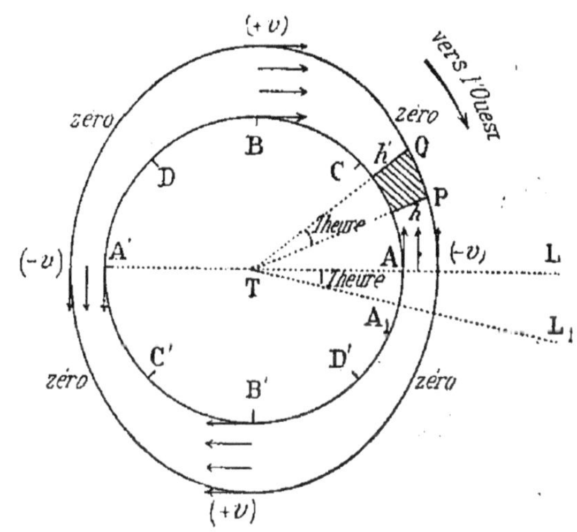

Fig. 108.

Le même raisonnement prouve qu'au moment où la Lune est en L le niveau s'élève de A à B et de A′ à B′, s'abaisse de B à A′ et de B′ à A, de telle sorte que la surface libre du liquide est actuellement coupée par le plan de l'équateur suivant une courbe analogue à une ellipse dont les deux axes de symétrie seraient dirigés suivant TL et la direction perpendiculaire, *le plus petit axe étant suivant* TL.

Cette figure, une fois établie, tourne d'un mouvement uniforme de telle sorte que le petit axe soit toujours dirigé vers L. Ceci montre qu'en un point quelconque pendant *un jour lunaire* il y a deux fois un minimum de profondeur à 12 heures lunaires d'intervalle, deux fois un maximum séparé par une durée de 6 heures de deux minima.

Un calcul que nous ne ferons pas pour ne pas allonger cet exposé fournit une dénivellation totale de 40 centimètres environ.

La détermination des vitesses faite plus haut indique à chaque instant dans quel sens se déplace le courant d'eau qui cause la dénivellation. Il change de sens et par suite la mer paraît en repos quatre fois par jour au moment des maxima et des minima de profondeur.

Action combinée du Soleil et de la Lune. — Une étude analogue permet de tracer la surface déformée sous l'action du Soleil seul. En traçant celle qui correspond à la Lune, et celle qui correspond au Soleil, on pourra prendre en chaque lieu la somme algébrique des dénivellations correspondantes prises au-dessus ou au-dessous du niveau moyen ce qui donnera sensiblement la dénivellation correspondant aux deux causes simultanées Les plus grandes dénivellations pour une même journée correspondent évidemment au cas où les axes de même nom coïncident, c'est-à-dire aux premiers jours des pleines et nouvelles Lunes (*syzygies*), le contraire ayant lieu pour les premiers jours des premiers et derniers quartiers (*quadratures*) (fig. 109).

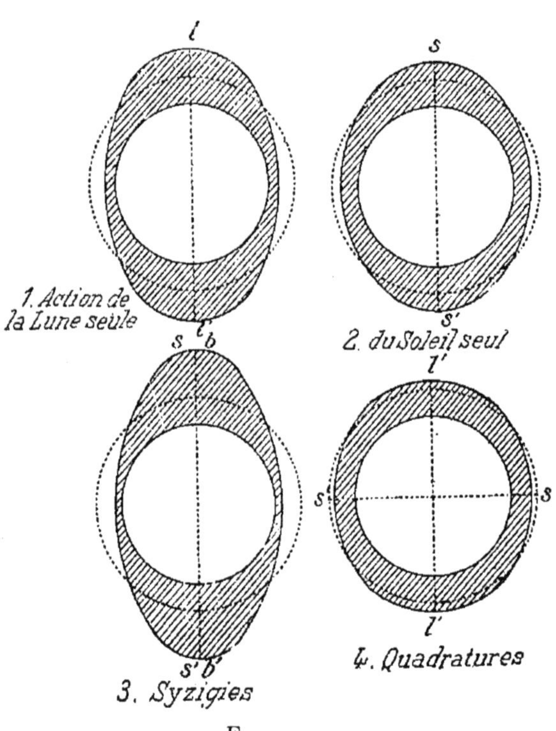

Fig. 109.

138. Description du phénomène des marées. —

Deux fois par jour en moyenne, plus exactement deux fois en 24 heures

50 minutes (durée du jour lunaire), le niveau de la mer sur les côtes de l'Océan et de la Manche s'élève et s'abaisse, produisant la marée haute et la marée basse. Cette variation de niveau force la mer à avancer ou à reculer sur le rivage lorsque celui-ci n'est pas vertical. Le phénomène suit d'environ 36 heures, à Brest, le moment où la Lune passe au méridien. Il y a loin du fait réel au problème simplifié car la mer est une masse d'eau irrégulièrement profonde suivant les contours capricieux des rivages. De plus on ne saurait négliger complètement le frottement sur le fond et le frottement des molécules liquides entre elles ; la Lune et le Soleil s'écartent notablement du plan de l'équateur et s'éloignent plus ou moins de la Terre.

Enfin la rotation de la Terre a une influence qui n'est pas négligeable, de même le maintien en un même lieu de hautes ou basses pressions atmosphériques pendant certaines périodes de l'année. La théorie élémentaire qui précède suffit cependant pour pouvoir reporter à l'attraction luni-solaire la plus grande part des effets observés. Elle suffit pour faire comprendre la périodicité du phénomène, en même temps que les irrégularités qu'il présente avec les variations des conditions astronomiques. Ajoutons encore que si les marées observées sur nos côtes donnent une dénivellation bien supérieure (jusqu'à 15 mètres) à celle que nous avons donnée théoriquement (40 centimètres environ), il faut l'attribuer au courant de la marée qui, en s'approchant des côtes, dispose pour la masse d'eau en mouvement d'une profondeur de plus en plus faible et, en vertu de la vitesse acquise, pénètre plus ou moins dans l'intérieur des terres produisant même quelquefois une vague verticale pouvant remonter très loin dans le courant des rivières et qui constitue le phénomène du *mascaret*.

Dans une mer fermée comme la Méditerranée le développement en longitude est trop faible pour que le phénomène soit sensible et la marée n'est que de 30 centimètres environ sur nos côtes.

Dans l'Océan Pacifique et surtout l'Océan Indien le phénomène se complique par la présence d'une onde diurne d'une période de 24 heures qui s'ajoutant à l'une des hautes mers et se retranchant de l'autre, peut annuler cette dernière et il peut ne se produire qu'une marée par jour. En tout cas elles sont très inégales.

Prédiction des marées sur les côtes atlantiques. — A Brest la marée a un retard de 36 heures sur le passage de la Lune au méridien. En tout autre port pour avoir l'heure de la marée on ajoute à l'heure de la marée à Brest un nombre constant appelé *établissement du port* et empiriquement déterminé dans les principaux ports.

L'amplitude de la marée dépend : 1° de la configuration des côtes au lieu considéré, influence que traduit un nombre constant toute l'année, variable d'un port à l'autre appelé *unité de hauteur* ; 2° de la configuration formée par les trois astres Terre, Lune, Soleil, que traduit un nombre constant pour tous les ports, variable d'un jour à l'autre appelé *coefficient* et dont le calcul astronomique permet de calculer d'avance la valeur.

La demi-amplitude de la marée est chaque jour le produit de l'unité de hauteur par le coefficient (Le coefficient est 1 lorsque le Soleil et la Lune sont en ligne droite avec la Terre, et situés chacun à la distance moyenne).

Exemple : Saint-Malo, 21 avril 1909.

Heure de Brest	4^h44^m	coefficient 1,10
Correction	2^h16^m	unité $5^m,67$
Pleine mer	7 heures	1/2 amplitude $6^m,24 = 1,10 \times 5,67$.

Marées atmosphériques. — L'attraction luni-solaire doit se faire sentir également sur les molécules de l'air, produisant des marées atmosphériques que devrait traduire une variation semi-diurne de la pression barométrique ; d'après les calculs de Laplace cette variation est une fraction de millimètre et il est impossible de vérifier son existence par suite des variations accidentelles beaucoup plus considérables que subit dans un jour la hauteur barométrique.

Marées de l'écorce. — L'écorce terrestre n'est pas rigoureusement indéformable et l'attraction luni-solaire produisant une faible oscillation semi-diurne, il doit en résulter une très petite variation apparente de la verticale. On a pu, par des dispositifs très délicats la mettre en évidence et à la latitude de Berlin cette déviation ne dépasse pas $\frac{1}{100}$ de seconde, correspondant à un affaissement et un soulèvement périodiques du sol de quelques centimètres d'amplitude.

CHAPITRE XX

DIFFÉRENTS SYSTÈMES DU MONDE
LE DOUBLE MOUVEMENT DE LA TERRE

139. Tout le cours de Cosmographie se résume en deux mots : l'univers est formé d'un certain nombre de corps dont les orientations et les distances mutuelles sont constamment modifiées. Établir un système du monde c'est, *après avoir choisi un système de référence*, faire connaître par rapport à lui les mouvements célestes :

1° **Le système de référence est la Terre.** — C'est évidemment, avant toute science, le choix le plus naturel. Il faut alors admettre que toutes les étoiles tournent en un jour sidéral autour de la Terre, tandis que le Soleil, la Lune et les planètes entraînés aussi dans ce mouvement diurne obéissent à des lois particulières qui accélèrent ou retardent leur rotation vis-à-vis de celle des étoiles. C'est le *système de Ptolémée.*

Tycho Brahé modifia le système de Ptolémée en continuant à admettre la fixité de la Terre. Mais il fait tourner toutes les autres planètes autour du Soleil, pendant que ce dernier tourne autour de la Terre.

2° **Le système de référence est le Soleil** ou plus exactement un trièdre ayant pour sommet le centre du Soleil et ses arêtes dirigées vers trois étoiles. Les mouvements célestes sont alors ceux que nous avons expliqués. C'est le *système de Copernic* (1).

Or, **au point de vue cinématique tous ces systèmes sont également plausibles**, le mouvement de l'ensemble pouvant toujours être supposé décrit par un observateur attaché à n'importe quel système de référence. Ces différentes explications peuvent néanmoins nous paraître plus ou moins simples et commodes.

Une explication réunira au plus haut degré ces deux qualités si on peut relier par une même loi le plus possible de faits en apparence dissemblables et surtout, si, pour des faits analogues, on n'est pas obligé d'admettre des lois très différentes.

On voit que le système de Copernic est le seul dans lequel la Terre, dont toutes les observations montrent les analogies avec les planètes (dimensions, mouvements, existence d'un satellite, etc.....), et les planètes ont dans l'ensemble des rôles comparables ; et aussi d'autre part le Soleil, analogue aux étoiles, et les étoiles.

Il y a déjà une haute probabilité en faveur du **système de Copernic. Il reste le seul acceptable si l'on envisage le point de vue dynamique.** On n'a guère pu trouver une mécanique raisonnable expliquant comment un astre aussi petit que la Terre, immobile au centre du monde, réglerait les mouvements si différents des planètes et des autres astres et pourrait déterminer la gravitation autour d'elle d'astres aussi volumineux que le Soleil et les étoiles. Au contraire, l'hypothèse de Newton coordonne, par ses déductions mathématiques, des phénomènes en apparence très différents. Parmi ces faits les uns sont tous les mouvements célestes déjà étudiés. Nous citerons parmi d'autres :

1° La forme aplatie de la Terre et les variations de l'intensité de la pesanteur ;

(1) Copernic (1473-1543) continue les observations de son maître Tycho Brahé et lutte longtemps pour faire accepter le système du monde, universellement adopté aujourd'hui, et qui porte encore son nom.

2° Les lois générales de la circulation atmosphérique et océanique ;

3° Le mouvement des corps pesants et les expériences de Foucault sur le pendule et le gyroscope,

qui ont pour cause la rotation de la Terre ;

4° La parallaxe annuelle des étoiles ;

5° L'aberration de la lumière,

qui ont pour cause la translation de la Terre ;

Malgré tout, la loi de Newton paraît aux physiciens insuffisante pour expliquer beaucoup de faits dans le domaine de la lumière et de l'électricité. Cependant, et bien que des esprits subtils et de parti pris conçoivent peut-être toute une mécanique du monde indépendante de la loi de la gravitation et admettent l'immobilité de la Terre, nous croyons avoir suffisamment énuméré les raisons qui doivent nous rallier définitivement au système de Copernic.

Nous devons maintenant passer en revue les faits qui viennent d'être mentionnés.

140. Forme de la Terre. — Tous les géologues admettent la fluidité ancienne de la Terre. Calcul et expériences directes s'accordent pour déterminer la forme non sphérique, mais aplatie suivant l'axe de rotation d'une masse fluide animée d'un mouvement de rotation. Postérieurement solidifiée à la surface, la Terre a conservé la forme primitivement acquise et déjà décrite (chapitre VI).

Variations de g. — Le nombre g qui mesure l'accélération d'un corps tombant en chute libre varie d'un lieu à un autre avec la latitude. Il est évident que sur la Terre immobile un point, étant d'autant plus voisin du centre qu'il est plus près du Pôle, sera soumis à une attraction d'autant plus grande que sa latitude sera plus élevée. Mais les différences expérimentalement constatées sont bien plus fortes que celles qui résulteraient de l'inégalité des distances au centre. Il y a donc une autre cause : c'est le mouvement de rotation de la Terre qui se traduit, pour un objet placé à la surface terrestre par une tendance à s'écarter de l'axe de rotation. Un point quelconque de masse m placé en A (fig. 110) est soumis 1° à l'attraction $F = f\frac{m\mu}{\overline{TA}^2}$, μ étant la masse de la Terre ; 2° à la force centrifuge $\varphi = m\omega^2 \times \overline{AA'}$ si ω désigne la vitesse angulaire de rotation. La résultante est le poids $p = mg$. On voit donc que p sera, pour un même corps, maximum au pôle où $\varphi = 0$, minimum à l'équateur où $p = F - \varphi$. De plus cette direction qui est *celle de la verticale* ne passe pas au centre (sauf pour les points placés au pôle ou à l'équateur) et par conséquent la surface des mers (géoïde) toujours normale à p n'est pas une sphère.

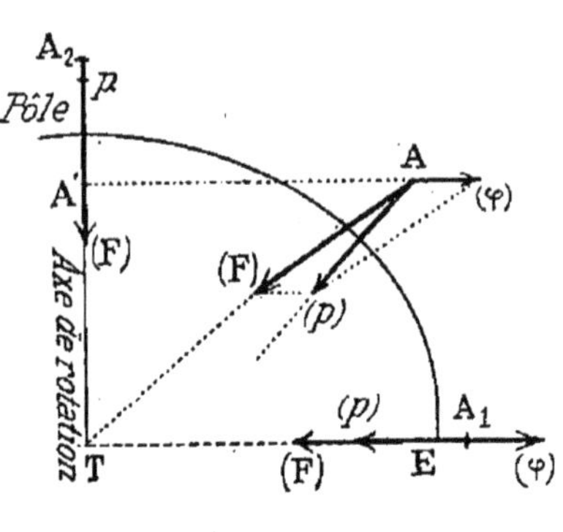

Fig. 110.

141. Vents alizés. — L'air, plus chaud à l'équateur, doit aussi y être moins dense et avoir une tendance à s'élever. Sur un astre immobile l'air qui a quitté A serait remplacé par de l'air plus froid venu des régions tempérées et une circulation générale s'établirait à peu près suivant ABCD (fig. 111). Mais en vertu du mouvement de rotation, la masse d'air primitivement en D possède la vitesse d'entraînement des points de la surface terrestre en D. Cette vitesse sera à peu près

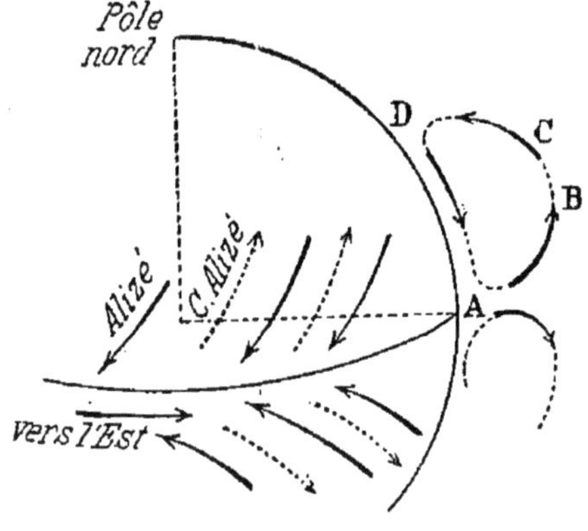

Fig. 111.

conservée, en vertu du principe d'inertie, par la masse d'air qui descend vers l'équateur et passe au-dessus de régions animées d'un mouvement d'autant plus rapide qu'elles sont plus près de l'équateur. L'air venu de (D) se met donc en retard par rapport à la rotation de la Terre et par suite le courant d'air aura la direction Nord-Est. Ces vents dits *alizés* soufflent régulièrement en pleine mer dans la région des tropiques.

Le *contre-alizé* est un courant dans les régions élevées de l'atmosphère, dû à l'air qui de B en D conserve une vitesse supérieure à celle des lieux au-dessus desquels il passe et paraît venir du Sud-Ouest.

En A le courant d'air est seulement ascendant. C'est la région des *calmes équatoriaux*.

142. Courants marins. — Des raisons analogues montrent que sous la double influence de la rotation de la Terre et de la différence de température, des courants doivent prendre naissance au sein des océans. Le vent alizé qui souffle aux tropiques tend à entraîner les eaux vers l'Ouest, créant un courant équatorial dans ce sens. Ces courants arrêtés par les continents sont déviés et remontent vers les pôles (fig. 112). La circulation générale a lieu de gauche à droite dans l'hémisphère nord, de droite à gauche dans l'hémisphère sud. Les plus importants de ces courants chauds sont le *Gulf-Stream* dans l'Atlantique et le *Kouro-Sivo* dans le Pacifique. La circulation est complétée par des courants froids venant des pôles. Tous ces faits sont parfaitement d'accord avec la rotation de la Terre.

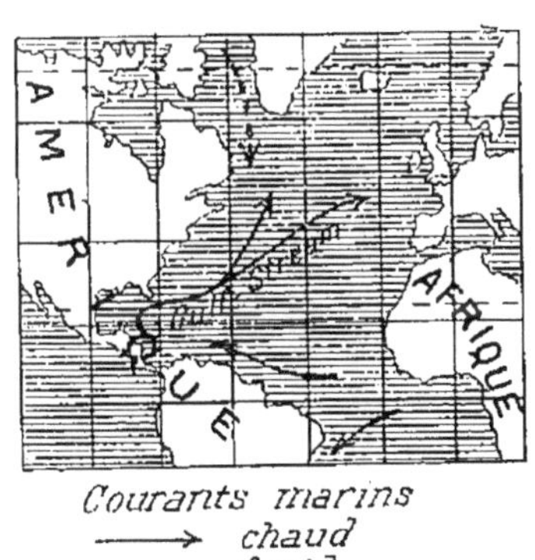

FIG. 112.

143. Déviation vers l'Est des corps pesants. — La

théorie prévoit qu'un corps pesant abandonné sans vitesse initiale doit, si la Terre tourne, tomber à l'Est de la verticale.

Les expériences sont très difficiles à effectuer, car la déviation est à peine de 2 ou 3 centimètres pour 1 200 mètres. Celles qu'on a faites au puits de Freyberg (Saxe), sans être absolument concluantes, confirment la théorie : la déviation moyenne, pour toutes les expériences, est nettement orientale et de l'ordre de grandeur indiqué plus haut.

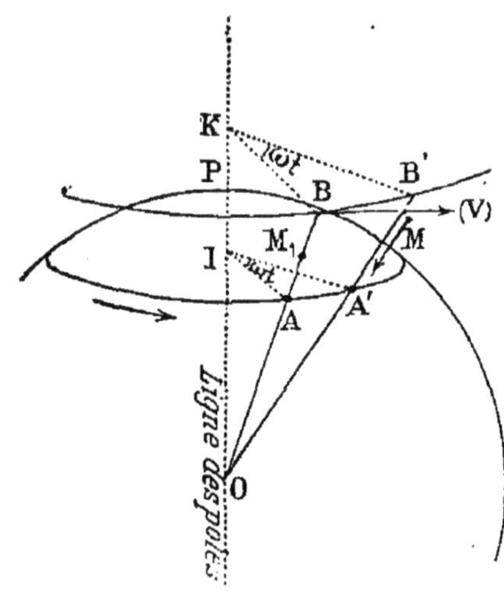

Fig. 113.

Sur un astre immobile et sphérique un corps pesant abandonné en B tombe suivant la verticale AB d'un mouvement uniformément accéléré (fig. 113) au bout du temps t il est en M_1 tel que $BM_1 = \frac{1}{2} gt^2$. Mais sur un astre animé d'une vitesse angulaire ω dans le sens Ouest-Est, ce corps, par rapport à des axes de directions fixes possède la vitesse initiale

$$V = \overline{KB} \times \omega = (R + h)\, \omega \cos \lambda.$$

Soit M la position à l'instant t, l'accélération n'est plus parallèle à AB, mais fait avec lui un angle infiniment peu différent de AOA' et on a pour l'équation du mouvement projeté sur la direction fixe perpendiculaire en A au plan OAP :

$$\frac{d^2x}{dt^2} = -\, g \sin \widehat{AOA'}.$$

Or, à cause de la petitesse de AA' :

$$\widehat{AA'} = R \times \widehat{AOA'} = R \cos \lambda \times \widehat{AIA'} = R\, \omega t \cos \lambda$$

d'où :

$$\widehat{AOA'} = \omega t \cos \lambda$$

et :

$$\frac{d^2x}{dt^2} = -g\omega t \cos\lambda$$

donc :

$$\frac{dx}{dt} = -g\frac{\omega t^2}{2}\cos\lambda + \text{constante}.$$

La constante est la vitesse initiale par rapport aux axes fixes :

$$\frac{dx}{dt} = \left[(R+h)\omega - \frac{g\omega t^2}{2}\right]\cos\lambda \qquad x = \left[(R+h)\omega t - \frac{g\omega t^3}{6}\right]\cos\lambda$$

la nouvelle constante qui peut s'introduire dans la valeur de x étant évidemment nulle.

Mais dans le même temps A n'a été entraîné vers l'Est que par la rotation de la Terre, d'une quantité

$$X = \widehat{AA'} = IA \cos\widehat{AIA'} = R\omega t \cos\lambda.$$

Donc la déviation vers l'Est, si t_1 est la durée de la chute, sera :

$$x_1 - X_1 = \omega t_1 \cos\lambda\left(h - \frac{gt_1^2}{6}\right).$$

Comme on a encore à peu près exactement $h = \frac{1}{2}gt_1^2$ on trouve définitivement :

$$\text{déviation vers l'est} = x_1 - X_1 = \frac{2h}{3}\omega\cos\lambda\sqrt{\frac{2h}{g}}.$$

144. Pendule de Foucault. — Au pôle boréal, un pendule écarté de sa position d'équilibre est soumis à une force constante en grandeur et en direction. Son plan doit conserver dans l'espace une orientation indépendante du mouvement de la Terre et par conséquent doit, pour un observateur terrestre, paraître tourner vers l'Ouest en un jour sidéral. Cette expérience simple prévue par la théorie n'a pu être réalisée, le pôle restant encore inaccessible.

Pour tout autre point A de la surface terrestre, la théorie est moins simple et ne peut être exposée ici : d'une part le plan d'oscillation aurait une tendance à rester parallèle à lui-même, d'autre part il est nécessairement variable puisqu'il contient à chaque instant la verticale du lieu entraînée par la rotation de la Terre.

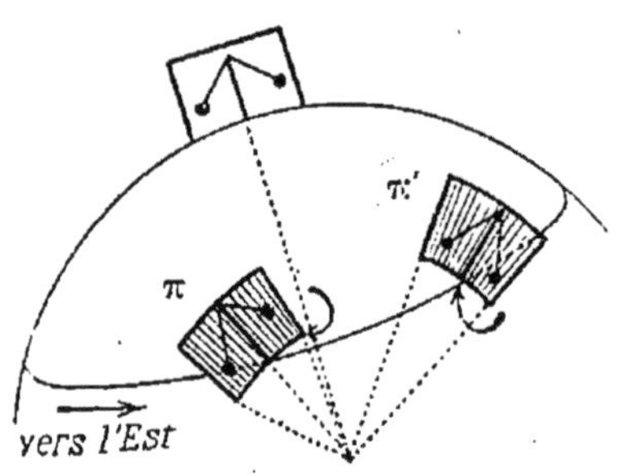

Fig. 114.

Soient π et π' (fig. 114) les plans d'oscillation en un même lieu, que la rotation pendant un temps très court a amené de A en A' : *π et π' font entre eux le plus petit angle possible.* Tel est le résultat établi par Foucault d'où il a déduit que le plan doit paraître tourner vers l'Ouest, c'est-à-dire dans le sens du mouvement diurne, effectuant une rotation complète au bout de $\frac{\text{1 jour sidéral}}{\sin \lambda}$. Cette durée est exactement un jour au pôle ; elle augmente quand on se rapproche de l'équateur, où, la durée étant infinie, le plan doit paraître immobile.

L'expérience doit être réalisée avec un pendule capable d'osciller très longtemps et aussi très lentement pour diminuer le plus possible la résistance de l'air. C'est dans ces conditions que *Foucault fit en 1850 l'expérience du Panthéon.* Un pendule de 100 mètres suspendu sous la coupole effectue des oscillations de 9 minutes environ. Le plan d'oscillation tourne en 34 heures, durée très voisine de celle qui est donnée par le calcul.

145. Gyroscope de Foucault. — Un tore en bronze o peut être animé autour de l'axe AA' d'un rapide mouvement de rotation (fig. 115). L'axe AA' est maintenu par deux pivots portés sur un cerceau d'acier mobile autour de BB' ; les pivots BB' sont portés par un deuxième cerceau mobile autour des pivots fixes CC'. CC' est perpendiculaire à BB' ; BB' à AA'. Cette double suspension permet de disposer AA' suivant toute direction de l'espace. L'appareil est très délicat à construire. S'il est bien centré, si les poids des cerceaux sont faibles vis-à-vis du poids du tore, on aura réalisé un *corps solide mobile autour de son centre de gravité*. Une théorie, qui ne peut trouver place ici, démontre que l'axe AA′ peut lorsque le tore tourne très rapidement autour de lui, conserver dans l'espace une direction invariable. Pointé vers une étoile déterminée, il doit, malgré la rotation de la Terre, rester pointé vers elle : l'axe paraît donc décrire pour un observateur terrestre un cône de révolution puisque AA′ suit l'étoile dans son mouvement diurne. Parmi d'autres, réalisables avec le *gyroscope*, cette expérience est une des plus démonstratives.

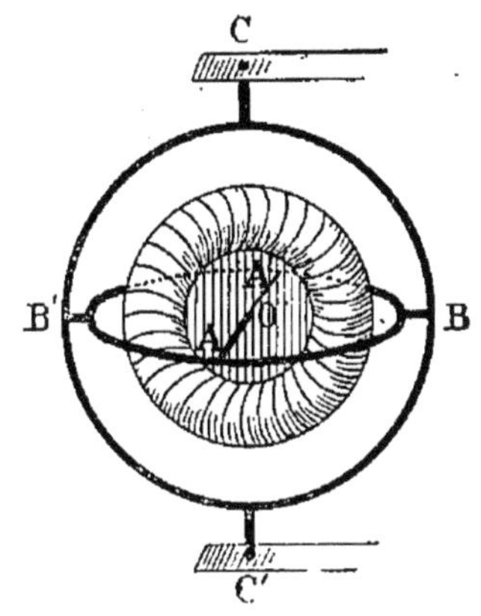

Fig. 115. — Gyroscope de Foucault.

146. Aberration de la lumière. — Soit (fig. 116) un corps T animé de la vitesse de translation v et rencontré par un mobile M qui a suivi la direction ET, avec la vitesse V. Le principe de la composition des vitesses nous apprend que la vitesse relative de M par rapport à T, est égale à la différence géométrique (V) — (v). Donc un observateur emporté avec T croira avoir été rencontré par un mobile lancé suivant eT. *Nous admettrons* que ce raisonnement est applicable à la Terre T et à la lumière émise par une étoile très éloignée. Reportant toujours le centre de la sphère céleste en T, une étoile E sera donc vue en e. Or pendant l'année entière la vitesse de la Terre ne varie pas sensiblement en grandeur, mais tourne dans le plan de l'écliptique (fig. 117). Cette vitesse étant successivement parallèle à v_0, v_1, v_2 ..... l'étoile paraîtra successivement en e_0, e_1, e_2 ..... comme si elle avait decrit sur la sphère céleste l'intersection de cette sphère avec un cône oblique à base circulaire.

Dans le parallélogramme des vitesses, $\frac{v}{V}$ est très petit, l'ouverture du cône est faible et on peut remplacer la sphère par le plan tangent. L'étoile sur la sphère céleste doit donc décrire autour de sa position moyenne une petite ellipse dont le grand

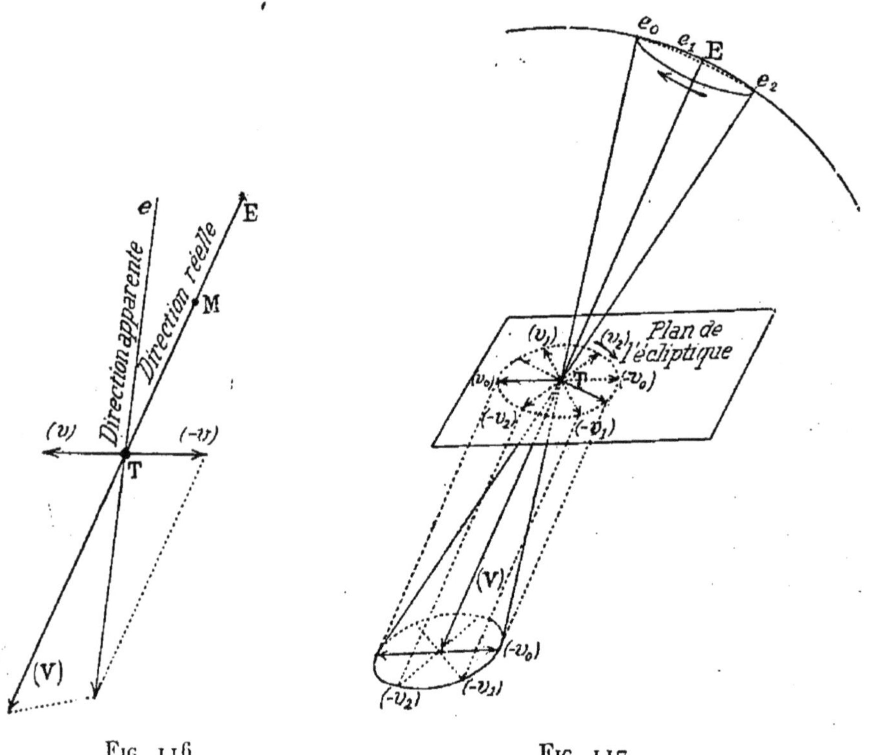

Fig. 116. Fig. 117.

axe, constant pour toutes les étoiles, est vu du centre de la Terre sous un angle de 43″.

Ce phénomène, connu sous le nom d'*aberration de la lumière,* reste inexplicable si l'on suppose la Terre immobile et le Soleil tournant autour d'elle.

Parallaxe annuelle. — Ce qui précède s'applique à toutes le étoiles. Il ne faut pas confondre l'ellipse d'aberration avecl'ellipse de parallaxe annuelle qui n'existe que pour les étoiles les plus rapprochées de la Terre et a des dimensions beaucoup moindres (voir par. 125).

L'existence de la parallaxe annuelle de certaines étoiles est aussi incompatible avec l'hypothèse de Tycho-Brahé.

CHAPITRE XXI

L'HYPOTHÈSE COSMOGONIQUE

147. Une *cosmogonie* est un ensemble d'hypothèses par lesquelles, en partant d'un état initial du monde, on essaie d'expliquer son état actuel. De tout temps les poètes, les philosophes et les prêtres ont imaginé des formations ingénieuses ou naïves, mais tous ces essais, que ne dirigeait aucune idée scientifique, s'ils savaient plaire à l'esprit, ne pouvaient suffire à la raison. Ce n'est qu'après les recherches de Newton et guidés par elles, que des savants comme Herschell, Kant, de Laplace (1) (pour citer les premiers) purent proposer une hypothèse cosmogonique sinon définitive, du moins d'accord avec la science acquise.

Comme conclusion de ses patientes études sur les étoiles et nébuleuses (conclusion confirmée plus tard par la spectroscopie) Herschell admet que tout ce qui constitue le monde actuel a été formé d'une matière initiale identique dont sont issus tous les corps de la chimie actuelle. Cette *matière cosmique* était tout d'abord répandue dans l'univers à un état de raréfaction extrême formant comme une immense nébuleuse subtile, froide et obscure. En vertu des lois d'attraction et si on admet, ce qui paraît rationnel, une distribution non uniforme certains points de l'espace autour desquels la matière est moins raréfiée vont devenir des centres d'attraction et par le jeu continu, d'abord infiniment lent, puis plus accentué des actions mutuelles des molécules, le chaos va en quelque sorte se déchirer en lambeaux distincts et chacun d'eux est dès lors destiné à suivre

(1) De Laplace (1749-1827) soumet au calcul la plupart des problèmes qui se présentent dans les mouvements des astres (théorie de la Lune, marées, etc...). Il est surtout connu par son calcul des probabilités, son exposé du système du monde et son hypothèse cosmogonique.

une évolution largement indépendante de celle de tous les autres, par laquelle il est appelé à devenir l'une des étoiles ou l'une des nébuleuses que nous connaissons.

Ces différents amas sont nécessairement mobiles les uns par rapport aux autres en vertu des forces d'attraction qui s'exercent entre eux, mais leurs distances étant devenues considérables par rapport à leurs propres dimensions, on peut pour étudier l'histoire d'une nébuleuse déterminée faire abstraction des autres en remarquant que les mouvements propres des étoiles futures seront la continuation des mouvements primitifs de ces agrégats de matière encore informes et inorganisés.

Tous ne se comportent pas nécessairement de façon identique, mais pour tous, par suite des chocs et des centres d'attraction accidentellement créés le volume va diminuer et la température s'élever, conformément aux lois de la thermodynamique. Ici il pourra naître plusieurs masses attractives comparables entre elles et celles-ci, après une évolution qu'on essaie d'expliquer plus loin, donneront naissance tantôt à un amas d'étoiles, tantôt à un système plus restreint : étoile double ou triple ; parfois même, et c'est l'un des cas les plus rares, l'action prépondérante d'une condensation unique réunit en un seul astre la presque totalité de la matière. C'est le cas du système solaire sur lequel nous allons nous attarder plus longtemps.

148. La nébuleuse solaire. — Nous sommes en présence d'un amoncellement déjà plus dense tendant à prendre une forme vaguement sphérique et autour duquel sera encore irrégulièrement distribuée une certaine quantité de matière. Mais peu à peu les mouvements internes, d'abord désordonnés en apparence, qui règnent au sein de cette masse vont se régulariser. Par suite de chocs nombreux, en vertu des frottements intérieurs et de la contraction progressive, certains mouvements vont s'éteindre obéissant à la tendance que doit présenter la masse entière vers un état conforme à la mécanique des fluides : celui d'une masse animée d'un mouvement de rotation autour d'un axe qui, dès lors, va conserver dans l'espace une direction invariable. La nébuleuse est maintenant dans l'état dont est sorti d'après de Laplace le système planétaire. C'est un ellipsoïde de révolution aplati, tournant autour du petit axe.

Cette forme se conservera longtemps, la nébuleuse se contractant encore et par suite, pour vérifier le théorème des forces vives, augmentant sa vitesse de rotation. En même temps, la température augmente, la nébuleuse devient même lumineuse.

La vitesse angulaire est à peu près la même dans toute la masse, mais non nécessairement exactement la même. Soit ω la vitesse angulaire de la matière dans le voisinage du grand cercle équateur AB (fig. 118). Si a est à ce moment le demi-grand axe, des molécules voisines du bord se trouvent en état d'*équilibre relatif* par rapport au reste de la masse et soumises à deux forces:

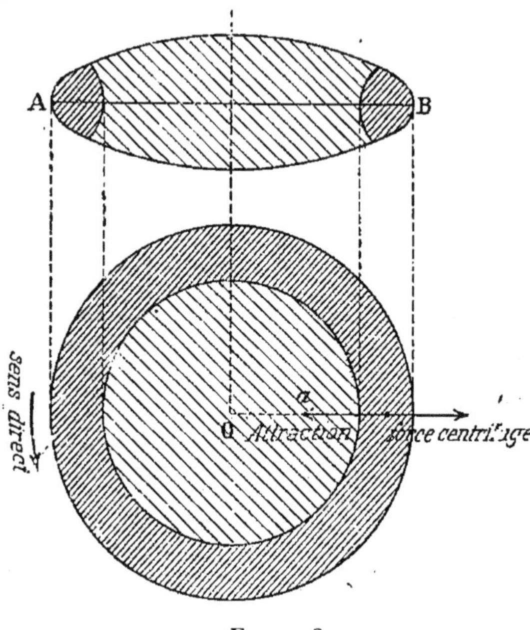

Fig. 118.

1° La force centrifuge $m\omega^2 a$ vers l'extérieur ;

2° l'attraction vers le centre sensiblement égale à ce qu'elle serait si toute la masse M était condensée au centre $\frac{fmM}{a^2}$.

A un moment donné ces forces se faisant équilibre une partie de la masse voisine de l'équateur, formant un anneau continu, se trouve en équilibre relatif par rapport au reste de la nébuleuse et ne suit point son mouvement continu de retrait. L'égalité entre les deux forces subsistant toujours, l'anneau conserve sa vitesse de rotation ω qu'aucun frottement sensible ne paraît devoir ralentir.

La nébuleuse primitive est formée maintenant d'un anneau tournant dans le sens direct avec la vitesse ω et d'une masse intérieure tournant avec une vitesse plus grande ω' (car la contraction entraîne toujours un accroissement de rotation).

La nébuleuse centrale ainsi réduite se comporte comme précédemment, abandonne un nouvel anneau de rayon a', et l'on a :

$$\frac{fM'}{a'^2} = \omega'^2 a'.$$

M' peut d'ailleurs être remplacée par M car la masse du premier anneau (celle d'une future planète) est négligeable par rapport à l'ensemble de la masse nébuleuse.

Il se formera donc une série d'anneaux tournant d'autant plus vite qu'ils sont plus rapprochés du centre et tels que l'on ait pour chacun d'eux

$$\omega^2 a^3 = \omega'^2 a'^3 = \ldots \qquad \text{ou} \qquad \frac{a^3}{T^2} = \frac{a'^3}{T'^2} = \ldots.$$

en remplaçant ω par $\frac{2\pi}{T}$. Nous retrouvons entre les différents anneaux la 3e loi de Képler.

Formation d'une grosse planète. — Les anneaux précédemment formés si *tout* était symétrique comme nous l'avons supposé, pourraient se maintenir indéfiniment, mais on conçoit qu'un arrangement si parfait de molécules tournant ainsi éloignées du centre ne sera qu'exceptionnellement conservé. Il suffira que certaines masses aient des vitesses légèrement différentes pour qu'elles puissent se rapprocher jusqu'à ce que l'attraction dont l'influence est prépondérante aux faibles distances réunisse en un seul corps la plus grande partie de la masse annulaire.

Celle-ci conservera autour du centre primitif de la nébuleuse la rotation de l'anneau et tendra à prendre un mouvement de pivotement par lequel se manifestent encore les différences relatives des vitesses dans l'anneau primitif, c'est-à-dire dans le sens direct si le bord extérieur de l'anneau tourne plus vite que le bord intérieur ; dans le sens rétrograde si l'inverse est réalisé.

A l'époque de Laplace on ne connaissait pas les mouvements rétrogrades d'Uranus, de Neptune et de leurs satellites et son hypothèse expliquait suffisamment la formation du système solaire. Actuellement elle est insuffisante et doit être modifiée assez sérieusement. Sans entrer dans plus de détails, indiquons que l'hypothèse initiale doit permettre d'attribuer aux anneaux les plus éloignés une rotation plus rapide à l'intérieur qu'à l'extérieur (*hypothèse de Faye*).

Formation des satellites et des petites planètes. — Tous les anneaux ne se comporteront pas rigoureusement de même. Ici toute la masse pourra former une seule planète (Vénus ou Mercure) ; là prendront naissance un grand nombre de petites masses comparables entre elles et conservant la rotation initiale (petites planètes) ; ailleurs et c'est le cas le plus fréquent, plusieurs masses dont une seule très importante capable de *capter* les autres et d'en faire des satellites (Mars probablement), à moins que ceux-ci ne se forment aux dépens de la planète principale par la condensation d'un anneau, tel celui de Saturne seul conservé.

La Lune peut être considérée très vraisemblablement comme formée aux dépens de la Terre, de même que celle-ci l'a été aux dépens du Soleil.

149. Formation du Soleil. — La nébuleuse réduite de plus en plus a fini par tourner très vite. Elle est devenue chaude et lumineuse formant un Soleil plus brillant et plus chaud que celui qui existe actuellement.

Une cause dont nous n'avons pas encore parlé va maintenant intervenir : c'est le rayonnement vers l'espace interstellaire. Au début il est presque négligeable, mais il augmente à mesure que la température s'est élevée et finit même par occasionner une déperdition de chaleur plus grande que le gain produit par la contraction de plus en plus ralentie de la masse initiale. Le rayonnement finit même par l'emporter de telle sorte que le Soleil, ayant déjà présenté son maximum de chaleur et de lumière, en serait aujourd'hui à la phase déclinante.

Il en a été de même, toutes proportions gardées pour les planètes, en particulier pour la Terre, mais celle-ci, de masse moindre, s'est refroidie plus vite de telle sorte qu'elle est, bien qu'émanée du Soleil, relativement plus vieille que lui.

Evolution de la Terre. — La Terre est donc à un certain moment de son histoire une masse fluide incandescente soumises à des marées violentes. Lentement éteinte, son enveloppe commence à se solidifier et les eaux se déposent à sa surface. Sur les premiers sédiments se développent alors une vie végétale et animale uniformes, les conditions de chaleur et d'éclairement étant partout les mêmes, car le Soleil à l'état d'étoile nébuleuse est encore très vaste et très pâle et sa lumière n'étant pas comme aujourd'hui longtemps absente des pôles et le reste de l'année presque rasante, les climats ne sont pas encore différenciés, c'est *la période primaire*. Dans la *période secondaire*, le Soleil, plus distinct et plus lumineux détermine les climats en même temps que le relief de la Terre s'accuse définitivement. La *période tertiaire* correspond à un Soleil très brillant, étoile blanche comme Sirius ou Véga : la flore et la faune évoluent, donnant naissance à des organismes plus perfectionnés. Dans la *période quaternaire* le Soleil, étoile jaune, commence à décroître, c'est une période stable pour la Terre, caractérisée par les glissements lents et les fractures de l'écorce. L'homme n'apparaît qu'avec cette période que continue l'époque actuelle.

TABLE DES MATIÈRES

CHARTRES. — IMPRIMERIE DURAND, RUE FULBERT.

www.ingramcontent.com/pod-product-compliance
Ingram Content Group UK Ltd.
Pitfield, Milton Keynes, MK11 3LW, UK
UKHW020322230726
13925UKWH00002B/562